筑摩選書

園田耕司
Sonoda koji

独裁と孤立
トランプのアメリカ・ファースト

独裁と孤立　トランプのアメリカ・ファースト　目次

プロローグ――アメリカ・ファーストの源流　11

第一章　ヘドロをかき出せ――首切り人事で築いた独裁体制　37

第二章　支持率九割の熱狂――共和党から「トランプ党」へ　79

独裁と孤立　トランプのアメリカ・ファースト

◎文中の敬称は省略した。肩書きは当時。

プロローグ――アメリカ・ファーストの源流

催涙ガス

コロナ禍のさなか、マスクを着用したデモ隊が両手を挙げて口々に叫ぶ。

「Don't shoot!（撃たないで！）」「Don't shoot!」――。

二〇二〇年六月一日夕、首都ワシントンのホワイトハウスに面したラファイエット広場前。人種差別に反対する抗議デモへの参加者の数は一千人近くに膨れあがり、熱気に包まれていた。参加者たちは「Black Lives Matter（黒人の命も大事）」「Silence is violence（沈黙は暴力だ）」などと書かれた手製のプラカードを掲げている。

目の前のラファイエット広場はバリケードが築かれて完全封鎖され、広場内では盾をもった警官隊が等間隔でずらりと並んでデモ隊ににらみをきかせていた。確かに前日夜の抗議デモでは一部が暴徒化したものの、この日の抗議デモは平和的に行われており、子ども連れの姿も見られた。

午後六時半過ぎ、抗議デモの取材を終えて、トランプ大統領の国民向けの演説を新聞社のオフ

ホワイトハウスの前で盾を持ち、一列に並ぶ警官隊〔ワシントン、ランハム裕子撮影、2020年6月1日〕　**朝日新聞社提供**

イスに戻って聞こうと現場を立ち去りかけたとき、後方二〇〇メートルで複数の炸裂音とともに白い煙が上がり、群衆が逃げまどう姿が見えた。催涙ガスが発射されたのだと気づいた。午後七時からの夜間外出禁止令の発令前だった。

同じ頃、抗議デモの行われていた現場から約三〇〇メートル離れたホワイトハウスでは、トランプが国民向けの演説を始めていた。

トランプは抗議デモの参加者を「怒れる暴徒」と批判し、自身を「『Law and Ord-er（法と秩序）』の大統領」だと宣言。「（警察と州兵で）街頭を制圧せよ」という強い表現を使い、全米各地で広がる抗議デモに対して地元当局は強硬姿勢を取るように迫り、対応が不十分であれば抗議デモ鎮圧のために米軍を派遣する意向を表明した。[1] 演説の間、会見場には催涙ガスの発射音が響いていた。

トランプは演説を終えると、エスパー国防長官、米軍制服組トップのミリー統合参謀本部議長らを引き連れてホワイトハウスの建物を出て、デモ隊を強制排除した現場に到着した。向かった先は、前夜の暴動で建物の一部が燃えたセント・ジョンズ教会。歴代大統領が通う歴史的な教会である。トランプは教会の前に行くと、教会を背景に聖書を右手に掲げ、写真撮影を行った。

まるでトランプが得意としていたリアリティー番組の一場面のようだった。メディア各社の中継のもと、「怒れる暴徒」を催涙ガスを使って追い散らし、つい先ほどの自身の国民向けの演説通り、「法と秩序」の回復者としてのイメージを作ろうとしたとみられる。

「法と秩序」という言葉は、一九六八年の大統領選で共和党候補だったリチャード・ニクソンが使ったことで有名だ。当時はベトナム戦争が激化し、米国人の死者数増に伴って反戦運動が先鋭化。そこに、公民権運動の指導者だったマーチン・ルーサー・キング牧師が暗殺され、全米各地で大規模なデモや暴動が発生した。ニクソンは「法と秩序の回復」を掲げ、当選を果たした。

米国で起きている抗議デモの規模は、キング牧師の暗殺以来とされる。

疫病と戦争という違いはあるものの、新型コロナウイルスで米国内の死者数は一〇万人を大きく超え、社会不安が広がっている点でも当時と重なる。トランプ大統領が「法と秩序」という言葉を多用するのは、六八年のニクソン勝利の再現を狙っているという見方が強い。

ただし、「法と秩序」という言葉を歴史的な観点からみたとき、単純に額面通りの意味で受け取ることはできない。米政治史に詳しいオマール・ワーソウ米プリンストン大助教授は「『法と秩序』は黒人を規制するという意味を含んだ隠語でもある」と指摘する。[2] ワーソウによれば、「法と秩序」はもともと二〇世紀初頭、南部で「黒人の人々を秩序に従わせる」という意味で使われ始めた。六〇年代に入ると、全米各地で使われるようになり、六四年大統領選でも、共和党を保守主義者の政党へと転換させたことで知られる同党候補のバリー・ゴールドウォーター上院議員が「法と秩序」キャンペーンを展開したという。

ワーソウが六〇年代の選挙結果とデモの関係を分析したところ、デモ運動が激化すればするほど、白人の民主党支持者が保守化し、「法と秩序」を強調する共和党へと乗り換える傾向があったという。ワーソウは「トランプはニクソンらのシナリオに沿って、『自分こそが秩序を取り戻す』と主張している」と語る。

米国大統領は国家的な危機が起きた場合、米国民に向けて団結を説くのが伝統である。しかし、トランプは違う。バージニア大政治センターの政治分析専門家カイル・コンディックは「米国社会において警察のあり方は常に『文化戦争（カルチャー・ウォー）』のテーマのひとつだが、トランプは警察側と黒人側の間で迷うことなく、明らかに警察側の方を選んだ」と語る。[3]

トランプはホワイトハウス前の抗議デモを強制排除した一週間後の六月八日、地方警察の幹部らを招き、こう強調した。

「警察は、我々を平和に生活させてくれる。たまには悪いこともあるが、九九パーセントは素晴らしい人々だ」[4]

「黒人への組織的テロ」

全米各地の抗議デモの引き金となった事件は二〇二〇年五月二五日、米中西部ミネソタ州ミネアポリスで起きた。

偽の二〇ドル札を使った男がいるとの通報を受けた白人警察官がジョージ・フロイド（四六）に手錠をかけて路上に押さえ込み、フロイドの首を片膝で八分四六秒にわたって押さえ込んで圧迫し、死亡させたのだ。

現場に居合わせた女性が撮影した動画では、苦しそうな表情を浮かべたフロイドがかすれ声で、「息ができない。プリーズ、プリーズ……」とひざをどけるように懇願していた。しかし、警官はその言葉を無視し、フロイドがぐったりして意識を失っても、力を緩めることなく首を圧迫し続けていた。

衝撃的な動画はテレビで繰り返し流れ、黒人の人々の怒りは爆発した。米国内では黒人が白人警官らに殺害される事件はずっと以前から頻発しており、二月には南部ジョージア州でジョギング中の黒人男性が白人親子に強盗犯だと間違われて射殺される事件が起きたばかりだった。

フロイドの事件をきっかけに、ミネアポリスのみならず、全米各地で人種差別への抗議デモは広がった。人々の密集する抗議デモへの参加は新型コロナへの感染リスクを伴う。しかし、そのリスクを冒してでも、人々はこの状況に黙っていることができなくなったのだ。

ホワイトハウス前の抗議デモに娘と一緒に参加した黒人女性医師アイシャ・コルベット（四九）もその一人だ。

コルベットはワシントン市内で黒人の貧困層の多い地域「第八地区」で内科医として患者を診ているが、新型コロナの感染者は黒人が突出して多いという「不均衡な蔓延ぶり」（コルベット）を目撃していたという。新型コロナは労働・経済・医療などあらゆる面で白人と黒人の人種格差という問題を改めて浮き彫りにしていた。

そんなさなかにフロイドの事件が起きた。

コルベットは「これは残酷な事件という問題を超え、この国では黒人に対して『正義』が行われていないという司法システムの問題をあらわにした。警察は国民を守るのが仕事なのに、ほとんどの黒人は警察を怖がっている」と語る。

コルベットは自分の娘にもフロイドと同じことが起きかねないと恐れる。白人の若者であれば見とがめられないささいな出来事でも、黒人であれば警察官が到着したときに問答無用で銃で撃たれるかもしれないという恐怖がある。

「（アフリカから黒人奴隷が連れてこられた）約四〇〇年もの間、この国で続いている黒人に対する組織的なテロを、大人の私たちは自分たちの子供にどう説明すればいいのだろう？」

コルベットら抗議デモに参加した人々は、フロイドの事件を「一部の悪い警官」が引き起こしたものという個人の問題として捉えていない。警察組織には長年にわたって黒人に対する暴力を容認する組織的な人種差別が根強く残っており、これを根絶するためには司法システムの構造改革が必要だ、と訴えているのだ。

　今回の全米デモの特徴は、黒人だけが集まった抗議デモではないという点にある。ホワイトハウス前の抗議デモを取材すると、参加者の七割程度を白人が占め、人種を超えた幅広い連帯が進んでいることがわかる。ロイター通信が六月二日に公表した世論調査では、回答者の六四％が抗議デモに参加する人々に対して「同情的だ」と答え、「同情的ではない」は二七％にとどまった。全米各地の抗議デモは最初の数日間は、一部が暴徒化したが、その後ほとんどが平和的な集会へと変わった。

　ホワイトハウス前では、近くでレストランを経営する白人男性グレッグ・ローズブーム（四二）が、六歳から一六歳までの子ども五人を連れて抗議デモに参加していた。ローズブームのレストランも当初、抗議デモの一部が暴徒化したことで、窓ガラスを割られる被害が出たという。しかし、「暴徒はデモ隊の中のほんの一部の人たちに過ぎない。彼らは平和的なデモをしたいという人たちを代表しているわけではない。今日は『建物よりも人の命の方が大事だ』と子どもたちに教えたくて連れてきた」と語った。

沈黙を破った「狂犬」

　しかし、トランプにはこうした人種差別の根絶を訴える抗議デモの声に耳を傾けようという姿

両手を挙げ「撃たないで」と叫びながら、ホワイトハウス周辺を行進するデモの参加者たち〔ワシントン、ランハム裕子撮影、2020年5月31日〕
朝日新聞社提供

勢は見られない。むしろデモ隊を米国社会の治安を脅かす存在だというイメージを作り、社会の分断をあおっている。

トランプは五月二九日、デモ隊に対し「略奪が始まれば、銃撃が始まる」とツイートし、警告した。この言葉は一九六七年、フロリダ州のマイアミ警察署長が記者会見を開いて黒人による犯罪の取り締まりのために黒人コミュニティーに向けて発したものであり、その後キング牧師の暗殺で激化した公民権運動を取り締まる際にも使われた人種差別的なフレーズだった。のちにトランプはこの言葉の歴史的な背景を「知らなかった」と語ったが、抗議デモをめぐるトランプの一連の言動からは、「火にガソリンを注ぐ」（ニューヨーク州のクオモ知事）という思惑が透けて見えた。トランプとしては、抗議デモの激化で社会が混乱すればするほど、一一月の大統領選に向け、自身の「法と秩序」キャンペーンの威力が発揮されるという狙いがあるとみられ、デモ隊への威圧的な発言のトーンを抑える様子は見られない。

とはいえ、トランプが抗議デモ鎮圧のために米軍派遣を表明し、自身の写真撮影のために平和的な抗議集会を催涙ガスまで使って強制排除したのは、明らかに行き過ぎた権力乱用だった。

ここで声を上げたのが、二〇一九年一月の退任以来、トランプへの直接的な批判を控えていたマティス前国防長官だった。元海兵隊大将のマティスは勇敢に戦場で戦うという意味で「狂犬」という異名をもち、米軍内部で尊敬を集めている人物である。のちに詳しく触れるが、マティスはトランプの同盟軽視の姿勢に抗議して辞任した。

そのマティスは六月三日、米誌「アトランティック」に寄せた声明で[6]、「合衆国憲法に基づく市民の権利を侵害せよと米軍に命令されることがあるとは、私は夢にも思わなかった。ましてや、最高司令官である大統領が米軍のリーダーたちと一緒になって異様な記念撮影を行うことも想像すらしなかった」と記し、「我々は米国の都市が、米軍によって『制圧』されるべき『戦場』だとみなす考え方を拒否しなければいけない」と指摘し、デモ鎮圧のために米軍派遣を表明したトランプのみならず、同調する姿勢を見せたエスパー、ミリー両氏を厳しく批判した。また、ナチスのスローガンは「分裂と征服」だと言及したうえで、トランプについて「私の生涯のうち、米国民を団結させようとしない、いやその素振りすらしようとしない唯一の大統領だ。さらには米国を分裂させようとしている」と痛烈に非難した。

人種問題でつまずく

一一月の大統領選再選に向け、トランプの最大の強みは好調なアメリカ経済だった。現職大統領は一般的に「経済が好調かつ戦争がなければ再選する」と言われており、トランプは再選に向けて自身の足場を着実に固めつつあるように見えた。

しかし、トランプにとって最大の不幸は、新型コロナウイルスの直撃だった。もともと「Drain The Swamp（ヘドロをかき出せ）」というスローガンを掲げてワシントンに乗り込んできたアウトサイダーのトランプは、歴代政権を支えてきた専門家たちの存在を軽視し、自分に歯向かった閣僚らの更迭を続けた。その結果、政権内で独裁的な権力を確立させることに成功したものの、周囲はトランプの行動をいさめることはない「イエスマン」ばかりとなり、新型コロナという国家的危機が起きた際、政権の対応はトランプの衝動的な思いつきに振り回され、危機管理能力の欠如を露呈することになった。

米国内の死者数が一〇万人に迫った五月二二日に公表された米ＡＢＣニュースの世論調査によれば、トランプの新型コロナ対応を「評価しない」と答えた人は六〇％にのぼり[7]、トランプの新型コロナ対応は「失政」という評価が定着しつつある。これに加え、新型コロナ感染を防ぐための自宅待機命令などで経済活動は停滞し、好調な米経済は逆に戦後最悪の水準へと反転し、トランプの再選戦略は大きく狂うことになった。

そんなさなかに起きたのが、フロイド暴行死事件をきっかけとした全米各地の抗議デモの拡大だった。トランプとしては「人々の関心を新型コロナから別のものに変える必要があった」（元トランプ政権高官）という状況のもと、ニクソン大統領の「法と秩序の回復」キャンペーンを新たに始めて局面打開を図ろうとしたわけである。

しかし、ニクソンとトランプでは決定的に異なる部分がある。一九六八年は民主党政権の八年間を問う大統領選であり、ニクソンは現政権を批判する立場の挑戦者だった。これに対しトランプは、現職大統領として治安を維持する責任ある立場である。バージニア大政治センターの政治分析専門家カイル・コンディックは「政権トップが無法状態を批判するのは難しい」と指摘する。トランプの言動をめぐってはホワイトハウス前のデモ隊強制排除に見られるような抗議デモへの強権的な対応をはじめ、旧態依然とした人種差別主義的な姿勢に対して世論の反発は強く、トランプは新型コロナに引き続き、人種問題でもつまずくことになる。

トランプを取り巻く政治情勢は厳しい。

ＣＮＮが六月八日に公表した世論調査では、民主党候補のバイデン前副大統領に「投票する」と答えた人は五五％に対してトランプは四一％と、一四ポイントもの差が開いた。[8]トランプの支持率も三八％と四割を切り、一期で終わったカーター元大統領とジョージ・Ｈ・Ｗ・ブッシュ元大統領の同時期とほぼ同じ支持率となった。ほかの各種世論調査でも同じような傾向がみられ、激戦州も含めてバイデンの優勢が顕著になりつつある。

コンディックは「トランプのデモ隊強制排除などの強硬な対応は、トランプを強く支持する人たちには受けるだろう。しかし、最大の問題は、トランプの支持者は底堅い一方、米国民の過半数を占めていないという点にある。トランプは再選のためには一期目の間に支持者を拡大する必要があると指摘されてきたが、達成できていない」と語る。

「米国は利用され続けてきた」

二〇一七年一月二〇日、トランプは第四五代米国大統領に就任した。

小雨模様の天気のもと、首都ワシントンのキャピトル・ヒルに建つ連邦議会議事堂の前にある広場には、新しい指導者の就任式を一目見ようと、大勢の観衆が詰めかけた。目立つのは「MAKE AMERICA GREAT AGAIN（アメリカを再び偉大に）」と書かれた赤い帽子をかぶった人々だ。正午ごろ、真っ赤なネクタイを締めた大柄の男がマイクの前に立つと、観衆からどっと歓声がわきおこった。

トランプが就任演説で力を込めて描き出したのは、米国は犯罪やギャング、麻薬問題で荒廃のさなかにあるというディストピアだ。そのありようを「米国における『殺戮』（carnage）」と表現した。そして米国をこれほどまでに荒廃させた最大の元凶は、勤勉な米国人の富を簒奪してきた諸外国だとして敵意をあらわにした。

「何十年もの間、我々は米国の産業を犠牲にして外国の産業を豊かにしてきた。自国の軍隊の悲しむべき疲弊を許しておきながら、他国の軍を援助してきた。我々自身の国境を守ることを拒否しながら、他国の国境を防衛してきた。そして、米国のインフラが荒廃し、劣化する一方で、何兆ドルも海外につぎ込んできた。我々の国の富、強さ、自信が地平線のかなたに消えていったさなかに、我々は他国を裕福にしてきたのだ」[9]

ワシントンの米連邦議会議事堂前での就任式で宣誓するトランプ新大統領〔2017年1月20日、ランハム裕子撮影〕 朝日新聞社提供

　トランプは右手の人さし指を立てる独特のしぐさをしながら、「しかし、これはもはや過去の出来事だ」と語り、こう強調した。

「この日からアメリカ・ファーストだけになる。アメリカ・ファーストだ」

　米国の利益を最優先に考える――。トランプの訴えの根底にあるのは、米国は他国からだまし取られてきた、という強烈な不満だ。自身が米国民の利益に反すると判断すれば、歴代政権のもとで継続してきた政策であっても、外国との約束や国際的な合意は反故にしてもいいと一貫して考えている。

　トランプは就任式から三日後、オバマ前政権が日本を含む一二カ国で批准を目指した環太平洋経済連携協定（TPP）から離脱するための大統領令に署名。その後も、地球温暖化対策の国際ルール「パリ協定」、国連教育科学文化機関（ユネスコ）、イランと核合意、ロシアと結んでいた中距離核戦力（INF）全廃条約など、国際的な約束や機関からの離脱・破棄を次々に決めた。

米国は第二次世界大戦後、国際社会に積極的に関与するという国際主義の考えのもと、リベラルな戦後国際秩序の形成を主導し、その守護者としての役割を担ってきた。戦後米国の外交での国際主義路線からすれば、自国の利益を最優先するアメリカ・ファーストは異端ともいえる考え方である。

トランプの就任以来、アメリカ・ファーストは世界を混乱の渦に巻き込んできた。国際政治学者の高坂正堯は、「（国際政治は）冷静な利害の計算によって動くのではなく、大衆の熱情によって動く」[10]と説く。この孤立主義的な傾向をもつ米国の外交思想はどこから生まれたものなのか。アメリカ・ファーストの源流をたどると、一九三〇年代の孤立主義にたどり着く。

アメリカ・ファースト委員会

一九三〇年代、欧州では第一次世界大戦の戦勝国英仏両国と、領土拡大への野心を隠さないヒトラー率いるドイツとの間で軍事的な緊張が高まっていた。一方、米国内では欧州での大戦に再び巻き込まれまいと、孤立主義の風潮が強まっていった。そうした世論を背景に四〇年に「アメリカ・ファースト委員会」という政治団体が結成される。政財界の指導者らをメンバーに八〇万人超の会員を抱え、「民主党のフランクリン・D・ルーズベルト政権は戦争介入を狙っている」と批判し、米国の参戦を期待する英国への軍事援助に反対した。

アメリカ・ファースト委員会の広告塔としての役割を果たしたのが、冒険飛行士チャールズ・リンドバーグだった。一九二七年五月、世界初の単独大西洋無着陸横断という快挙を成し遂げた国民的英雄だ。

リンドバーグはベルリンの米国大使館員から、ナチス・ドイツの航空戦力の情報収集の協力を依頼されたことをきっかけに、空軍総司令官のゲーリングに特別の許可をもらい、ドイツ空軍部隊や工場、軍事基地などを視察。その結果、リンドバーグは「(ドイツは)欧州のどの国よりも速い戦闘機を生産できる。米国よりも速い戦闘機を生産できる可能性もある」と結論づける。[11] ナチス側には、米国社会に影響力のあるリンドバーグを通じてドイツの航空戦力を積極的に公開することで米国側の参戦を思いとどまらせる意図があったとみられる。リンドバーグは三八年、ゲーリングから航空機の発展に寄与したとしてナチス・ドイツの最高勲章の一つである鷲十字章を直接授与された。

リンドバーグは欧州大戦が再び起きれば、自身が直接目にした圧倒的に優れた航空戦力をもつドイツが戦争に勝つと固く信じていた。一九三九年に帰国すると、アメリカ・ファースト委員会に加わり、同委員会の代弁者として全米各地を遊説して回ることになる。

ただし、自国の利益を最優先に訴えるその主張は、時に排外主義と結びつく。アメリカ・ファースト委員会に不気味な影を落としたのが、同委員会の抱える反ユダヤ主義的な価値観だった。

リンドバーグは一九四一年九月、遊説先のアイオワ州デモインで「だれが戦争の扇動者か？」と題した講演を行い、ルーズベルト政権、英国に加え、「ユダヤ人という人種」が米国の参戦を望んでいる、と訴えた。ナチス・ドイツから厳しい迫害を受けるユダヤ人の「人種」に言及したデモイン演説は米国内で大きな非難を呼び、リンドバーグは「反ユダヤ主義者」「親ナチ主義者」と非難されることになる。

リンドバーグのデモイン演説から三カ月後の一九四一年一二月七日、日本軍が真珠湾を攻撃し、米国は第二次世界大戦に参戦を決定。その三日後、アメリカ・ファースト委員会は解散した。

「私はアメリカ・ファースト主義者」

トランプが最初に「アメリカ・ファースト」という言葉を使ったのは、二〇一六年三月の米紙ニューヨーク・タイムズとのインタビューとみられる。トランプは「（私は）孤立主義者ではないが、アメリカ・ファースト主義者だ」と強調し、「私はこの表現が好きだ」と語った。トランプは米国の同盟国が米軍の海外駐留経費を支払わなければ米国との同盟関係を再考すると述べ、「我々はこれ以上、だまし取られない」と強調した。[12] トランプはこれ以前にアメリカ・ファーストという言葉は使っていなかったが、ニューヨークの不動産王として知られていた一九八〇年代から、日本など裕福な他国が「米国を利用し続けてきた」と主張している。[13]

アメリカ・ファーストという言葉は最近では、二〇〇〇年大統領選に第三党・改革党から出馬した保守派重鎮、パット・ブキャナンが選挙スローガンとして使っていた。トランプは当時、ブキャナンと同じ改革党からの出馬を一時模索しており、ブキャナンの言動に注意を払っていた可能性がある。

ブキャナンはリンドバーグらの率いたアメリカ・ファースト委員会を「英国とドイツによる狂った第二次世界大戦に米国が巻き込まれることを望まなかった、名誉ある米国人の愛国者グループ」[14]だと主張していた。大統領選ではアメリカ・ファースト委員会の名称をもとに「アメリカ・ファースト！」と語尾に「！」をつけた選挙スローガンを用い、米国による他国への軍事介入に反対するとともに、米国が世界貿易機関（ＷＴＯ）や北米自由貿易協定（ＮＡＦＴＡ）から離脱するべきだと訴えた。

ブキャナンはニクソン大統領のもとで大統領特別補佐官、レーガン大統領のもとでホワイトハウス広報部長を務め、大統領選に過去三回挑戦した経歴をもつ。二〇〇〇年大統領選で改革党から出馬する以前には、一九九二年大統領選で再選を目指すジョージ・Ｈ・Ｗ・ブッシュ大統領、九六年大統領選ではボブ・ドール上院議員と共和党候補者指名を争った。

共和党政権ではレーガン政権以来、他国への軍事介入に肯定的でグローバリズムを推し進める新保守主義（ネオコン）が台頭してきたが、ブキャナンはネオコンとは正反対に、米国の伝統的な孤立主義や反自由貿易を掲げる伝統的保守主義（ペイリオコン）の代表格だった。九二年の共和党全国大会ではリベラル派の価値観と戦う「文化戦争（カルチャー・ウォー）」を唱え、今も米国社会で続く大きな論争を引き起こした人物でもある。

パット・ブキャナンの自宅で

ホワイトハウスから車で約二〇分の距離にあるバージニア州マクリーン。首都ワシントンのベッドタウンであるこの街の郊外の森の小道をしばらく走らせた先に瀟洒な住宅があった。ブキャナンの自宅である。

ブキャナンは二〇〇〇年大統領選後に政界を引退したが、八一歳の今も著述家、コラムニストとして活躍している。室内にはニクソン大統領やレーガン大統領のもとで働いていた当時の写真が飾られ、「これは一九七二年のニクソン訪中に随行した時の写真だよ」などと懐かしそうに説明してくれた。

ブキャナンが「アメリカ・ファースト」という言葉を使い始めたのは、冷戦終結がきっかけだったという[15]。

「私はレーガン大統領のそばで冷戦が終わりゆくのを見た。冷戦終結後、東欧などに展開していたソ連軍がロシアに戻ったとき、我々米国も故郷に戻るべきだと考えた。我々は自国の利益を第一に考え始めるべきだと思ったのだ」

米バージニア州の自宅でインタビュー取材に答えるパット・ブキャナン〔2020年2月5日、ランハム裕子撮影〕 朝日新聞社提供

ブキャナンは保守系外交専門誌「ナショナル・インタレスト」(九〇年春号)に論文を書き、「アメリカ・ファースト」というタイトルをつけた。[16]

ブキャナンはレーガン政権時代、自由貿易論者であり、「自由貿易こそ米国にとって最良の政策だ」と信じていたという。しかし、九二年大統領選の共和党候補者指名争いで全国各地を回ったとき、あらゆる生活必需品や日本車などが手に入る代わりに、米国は自国の工場や雇用、経済的な活力を失いつつあることに気づいたという。「私はそのとき自由貿易論者であることをやめ、一九世紀型の経済ナショナリストになることを決意したのだ」

ブキャナンによると、アメリカ・ファーストの考えとは、まず国境を防衛することにあるという。九二年共和党選挙公約にはブキャナンの主張で「国境を防衛するため必要な構造物」を建設するという一文が挿入され、[17]「ブキャナン・フェンス」と呼ばれた。また、アメリカ・ファーストは自由貿易を放棄し、経済ナショナリズムの考えをとるという。諸外国との同盟関係を解消し、海外駐留米軍を米国に帰還させ、米国の建設を第一に取り組み始めることも重要な考えだと強調した。ブキャナンは「(反共主義者の)ジーン・カークパトリックが主張したように『普通の時間は普通の国に』という考え方だ」と説明する。

ブキャナンは九一年の湾岸戦争、九・一一(米同時多発テロ)後のイラク戦争にも反対した。

「私は今世紀の米国による最大の失敗は、二〇〇三年のイラク侵攻とその占領だと思っている。アフガニスタンを西洋型民主主義の国につくりかえようとしたが、多くの血が流れ、巨額の経済的コストもかかった。さらに我々はシリアやイエメンの内戦にも巻き込まれてしまった」

ブキャナンは、米国はもともと非介入主義の考え方が主流だった、と語る。

「初代大統領ワシントンら建国の父たちは『外国の戦争に参戦するべきではないし、巻き込まれてはいけない』と主張した。米国は経済ナショナリズムの考えをもち、国際社会の中でも一人で立つ能力があった。我々の大きな大陸は二つの大洋によって守られ、我々は他国の戦争と距離を取ってきたのだ」

ブキャナンは、第二次世界大戦への参戦に反対したリンドバーグを「偉大な米国の英雄で、カリスマがあった」と語る。

「リンドバーグは自分の叔父ら親族が第一次世界大戦で戦ったことを覚えていた。米国人にとって第一次世界大戦は『巻き込まれた』戦争であり、『我々の戦争ではない』と感じていた。しかし、第一次世界大戦に参戦した結果、一一万人を超える米軍兵士が死亡した。約二〇年後に再び同じことが起きようとしていたのだ。リンドバーグらアメリカ・ファースト委員会の人々は『参戦するべきではない。ドイツと英仏両国を和解させよう』と主張したのだ」

非介入主義を主張するブキャナンは、リンドバーグらアメリカ・ファースト委員会の伝統的な孤立主義の考え方を継承している存在と言える。

ワシントン政界では、ブキャナンは二〇一六年の大統領選期間中、トランプの政策アドバイザー的な役割を果たした、という見方が根強い。

「私は彼とは電話で何度も話した。彼は私が出演しているテレビを見て『あなたの言っていることが私は好きだ。感謝している』と言っていた。彼との会話は楽しいものだった」

ただ、ブキャナンは「私が彼のアドバイザーだったという見方は間違いだ」と述べ、「彼は自分自身で経済ナショナリズムの考えを身につけ、外国との貿易によって我々の工場や産業は略奪されていると考えるようになったのだ」と強調する。

とはいえ、トランプとブキャナンのアメリカ・ファーストの内容は酷似しており、ブキャナン自身、「彼の考え方は私と似ている」と認める。

「彼なのか、それとも彼のアドバイザーなのか、だれが私の影響を受けたのかはわからない」。ブキャナンはそう語った。

ペイリオコンの系譜

もともと、米国が他国から搾取されているとして不満を募らせていたトランプ。直接・間接的にブキャナンらペイリオコンの影響を受けて自身の外交政策をめぐる考え方を徐々に固めていき、最終的に「アメリカ・ファースト」という言葉を自分の政治信条をあらわすスローガンとして選んだ可能性は高い。

ブキャナンらペイリオコンの主張は、「反自由貿易」「反グローバリズム」「反移民」「孤立主義」などに集約される。[18] トランプとペイリオコンの主張には次のような共通点を見いだすことができる。

一つ目は、トランプが伝統的な孤立主義の傾向をもち、米国の同盟国や友好国を米国の軍事力を使って防衛することに極めて消極的であるという点だ。トランプはなぜ米国が数十万人の米軍兵士を海外に駐留させ、裕福な同盟国を防衛しなければいけないのか、と強い疑問をもつ。このため、同盟国が米軍の駐留を望むのであれば、それに見合った相応の対価を支払うか、支払わないのであれば米軍の撤退・縮小は当然だと考える。同時に、九・一一以来、中東地域で泥沼化した戦争を早期に終結し、中東地域からの米軍撤退を唱えている。

二つ目は、反グローバリズムの性質をもつ点だ。トランプは国際協調に背を向け、米国が第二次世界大戦後に築いた国際秩序を守ることに関心をもっていない。また、ＴＰＰ離脱のように自由貿易に後ろ向きで、外国製品に関税をかけることによって自国産業を守るという保護貿易主義の傾向をもつ。中国との通商協議では自国に有利な取引（ディール）を引き出すために大規模な関税戦争を仕掛け、米中対立の激化は世界を不安定化させている。

三つ目として、第二次世界大戦後、米外交で主流だった国際主義の考え方とは異なり、民主主義や自由、人権の尊重といった米国のリベラル的価値観を世界に広めることに無関心である点が挙げられる。逆にトランプは専制的政治指導者に対して親近感をもち、ロシアのプーチン大統領や中国の習近平国家主席には最大級の敬意を払って直接的な批判をしない。北朝鮮の金正恩朝鮮労働党委員長に対しては「恋に落ちた」とまで公言し、親密な信頼関係をアピールしている。

四つ目は、メキシコとの国境における壁建設など国境防衛に強い意思を示し、不法移民を厳しく取り締まる姿勢を示している点だ。トランプは不法移民が米国民の身体に直接危害を加えることを強く警戒している。一方、その警戒心がトランプの攻撃的な排外主義的言動に結びついている。メキシコからの移民を「レイプ魔」と呼び、自身に批判的な民主党の非白人系の女性議員を「もといた国に帰ったらどうか」と批判する。トランプには米国を白人社会とみなしているかのような人種差別的な発言が多い。

一方、トランプの唱えるアメリカ・ファーストには、従来のペイリオコンの主張に収まりきらない部分もある。例えば、米国市民に危害が及ぼされれば、米国単独であっても軍事力の行使をためらわないという点だ。

イラン問題では、歴代大統領が見送ってきた、イランの国民的英雄であるイスラム革命防衛隊のソレイマニ司令官の暗殺を命じ、米・イランの本格的な軍事衝突を引き起こしかねない行動に出た。米軍再建を唱えて軍事費の拡大にも力を入れるなど、トランプには軍事力を信奉する傾向がある。ただし、イランの司令官暗殺後に中東地域に三五〇〇人の米軍部隊を増派したように、自らの単独行動主義によって、持論であるはずの米軍撤退が実現できないという矛盾も生じている。

さらにトランプ政治の特徴として、共和党支持者の自身に対する圧倒的な支持を背景に、政権内において極めて強固な権力基盤を確立したという点も挙げられる。自らの考えに反対する閣僚らを次々と更迭するという強権的な手法をとることで、アメリカ・ファーストの実現を目指す独裁体制を完成させた。ただし、その結果、トランプの暴走を止める政権内のブレーキ役はいなくなり、トランプの権力乱用ぶりが問題化していくことにもなる。

トランプの掲げるアメリカ・ファーストとは何か。トランプ政治の四年間で最も問われるアメリカ・ファーストの実態について迫りたい。

1――The White House. "Statement by the President." 1 June 2020. <https://www.whitehouse.gov/briefings-statements/statement-by-the-president-39/>

2――オマール・ワーソウへのインタビュー取材。二〇二〇年六月一日。

3――カイル・コンディックへのインタビュー取材。二〇二〇年六月四日。

4――The White House. "Remarks by President Trump and Vice President Pence in a Roundtable with Law Enforcement." 8 June

2020. <https://www.whitehouse.gov/briefings-statements/remarks-president-trump-vice-president-pence-roundtable-law-enforcement/>

5——Smith, Grant, Ax, Joseph and Kahn, Chris. "Exclusive: Most Americans sympathize with protests, disapprove of Trump's response - Reuters/Ipsos." *Reuters.* 2 June 2020. <https://www.reuters.com/article/us-minneapolis-police-poll-exclusive/exclusive-most-americans-sympathize-with-protests-disapprove-of-trumps-response-reuters-ipsos-idUSKBN239347>

6——Goldberg, Jeffrey. "James Mattis Denounces President Trump, Describes Him as a Threat to the Constitution." *The Atlantic.* 3 June 2020. <https://www.theatlantic.com/politics/archive/2020/06/james-mattis-denounces-trump-protests-militarization/612640/>

7——Karson, Kendall and Scanlan, Quinn. "Black Americans and Latinos nearly 3 times as likely to know someone who died of COVID-19: POLL." *ABC NEWS.* 22 May 2020. <https://abcnews.go.com/Politics/black-americans-latinos-times-died-covid-19-poll/story?id=70794789>

8——Agiesta, Jennifer. "CNN Poll: Trump losing ground to Biden amid chaotic week." *CNN.* 8 June 2020. <https://www.cnn.com/2020/06/08/politics/cnn-poll-trump-biden-chaotic-week/index.html>

9——The White House. "The Inaugural Address." 20 January 2017. <https://www.whitehouse.gov/briefings-statements/the-inaugural-address/>

10——高坂正堯『国際政治』中公新書、改版三版、二〇一九年、四〇頁。

11——Charles Lindbergh House and Museum. "America First and WWII." <https://www.mnhs.org/lindbergh/learn/controversies>

12——Sanger, David E. and Haberman, Maggie. "In Donald Trump's Worldview, America Comes First, and Everybody Else Pays." *The New York Times.* 26 March 2016. <https://www.nytimes.com/2016/03/27/us/politics/donald-trump-foreign-policy.html>

13——Ben-Meir, Ilan. "That Time Trump Spent Nearly $100,000 On An Ad Criticizing U.S. Foreign Policy In 1987." *BuzzFeed News.* 10 July 2015. <https://www.buzzfeednews.com/article/ilanbenmeir/that-time-trump-spent-nearly-100000-on-an-ad-criticizing-us>

14——"Pat Buchanan On 'America First' Under Trump." *NPR.* 22 January 2017. <https://www.npr.org/2017/01/22/511048811/pat-buchanan-on-america-first-under-trump>

15——パット・ブキャナンへのインタビュー取材。二〇二〇年二月五日。

16——Buchanan, Patrick J. "America First –and Second, and Third." *The National Interest.* No. 19 (SPRING 1990): 77-82. <https://www.jstor.org/stable/42894664?read-now=1&seq=1>

17——Republican Party Platform of 1992. "The Vision Shared: The Republican Platform, Uniting Our Family, Our Country, Our World." 17 August 1992. <https://www.presidency.ucsb.edu/documents/republican-party-platform-1992>

18——中岡望『アメリカ保守革命』中公新書、二〇〇四年、一二九頁。

第一章　ヘドロをかき出せ
――首切り人事で築いた独裁体制

ネバー・トランプ・リパブリキャンズ

二〇一六年三月一日、トランプは米大統領選の共和党候補者選びの最大の山場であるスーパーチューズデーで圧勝し、候補者指名獲得に大きく前進した。

その翌二日、米国の外交安全保障専門情報ウェブサイト「WAR ON THE ROCKS」に、共和党系の外交安全保障専門家一二二人による公開書簡が掲載された。

「我々はドナルド・トランプが大統領になることに反対することで団結している」[1]

書簡では、トランプが大統領選挙中に繰り返しているテロ容疑者に対する拷問容認発言、反イスラム的言動、メキシコとの国境の壁建設、ロシアのプーチン大統領に対する賛辞を批判し、「我々は大統領職に全く不適格な人物が選ばれることを阻むため、精力的に取り組むことを誓う」と強調した。

それから約五カ月後、トランプが共和党全国大会で大統領候補に正式に指名されて二〇日ほど経った八月八日。米紙ニューヨーク・タイムズを通じ、共和党系の外交安全保障問題専門家の五〇人が「我々はだれ一人としてドナルド・トランプに投票しない」と宣言した新たな公開書簡を発表した。[2] 署名欄に並んだのは、比較的若手の専門家が多かった前回とは異なり、共和党のニクソン政権からG・W・ブッシュ政権にかけて要職を務めたそうそうたる顔ぶれの元政府高官たちだった。

マイケル・ヘイデン（元中央情報局〔CIA〕長官、元国家安全保障局〔NSA〕長官）、ジョン・ネグロポンテ（元国家情報長官）、ロバート・ゼーリック（元世界銀行総裁）、トム・リッジ（元国土安全保障長官）、マイケル・チャートフ（同）、エリック・エデルマン（元国防次官）、知日派として知られるマイケル・グリーン（元国家安全保障会議〔NSC〕アジア上級部長）――。「WAR ON THE ROCKS」の署名者数の半分に満たないが、ワシントン政界に与えた衝撃は前回をはるかに上回るものだった。

書簡には「トランプには大統領・最高司令官となる資質はない」と厳しい批判の言葉が並ぶ。

「トランプは大統領になるための性格、価値観、経験を欠いている。彼は自由主義陣営の指導者として米国の道徳的な権威を弱める」

「トランプは米国の重要な国益、複雑な外交上の問題、米国にとって欠くことのできない同盟国、そして米国の外交政策が基づかなければならない民主的な価値観についてほとんど理解していない。同時に、彼は一貫して我々の敵国を賛辞し、我々の同盟国や友好国を脅している」

「彼は真実とウソを区別することができないか、または区別することに消極的だ。彼は自分と異なる考え方を受け入れない。彼は自制心に欠け、衝動的に行動する。彼は自分に向けられた批判を容認することができない。彼は奇抜な行動によって我々と最も関係の深い同盟国に警戒感を与えている。これらはすべて、米国の核兵器使用の命令権限をもつ大統領・最高司令官になることを目指す人物にとって危険な資質である」

書簡では最後に「（トランプは）オーバル・オフィス（大統領執務室）で米国の歴史上、最も無謀な大統領となるだろう」と警告した。先の「WAR ON THE ROCKS」と合わせ、二つの書簡のうち少なくともどちらかに署名した専門家の数は計一四九人にのぼった。のちに「ネバー・トランプ・リパブリキャンズ（共和党系の非トランプ派）」と呼ばれることになる。

公開書簡の仕掛け人

ニューヨーク・タイムズで発表された二通目の公開書簡の仕掛け人であり、文章を起草したのが、G・W・ブッシュ政権でNSC法律顧問を務めたジョン・ベリンジャーだ。ワシントン政界では共和党のみならず、民主党からも優秀な法律家として敬意を集めている人物である。

ベリンジャーによれば、トランプが共和党候補者指名争いで首位を走り続けていた二〇一六年春、共和党政権で外交安保関連の要職に就いた経験のある元当局者たちは懸念を募らせていたという。[3]トランプの訴えは、歴代の共和党政権が重視してきた自由貿易、民主主義、同盟国といった価値観とは矛盾するものだったからだ。

そんな思いを抱いていたベリンジャーのもとに、一通目となる公開書簡への署名を求める文書が送られてきたが、「忠実な共和党員」という一文があったため、署名を見送った。

「すでにその時点で、私は自分を『共和党員』と言うことがもはや難しくなっていると感じていた。共和党は、我々がかつて守ってきた価値観を守っておらず、私は共和党がどこへ向かうのか懸念していたからだ」

ただ、ベリンジャー自身も一人で懸念しているだけではなく、何かしらまとまったグループとして行動を起こさなければいけないと考えていた。

二〇一六年夏、ブッシュ政権の元政府高官数人に声をかけ、「我々は個々人ではなく、集団で何らかの意見表明をする必要がある」と伝え、「もし私が皆の抱える懸念を書簡としてまとめれば、署名してくれるか」と尋ねると、すぐに数人から「署名する」という返事があったという。

ベリンジャーによれば、この二通目の公開書簡が一通目と異なるのは、閣僚や政権幹部としてホワイトハウスで大統領と直接一緒に働いた経験がある人物に署名者を限った点にあるという。

ベリンジャーは「我々は大統領にどのような資質が求められるかも知っている。我々は大統領のすぐそばで働き、大統領の抱えるストレスも見てきた」と語る。ベリンジャー自身、二〇〇一年に同時多発テロ（九・一一）が起きた際もホワイトハウスにおり、その直後の混乱の中でG・W・ブッシュ大統領と一緒に働き、その時の状況を克明に覚えている。

「私はブッシュ大統領がその時、どのようなストレスにさらされたかを知っているし、より良き大統領になるためには何が必要なのかも知っている」と語り、こう強調した。

「我々は米国市民に対し、トランプは大統領に必要なすべての資質を欠いている、と言いたかったのだ。彼は大統領となるべき性格も価値観も何ら持ち合わせていない。彼には歴史的な感覚はないし、我々の同盟国についても理解してない。彼は助言者の意見を無視し、学ぼうとしない。

彼は自分の感情をコントロールできず、自分に対する批判を受け入れることができないのだ、と」

ベリンジャーによれば、自身が起草した公開書簡を署名に賛同した人々に事前に見せたところ、少しだけコメントが寄せられ、元の文章が修正された個所があったという。その一つが「これはすべて『米国の核兵器使用の命令権限をもつ』大統領・最高司令官になることを目指す人物にとって危険な資質である」という部分で、元の文章には「米国の核兵器使用の命令権限をもつ」という言葉はなかったという。

ベリンジャーは当初、この文言を付け加えるべきだという提案を受けたとき、「いくらトランプでも核兵器をもてあそぶようなことはしないだろう。ヒステリーな表現にはしたくない」と難色を示した。しかし、提案した人物は「いや、これは重要なポイントだ」と引かず、最終的にこの文言を文中に挿入することになったという。

「憎悪を植えつけ分断を生み出した」

マイケル・グリーン元NSCアジア上級部長は、ベリンジャーが公開書簡を出すにあたって最初に相談したうちの一人だ。ベリンジャーとはG・W・ブッシュ政権のコンドリーザ・ライス大統領補佐官（国家安全保障担当）のもとで一緒に働いた仲である。

グリーンも、共和党候補者指名争いの段階から国際問題や貿易問題をめぐるトランプの言動に不安を覚えていたが、ベリンジャーと同じように「WAR ON THE ROCKS」に掲載されることになる最初の公開書簡については署名を断った。

「大統領選をめぐっては、候補者は党内予備選で過激な主張をしても、党候補の指名を勝ち取れば、本戦で勝つために中道寄りの主張をするようになるという過去の経験がある。かつてほとんどの大統領がそうであったように、トランプも最終的には中道寄りの主張になるという可能性を私はあきらめていなかった」[4]

グリーンはまた、当時日本や韓国、オーストラリアといった同盟国の政治関係者から書簡に署名しないでほしいと頼まれたという。

「彼らは（共和党政権の元政府高官である）我々が政権入りすることで、トランプの最悪の本能をいくらか和らげることを期待していたのだ」

また、ベリンジャーと同じように「忠実な共和党員」という文言にも引っかかった。

グリーンは共和党政権のもとで働いたが、共和党員ではなく、インディペンデント（無党派）の立場をとる。もともと父親が民主党員、母親が共和党員であり、過去の大統領選では父親が民主党のケネディとジョンソン、母親が共和党のゴールドウォーターとニクソンという候補者のためにそれぞれ働いた経験があるほど熱心な党員だった。ただ、自身は逆に二人の異なる政党の党員に囲まれた家庭環境だったため、特定政党には所属しなかったという。

一方、グリーンは「レーガン政権やブッシュ政権の外交政策には強く賛同していた」と語る。

グリーンによれば、これらの共和党政権の外交政策の特徴は、「強い同盟」「米国の価値観と民主主義に対する力強い支援」「自由貿易」「強い軍隊」の四点に集約されるという。

こうした外交政策とは対照的に、共和党の国内政策に関しては賛同できなくなっていたと語る。グリーンは、首都ワシントンのベッドタウンであるメリーランド州チェビーチェイスで育ったが、この地域の共和党員には穏健派が多かったという影響もある。グリーンは近年の共和党の国内政策を「ますます右派路線となりつつある」と感じており、「忠実な共和党員」に限定した最初の公開書簡には署名しなかった。

しかし、グリーンが当初抱いていた期待とは裏腹に、トランプは二〇一六年七月に共和党全国大会で党候補に正式に指名されると、ますますその言動を過激化させた。トランプは党全国大会の指名受諾演説で、自由貿易や同盟国を攻撃。「我々の計画はアメリカ・ファーストにある。グローバリズムでなく、アメリカニズムが我々の信条になるだろう」と表明した。[5] 歴代の共和党政権が外交政策をめぐって重視していた四点のうち、トランプが同意していたのは「強い軍隊」だけだった、とグリーンは振り返る。

「トランプは中道に行くどころか、右へとかじを切った。我々はその時『もう我慢できない』と感じたのだ」

グリーンが大統領選期間中にとくに強い憤りを覚えたのが、移民問題や人種問題をめぐるトランプの言動だったという。トランプが選挙期間中、イラク戦争で戦死したイスラム教徒の米兵遺

トランプ氏が共和党候補者指名を受けた共和党全国大会〔2016年7月21日、オハイオ州クリーブランド、ランハム裕子撮影〕 **朝日新聞社提供**

族を侮辱したことを挙げ、「トランプは選挙戦を通じ、米国社会に憎悪を植えつけ、故意に分断を作りだした。彼が人種や移民を利用したことは米国社会に深い傷を負わせた」と語る。

グリーンの父親は、一九五〇年代に司法省内に設置された、主にアフリカ系米国人の人権問題に取り組む人権擁護局で働いていた経歴をもつ。グリーンは「私の父は人種問題で生じた傷をいやすためにキャリアのすべてを捧げた」と語る。

「レーガン政権やブッシュ政権のもとで働いた我々の多くもまた、人種問題をめぐる分断を緩和し、米国を移民にもっと開かれた国にしようと努力してきた。我々にとってみれば、トランプの言動は下品というレベルではない。トランプは米国をより良き国にしようという制度にダメージを与えようとしていたのだ」

グリーンは当時、トランプが民主党候補のクリントン元国務長官に勝つ確率は三〇～四〇％だとみていたという。しかし、トランプが勝った場合、トランプは復讐心が強いため、ベリンジャーの公開書簡に署名すればトランプ政権で働く機会はないと覚悟する必要があると思った。また、トランプはポピュリストであるため、公開書簡が発表されても、彼は言動を変えることはないだろうとも思った。

だが、それよりも自分たちがここで意見表明しなければいけないという気持ちの方が強かったという。

「私自身が歴史学者であるように、我々は歴史的な観点を強く意識している。我々はトランプが、我々の民主主義制度にダメージを与える最悪の大統領の一人になるのを懸念していた。また、軍や議会で働いている人たちの中にも署名したいという人は大勢いたが、それはできないことだった。しかし、我々は法律家や大学教授であり、結果を考えずに自分たちの言いたい意見を自由に言える立場にあった」

「この行動で何らかの制裁措置はあるかもしれないとわかっていた。しかし、我々はのちに自分たちの子どもや孫に対し、『自分たちは当時、ベストを尽くした』と言えるような行動を取りたいと強く思ったのだ」

グリーンはベリンジャーが起草した公開書簡に署名した。

政権入りは一四九分の一

ジョン・ベリンジャー元NSC法律顧問の起草した公開書簡が発表されると、トランプは激しく反応する。発表と同じ日の八月八日に反論の声明を発表し、「(公開書簡の署名者は)世界をこんなに危険な場所に変えたと批判されるべき人々だ。彼らは失敗したワシントンエリート以外の何者でもない」と非難した。[6] さらに翌九日には、米FOXビジネスとのインタビューで、こう宣言した。

「(彼らは)ワシントンのエスタブリッシュメントだ。彼らがいかにひどい仕事をしたか見てみればいい。私はこれらの人々のだれ一人として使う計画はない」[7]

署名者の一人、マイケル・グリーン元NSCアジア上級部長のもとには大統領選が終わって次期政権への移行期間中、トランプの娘婿のジャレッド・クシュナーが公開書簡のリストを手にして「彼らが仕事を得ることはない。我々は彼らをめちゃくちゃにしてやる」と語った、という話が伝わってきた。トランプの支持者からも「おまえはめちゃくちゃにされるだろう」というメールが相次ぎ、グリーンら公開書簡に署名した人々は連邦税を管轄する米国の内国歳入庁(IRS)による税務調査が入るなど「最悪の報復」が取られることまで想定したという。

トランプは就任後、公開書簡に署名した人々に、徹底した人事上の報復措置を取った。共和党政権であれば、本来は政権入りする可能性の高いこれらの人々を候補者から排除。この結果、公開書簡に署名した一四九人のうち政権入りしたのは、米国務省のシリア特別代表になったジェームズ・ジェフリー（元大統領副補佐官）、たった一人だけとなった。

トランプは選挙期間中に「Drain The Swamp（ヘドロをかき出せ）」というスローガンを使っていた。首都ワシントンを政治家や官僚らエスタブリッシュメントたちという「ヘドロ」が巣くう沼地とみなし、そのヘドロを一掃することで政治とは直接関わりのなかった一般の人々の手に政治を取り戻すという意味だ。二つの公開書簡を逆手にとって、署名に応じた歴代政権の外交安保の専門家たちを政権から締め出すことができ、公開書簡はトランプにとって渡りに船だったともいえる。

とはいえ、本来は政権に入るべき人たちが入らなかったことで、二つの問題点が生じた。

一つ目は、政権内の外交安保の専門家が極めて手薄の状態となったという点だ。これまでの歴代政権では専門家が就いていた要職に専門外の人物が任命されたり、要職が空席のまま放置されたりするケースが相次いだ。この結果、トップのトランプが衝動的な決断を繰り返す傾向が強まり、外交安保政策を実際に動かす官僚機構が機能不全に陥ったり、政策が一貫性を欠いて迷走したりするケースが出てきた。

二つ目は、共和党主流派の「頭脳」が政権内に入らなかったことで、トランプ政権の外交政策は共和党主流派の考え方とは異なる性格を強めたという点だ。共和党主流派は米国が国際社会と積極的に関わる国際主義、同盟国との関係を大事にする同盟重視、自由貿易主義の立場に立ち、自由や人権といった民主主義の価値観を世界に広めることに積極的だ。一方、トランプ政権ではこれとは反対に、国際協調を嫌う孤立主義、同盟軽視、保護貿易主義、専制国家指導者に対する親近感が目立つようになる。これらの多くが、公開書簡で指摘されていた問題点だった。

公開書簡が言及した核兵器に関する懸念も現実のものとなった。大統領に就任したトランプは、緊迫した米朝関係が続く二〇一八年一月、「私の核ボタンは彼（北朝鮮の金正恩朝鮮労働党委員長）のものよりもずっと大きく、もっとパワフルだ。私のボタンは機能する」とツイートし、核兵器を使う可能性を示唆した。

ベリンジャーは「核兵器について冗談めいたものの言い方をするなんて今までの大統領ではあり得なかった。それがどんなに危険なことか知っていたからだ。結果的に『核兵器使用の命令権限をもつ』という文章を挿入するべきだと言った人の主張の方が正しかったことが証明された」と語る。

相次ぐ閣僚更迭

トランプは二〇一六年一一月の大統領選で当選すると、ホワイトハウスの要職である大統領首席補佐官にラインス・プリーバス（共和党全国委員長）、大統領首席戦略官にスティーブン・バノン（選挙対策最高責任者、右派系ニュースサイト「ブライトバート・ニュース」元会長）、大統領報道官にショーン・スパイサー（共和党全国委員会広報担当）、大統領補佐官（国家安全保障担当）にH・R・マクマスター（陸軍中将）[8]、国務長官にレックス・ティラーソン（米石油大手エクソンモービル会長兼最高経営責任者）、国防長官にジェームズ・マティス（元海兵隊大将）という陣容を整えた。

ワシントン政界では、エスタブリッシュメント批判を展開してきたバノンが、新設された大統領首席戦略官という政権中枢のポストに就くことに強い警戒感があった。しかし、首席補佐官に就任したプリーバスは、共和党主流派との太いパイプをもつことから政権と党の橋渡し役が期待された。国務長官のティラーソンは外交・行政経験はないものの経済界で成功を収めた大物経済人で、国防長官のマティスも「戦う修道士」「狂犬」という異名をもち、米軍内で尊敬を集める軍高官だった。大統領補佐官のマクマスターはベトナム戦争の失敗を検証した著書もある戦略家として知られており、これらの人々は政界関係者から一目置かれる人材であった。

しかし、トランプは自身が指名した政権幹部との間でも次第に対立を深めることになる。例えば、ティラーソンは各国との協力を重視する国際協調派だったため、イラン核合意やパリ協定からの離脱など国際社会における合意を反故にし続けるトランプとの確執を深めていった。

ホワイトハウスと国務省の関係は険悪化の一途をたどり、国務省の外交官たちを取り巻く環境も悪化する。二〇一七年当時、北朝鮮政策特別代表を務めていたジョセフ・ユンによれば、北朝鮮問題をめぐってもティラーソンは対話による解決を図ろうとする一方、ホワイトハウスは軍事的選択肢も含めて強硬姿勢を取り、「（両者は）激しく衝突していた」と回顧する。ユンは一八年二月に「個人的な理由」で辞任したが、その理由について「我々国務省の意見は（ホワイトハウスに）聞いてもらえなかった。私はこれ以上（仕事を続けることは）無理だと思った」と語り、自身の辞任の背景にはホワイトハウスと国務省の対立があったことを明らかにした。[9]
ユンの辞任から約二週間後の三月一三日、トランプは自身のツイッターで突如、ティラーソンを解任し、後任にＣＩＡ長官のポンペオを充てる人事を発表した。
トランプによる政権幹部の更迭はティラーソンにとどまらない。前述の主要な役職だけをみても次のようなめまぐるしい人事が行われることになる（代行を含む）。

・**大統領首席補佐官**　ラインス・プリーバス（一七年七月、退任）→ジョン・ケリー（一九年一月、退任）→ミック・マルバニー（二〇年三月、退任）→マーク・メドウズ（同、就任）
・**大統領首席戦略官**　スティーブン・バノン（一七年八月、退任）。その後空席
・**大統領報道官**　ショーン・スパイサー（一七年七月、退任）→サラ・サンダース（一九年六月、退任）→ステファニー・グリシャム（二〇年四月、退任）→ケイリー・マクナニー（同、就任）
・**大統領補佐官**（国家安全保障担当）　マイケル・フリン（一七年二月、退任）→H・R・マクマスター（一八年四月、退任）→ジョン・ボルトン（一九年九月、退任）→ロバート・オブライエン（同、就任）
・**国務長官**　レックス・ティラーソン（一八年三月、退任）→マイク・ポンペオ（同年四月、就任）
・**国防長官**　ジェームズ・マティス（一九年一月、退任）→パトリック・シャナハン（同年六月、

退任）→マーク・エスパー（同年七月、就任）

トランプが更迭劇で用いる手法の最大の特徴は、突然のツイッター辞令にある。ティラーソンの更迭もツイッターで発表し、実際にティラーソンに電話で伝えたのはその三時間後だった。サプライズ演出によって最後は自分が人事決定権をもつ「ボス」であることを内外に強烈に印象づけるやり方であり、自身が司会を務めていたリアリティー番組「アプレンティス（見習い）」での決め台詞、「おまえはクビだ」を地で行く更迭劇を、現実の政治の世界でも実践していた。

トランプがアメリカ・ファーストの実現に向けて邪魔な存在である国際協調派らを次々と政権から排除する中、前述のジョセフ・ユンのように、歴代米政権を支えてきた外交官たちも退任せざるを得ない状況に追い込まれていく。

元国務省高官のスーザン・ソーントンもそのうちの一人である。

ある外交官の決断

スーザン・ソーントンは一九九一年、国務省に入省。東アジアと旧ソ連圏を専門とし、中国語とロシア語に堪能なベテランのキャリア外交官である。

トランプ政権発足から二カ月後の二〇一七年三月、ソーントンはティラーソン国務長官のもとで国務次官補代行に就任した。日本や中国、朝鮮半島を含む東アジア・太平洋政策に関する国務省のトップという要職である。しかし、政権内の対中強硬派から「ソーントンは中国に対して弱腰だ」という激しい批判が巻き起こった。

「私は（政府内に）タカ派を送り込んでいる。スーザン・ソーントンを国務省から追い出すつもりだ」

中国との貿易戦争を提唱するバノン大統領首席戦略官はこう公言した。[10] ソーントンは一二月には正式に国務次官補に指名されたが、共和党重鎮のマルコ・ルビオ上院議員らが反対にまわり、上院での承認手続きは進まなかった。

ソーントンは対中強硬派から激しい批判を浴びたことについて、「政治的な理由からだった」と指摘する。[11] 中国に精通する専門家であり、中国との対話を重視するソーントンは、対中強硬派にとっては「親中派」のレッテルを貼りやすい格好の標的になったといえる。

国務次官補の承認手続きが進まない中、ソーントンの理解者だったティラーソンは二〇一八年三月に解任される。ティラーソンは口数は少なかったが、国務省内のプロの外交官を支えることを自分の義務と考えている様子だったという。

ソーントンはティラーソンについて「中国問題でも長期的な戦略を持ち、高潔で立派な人物だった」と振り返る。

ティラーソンはトランプから解任を通告されると、ソーントンら国務省のスタッフを集め、政権を去ることを淡々と伝え、一人ひとりと握手を交わした。

その後、ソーントンは個別に感謝と別れの言葉を伝えようと、ティラーソンのオフィスを訪れた。ティラーソンが突然の解任に憤っているのは明らかだったが、不満を漏らさず、逆にソーントンを励ましたという。

「君は忍耐強くやり続けなければいけない。それが一番大切なことだから」

ティラーソンが解任されたのが、ソーントンの父親の死去と同じ時期だったこともあり、身にこたえた。

トランプはティラーソンの後任に自らの忠臣、ポンペオCIA長官を起用。六月、ポンペオの首席補佐官に呼び出されたソーントンは、こう告げられた。

「あなたの国務次官補の指名を取り消すことにした」

その理由について首席補佐官は「上院で反対がある」とだけ説明した。ソーントンは「ルビオ上院議員の他にも反対する人がいるのか」と尋ねたが、首席補佐官はそれ以上の説明はしなかったという。

トランプ政権は自分を国務次官補に指名しないという結論を出した。いつまでも「代行」を続けることはできない。ソーントンに残された選択肢は一つしかなかった。

六月三〇日、国務省は「我々は、二五年間を超える彼女の国務省に対する貢献に感謝している」という報道官声明を発表し、ソーントンの退任を発表した。ティラーソンの解任から三カ月後のことだった。

ソーントンは現在、首都ワシントンから約一千キロ離れた東部メーン州に移り住み、「第二の人生」に踏み出している。

「あなたとここで会えるなんて思ってみなかった」。一二月、雪原の農場で、笑顔のソーントンが愛犬とともに出迎えてくれた。

ソーントンは退任にあわせ、ワシントンの自宅を引き払い、メーン州リスボンの農場を購入した。一八世紀後半に開設された、歴史ある農場だ。夫のジョーとは以前から「引退後はメーン州で農場経営をしよう」と話していた。息子のベンも大学在学中に農場で働いた経験があり、有機農業ビジネスに興味をもっていた。

母校のボードイン大学は農場から車で三〇分の距離にある。メーン州には外交官時代も家族でたびたび避暑に訪れていた。

初めての農場経営は手探りだ。「一番難しかったのは、やるべきことが山のようにある中、何を優先するべきか分からないことだった」。馬を飼う前に柵を立てようとしたが、一一月中旬には雪が降り始め、完成させられなかった。納屋に水を引くこともできていない。

それでも海外生活が長かった身には、地域に根ざし、近隣の農家と交流を深める生活は刺激に満ちている。近くの町には、ソマリアから内戦を逃れて米国に移住したバンツー族の難民が住んでいる。ソーントン一家は、バンツー族の難民らに農業技術を教える非営利団体に協力し、農場の一部を貸している。「自分たちの住む地域に貢献したい」との思いからだ。

ただ、ソーントンは外交から自分を完全に切り離したわけではない。二〇一八年一〇月、イエール大学の法科大学院の上級研究員に就任した。時折、大学院のあるコネティカット州まで約四時間かけて車で通い、講演をしたり論文を書いたりしている。米外交をめぐる国内外の会議にも参加し、最近も中国や日本を訪れているという。

ワシントンの喧噪から離れ、痛感しているのは「私たちの問題を政府は本当に解決できるのか」という不安を多くの人々が抱いていることだという。

政治家たちは自分の再選だけを考え、有権者に受けるセンセーショナルな問題ばかり取り上げているように見える。トランプは物事を全て、一方が勝てば他方は負けるゼロサムゲームで捉えているように見える——。ソーントンはそう語った。

ソーントンは外交の最前線で他国と交渉してきた経験を踏まえ、「意見が異なる場合は対話を重ね、妥協点を見つける」ことを信念とする。今の米国政治について意見を求めると、力を込めてこう語った。

「ワシントンでは短期的な利益だけが追求されている。でも長期的な利益を考えれば、協力する道を見つけることができる」

「米国政治が分断され、国民は『一インチでも相手に譲るのは悪いことだ』と考えるようになってしまった。でもほとんどの問題は、共通の利益を引き出す解決方法が必ずあるはずだ」

ボルトン更迭の衝撃

トランプ大統領は閣僚や政府高官の首切り人事を繰り返した結果、政権内の権力を掌握した。その総仕上げが、ジョン・ボルトン大統領補佐官（国家安全保障担当）の更迭劇だったといえる。

二〇一九年九月三〇日午前、ワシントンで米シンクタンク・戦略国際問題研究所（CSIS）が開いた北朝鮮問題の会合。ボルトン前大統領補佐官が壇上にあがると、カメラのフラッシュが盛んにたかれた。二〇日前にトランプ米大統領から更迭を申し渡されて以来、公の場に姿をあらわすのは初めてのことだった。

トレードマークと言える白い口ひげをたくわえたボルトンは開口一番、「北朝鮮指導部は私が私人としてここにいるのを間違いなく喜んでいるだろう」と述べ、いつものように丸眼鏡をクイッと上げ、会場内の笑いを誘った。

「北朝鮮が核兵器を放棄するという戦略的決断をしていないのは明らかだ」「北朝鮮の核兵器保有を容認できなければ、軍事力の行使は選択肢の一つでなければいけない」――。

ボルトンはこの日の講演で「飾らない言葉」を使って北朝鮮の脅威を強調し、対北朝鮮強硬派としてトランプの主導する融和路線を間接的に批判した。しかし、トランプにとってみれば、すでに閣外に放逐された身であるボルトンの主張は、もはや負け犬の遠吠えに過ぎなかっただろう。

ボルトンの更迭もツイッター辞令だった。

「ジョン・ボルトンには昨晩、ホワイトハウスで君の勤務はもう必要ないと伝えた。私はほかの

米戦略国際問題研究所（CSIS）で講演するボルトン前大統領補佐官〔2019年9月30日、ワシントン、ランハム裕子撮影〕 朝日新聞社提供

政権内の人たちと同様に、彼の多くの提案に非常に強く反対してきた。よって、私はジョンに辞任を求め、今朝になって彼の辞任の知らせを受けた。本当にありがとう、ジョン。私は来週、新しい大統領補佐官を発表するだろう」

九月一〇日午前一一時五八分、トランプは自身のツイッターでボルトンの更迭を発表した。

トランプとボルトンの対立は深刻化しており、ワシントン政界ではボルトンの退任は時間の問題と見る向きもあったが、この日の解任を予想する人は少なかった。トランプのツイートのちょうど一時間前、ホワイトハウスから新たな日程の追加がマスコミ向けに発表されており、この日の午後にポンペオ国務長官、ムニューシン財務長官に加え、ボルトンの三人がテロ問題をめぐる経済制裁について記者会見を開くことになっていたからだ。

ボルトンはトランプのツイートから一〇分後に「私が昨晩、辞任を申し出たところ、トランプは『それは明日話そう』と言った」とツイート。自らが主体的に辞任を申し出たのであり、更迭されたわけでないという反論を試みた。

しかし、トランプがツイッターでボルトンに更迭を言い渡した、という事実がすでに広まり、ボルトンは予定していた記者会見を欠席せざるを得なかった。トランプはかつて「彼(ボルトン)は強硬な意見をもっているが、私は彼のことが好きだ」と公言していたが、最後の瞬間はボルトンが予定していた記者会見を欠席せざるを得ない局面に追い込み、切り捨てた。

「リビア方式」で対立

ボルトンは、G・W・ブッシュ政権内で大きな影響力のあったネオコン(新保守主義)の筆頭格だ。二〇一八年四月、更迭されたH・R・マクマスターの後任として大統領補佐官に就任した。トランプの外交交渉の特徴は、相手国を惑わす「予測不能」を演出し、自国に有利なディール(取引)を成立させることにある。米国はいつも本気で軍事的選択肢を視野に入れていることをちらつかせるため、ボルトンを「バッドコップ(悪い警官)」役として使う狙いもあったとみられる。

しかし、ボルトンは他国への極端な介入主義を唱え続け、イランや北朝鮮への先制攻撃も辞さない態度をとり続けた。ボルトンの就任直後、一緒に働いた経験のある元国務省高官は「彼の最終目標はいつもレジームチェンジ(体制転換)だ」と懸念を示した。トランプ自身、好戦的な言動を繰り返すボルトンを徐々にもてあまし、二人の関係は対立へと発展していくことになる。

イラン問題では米国の無人偵察機をイランが撃墜した事件をめぐり、ボルトンはイランに対して報復攻撃をするように強く主張。トランプはいったん攻撃を承認したものの、直前になって「無人機の撃墜とは釣り合わない」と判断し、攻撃中止を命じた。タリバーンとの和平協議をめぐっては、トランプはワシントン郊外のキャンプデービッド山荘にタリバーン指導者を招くことを計画していたが、ボルトンが反対した結果、トランプは断念せざるをえなかった。

二人の溝を決定的に深めたのが、北朝鮮をめぐる対応だ。

二〇一九年二月にベトナムで行われた米朝首脳会談では、スティーブン・ビーガン北朝鮮政策特別代表が合意案づくりを進めたが、ボルトンがトランプに働きかけて決裂させた。しかし、その後もトランプは北朝鮮の金正恩朝鮮労働党委員長との個人的な関係を重視して対話路線を続け、ボルトンは最終的に「北朝鮮問題から完全に外されていた」（米政府関係者）という。六月、板門店におけるトランプ、正恩両首脳の会談の際、米国側代表団の中にボルトンの姿はなかった。

ボルトンの更迭を発表した翌九月一一日、トランプは記者団とのやりとりで、更迭の理由についてボルトンがかつて「リビア方式」を北朝鮮に適用するように提唱したことを真っ先に挙げ、「最悪だった」と非難した。[12]

「リビア方式」とは、二〇〇〇年代にリビアが核開発を放棄した後に制裁を解除した手法だ。ただし、カダフィ政権はその後崩壊し、最高指導者のカダフィ大佐は殺害されており、北朝鮮側がボルトンの主張した「リビア方式」の適用に強く反発し、シンガポールにおける初の米朝首脳会談の開催が一時危ぶまれた経緯がある。

そんなボルトンがこの時期に更迭された最大の理由は、二〇二〇年大統領選にある。

トランプにとって最も重要な政治テーマは大統領選で再選することにある。そのためには、北朝鮮であれ、イランであれ、選挙に不利になる戦争を本気でやりたいとは思っていない。トランプは九月一一日の記者団とのやりとりで「ボルトンは極めて強硬派だった」とも不満を述べている。米国市民の間にはイラク戦争やアフガン戦争以来、厭戦気分が広がり、軍事的な介入主義には否定的な意見が強い。トランプは世論に敏感だ。軍事介入を辞さないという強硬姿勢を見せるのは、相手国に圧力を与えてディールをするのが大きな狙いだ。そんなトランプにとってみれば、ボルトンは現実に戦争を誘発しかねない危険な人物であると同時に、自身が大統領選再選を目指すうえで邪魔な存在になってきたといえる。

ワシントン政界においてボルトンは、緊迫が高まるイランやベネズエラとの軋轢を作り出す張本人と目されていた。マーク・フィッツパトリック元国務次官補代理（核不拡散担当）は「ワシントンの人々は今回の更迭でトランプが軍事介入に踏み切る可能性が低くなったと考え、ホッとしている」と語った[13]。

のちに詳しく触れるが、ボルトンは二〇二〇年六月、政権の内幕を暴露する回顧録を出版した[14]。トランプは暴露本によって政治的な打撃を受けることになり、大統領選のために更迭したにもかかわらず、これが裏目に出る結末となった。

ボルトンの後任には、米国務省のロバート・オブライエン人質問題大統領特使が就任することに決まった。オブライエンの知名度はワシントン政界では高くなかった。弁護士出身であり、国連安保理内の法律顧問を務めたのち、二〇〇五年にブッシュ政権で国連総会の米政府代表に就任し、当時国連大使だったボルトンとも一緒に働いたことがある。メディアの注目を集めたのは、一九年六月末にスウェーデンで暴行騒ぎを起こして拘束された有名ラッパーのエイサップ・ロッキーの解放交渉に関わったときくらいだ。ただ、ワシントンの外交筋は「ボルトンとは正反対の性格の人物だ。北朝鮮問題をめぐっても、トランプ政権は平和的に対話路線を進めるというシグナルを送ることになるだろう」と期待感を示した。

とはいえ、政権の外交安全保障政策の司令塔が頻繁に代わることへの懸念も大きい。

トランプ政権下において国家安全保障担当の大統領補佐官の交代はオブライエンで四人目となる。肩書は補佐官（Advisor）だが、権力は絶大だ。米ホワイトハウス主導の外交安保政策を決定する国家安全保障会議（ＮＳＣ）の数百人規模のスタッフを束ね、外相である国務長官、防衛相である国防長官に匹敵する要職である。ＮＳＣの司令塔が次々と交代するということは、米国の外交安保政策の不安定化をあらわしている。ただし、トランプからみれば、一貫した政策にしばられず、自身の即興的な政策決定がやりやすい環境を作り出したともいえる。

米政府関係者によれば、オブライエンをトランプに推したのはポンペオだ。ボルトンが出席するはずだった九月一〇日の記者会見で、ポンペオは今回の更迭劇を尋ねられると「驚いていない」と笑顔を見せた。ライバルだったボルトンが閣外に出たことでポンペオの政権内での影響力は増していくことになる。

トランプの忠実な「イエスマン」とみられるポンペオはどのような人物か。

忠臣・ポンペオの野心

ポンペオ国務長官の下院議員時代の選挙区、中西部カンザス州最大の都市ウィチタは、「世界の航空首都」と呼ばれるほど航空機産業が盛んな都市だ。だが郊外へ車を少し走らせれば、見渡す限り地平線まで続く大草原が広がる。カンザス州は伝統的に共和党が強く、米大統領選では毎回、共和党候補の得票が民主党を上回る「赤い州」（レッドステート）の一つである。

「カンザスの人々は勤勉で規律を重んじ、起業家精神をもつ。マイクはそんな価値観を代表しているから人気がある」

ポンペオと家族ぐるみの付き合いで、選挙も支援してきた不動産会社経営ダン・アンルーはこう語る。[15]

ポンペオはもともとカリフォルニア州出身。ウェストポイント陸軍士官学校を首席で卒業後、冷戦下の欧州で機甲部隊の指揮官を務めた。その後、ハーバード大ロースクールで学んだのち、三〇代半ばでウィチタに移り住み、航空機製造会社を設立。当時、その会社の顧問弁護士だったハーベイ・ソレンセンは「彼は頭の回転が速かった」と会議の様子を振り返る。[16]

ポンペオが政界入りしたのは二〇一〇年のアメリカ中間選挙の時だ。草の根保守運動「ティーパーティー（茶会）運動」の旋風に乗って下院に初当選。以来、一六年まで四回連続当選した。

ポンペオの選挙を支援したのが、茶会運動の黒幕とも言われた共和党の有力献金者で大富豪のコーク兄弟だ。コーク兄弟経営のエネルギー大手「コーク・インダストリーズ」はウィチタに拠点を置く。政治資金を調査しているオンラインメディア「オープンシークレット」のデータベースによれば、ポンペオは二〇一〇〜一六年、約五万〜八万ドルの献金を受けていた。[17]

ポンペオはワシントンでは茶会系議員というイメージが強い。しかし、アンルーは「彼は茶会運動の熱狂的な支持者ではない」と反論する。「彼が代表しているのはあくまでもカンザスの価値観であり、茶会系議員とひとくくりにするのは公平な見方ではない」という。

政界入りしたポンペオの名を全国に知らしめたのが、リビア・ベンガジの米領事館襲撃事件をめぐるヒラリー・クリントン元国務長官の追及だ。

二〇一五年一〇月、大統領選の民主党有力候補だったクリントンに対する米議会公聴会が開かれた。出席したポンペオが「私はイエスかノーだけを聞いている。極めて単純だ」とクリントンを攻撃的に問いただす姿がテレビ中継された。[18]

トランプも大統領選中にクリントンを「悪党ヒラリー」と呼び、ベンガジ事件で集中砲火を浴びせていた。のちにポンペオをＣＩＡ長官に抜擢した際にはベンガジ事件の追及ぶりが念頭にあった可能性がある。

ポンペオは二〇一八年四月、更迭されたティラーソン国務長官の後任に就いた。マクマスター大統領補佐官、マティス国防長官ら主要な政権メンバーがトランプと対立して次々と去る中、トランプはポンペオを「ファンタスティック（素晴らしい）」と公言してはばからない。

ただ、ポンペオをよく知る複数の地元支援者によれば、ポンペオはもともとタカ派の国際主義派であり、自由貿易論者だという。孤立主義・保護貿易主義的な傾向をもつトランプと考え方が一致しているわけではない。前回大統領選の共和党予備選では、同じ外交タカ派のマルコ・ルビオ上院議員を支援し、トランプには批判的な態度をとっていた。

ではなぜポンペオはトランプと良好な関係を保っているのか。

ポンペオのもとで働いた経験のある元国務省高官は「彼はワシントンの政治サークルでの立ち振る舞いが極めてうまい。私が仕えた国務長官の中で最も政治的な人物だ」と語る。ポンペオは政治理念が異なるにもかかわらずトランプの要請を受けてＣＩＡ長官に就任。長官時代はＣＩＡ本部のある隣州バージニアからポトマック川を越えてホワイトハウスに足しげく通ってトランプ相手に直接ブリーフを重ね、トランプの信頼を勝ち取った。元高官はそこにポンペオの野心をみてとる。

「彼が重視するのはトランプとの関係の維持だ。それが彼の政治的な未来に必要だからだ」

ポンペオをめぐっては二〇二〇年一一月の大統領選と同時に行われる上院選への出馬が取りざたされた。カンザス州選出の現職上院議員が不出馬を宣言したことを受け、共和党上層部がポンペオに出馬を働きかけていたのだ。

「トランプ政権のほとんどの農業政策は農家のために行われている。オバマ政権のときとは全然違う」

ウィチタから車で約二時間の距離にある州北東部の都市マンハッタン。カンザス州最大の農民団体「カンザス・ファーム・ビューロー」の事務所で、ライアン・フリックナー部長はこう語った。[19]

トランプに対する農家の人々の支持は強い。米農業専門誌「ファーム・ジャーナル」が二〇一九年七月に行った農家への世論調査では、トランプの支持率は七九％に上った。[20]

フリックナーによると、全米トップクラスの小麦と肉牛の生産州であるカンザスでも、トランプの人気は高い。ポンペオの選挙に関わった経験のある農業関係者は「ポンペオがトランプと共同歩調をとることは極めて有効だ」と語る。

ポンペオはメディアのインタビューで自身の出馬の可能性について問われるたびに「大統領が求める限り今の仕事を続ける」と答え、今回の上院選への出馬には慎重な姿勢を取り続けた。しかし、ワシントンの外交筋は「ポンペオはいつの時点か、さらなる華麗な転身を図るだろう」とみる。

「カンザスに戻って来られてとてもうれしい。私にとってこれ以上の我が家はない」

二〇一九年九月六日、ポンペオがマンハッタンのカンザス州立大での講演でこう切り出すと、約九〇〇人の聴衆から拍手喝采を受けた。ポンペオは講演で、トランプ政権がいかに人権重視の外交を展開しているかというテーマで話していたが、終盤の聴衆との質疑応答でちょっとしたハプニングが起きた。

女子学生が質問に立ち、「あなたは米国が強く人権を支持していると話したが、トランプ政権はこの国に人権保護を求めてくる人々の受け入れに強く反対しているではないか」と疑問を呈すと、ポンペオは「（あなたの発言は）根本的に真実ではない」と語気を強めて反論し、なごやかだった会場内の雰囲気が一瞬緊迫する場面があった。

ポンペオは記者会見でトランプや政権に対し批判的な質問が出ると、ときには「侮辱的であり、バカげた質問だ」などと激しい言葉を浴びせ、攻撃的に反論する。日頃からメディアや民主党との戦いを繰り広げるトランプの目に、敵にひるまずに戦うポンペオの姿は頼もしく映っているとみられる。

ただし、ポンペオにとってトランプに忠実であり続けるのは、両刃の剣でもある。ポンペオは国務長官就任当初、「国務省を再び、堂々とした（swagger）組織にしたい」と述べ、ホワイトハウスとの確執に疲弊した国務省職員らからは歓迎された。しかし、現実にはトランプの利己的な言動に振り回され続け、とくにトランプの「ウクライナ疑惑」をめぐっては、トランプから解任圧力を受けていた駐ウクライナ大使を守らなかったことで国務省内ではポンペオに対する批判が高まり、ワシントン政界ではポンペオに対して厳しい見方もある。

しかし、「最も政治的な人物」（元国務省高官）であるポンペオは、少なくともトランプ政権が続く限り、トランプの意向に忠実に従う「イエスマン」であり続けることが自らの権力の源泉であることを自覚しているとみられる。ボルトンが政権の外に追い出され、政権内でポンペオの影響力が強まるのに伴い、外交安保政策をめぐるトランプの意向をポンペオが忠実に実行していく体制が確立したともいえる。

ポンペオは政界入りから七年余りで米外交トップにのぼり詰めた。地元の支援者の間では二〇二四年大統領選への立候補を期待する声が強く、共和党内でもニッキー・ヘイリー前国連大使と並び、ポスト・トランプの呼び声が高い。ただ、政治術の巧みさは目立ちこそすれ、ポンペオの目指す政治理念はなかなか見えてこない。

トランプ独裁の完成

米シンクタンク・ブルッキングス研究所の調査によれば、大統領首席補佐官や大統領補佐官（国家安全保障担当）、大統領特別補佐官などホワイトハウスを中心とする六五の要職の離職率は二〇二〇年七月現在、八八％に達している。[21] 政権発足以来、九割近くが離職したことになる。レーガン大統領以来の歴代政権と比べても、歴代最高の離職率となる。国務長官や国防長官ら閣僚に限定しても、すでに一〇人が離職し、こちらもレーガン政権以来、歴代最高の人数だ。

トランプ大統領がこれだけ頻繁に人を入れ替えれば、おのずとトランプへの権力の集中が進む。

政権内でのトランプの独裁ぶりを印象づけたのが、米ABCニュースが一九年六月に放映したトランプへの密着ドキュメンタリーの一場面だ。[22]

この番組は米ABCニュースのチーフアンカー、ジョージ・ステファノプロスが三〇時間にわたってトランプに密着取材したものだが、ホワイトハウスでのインタビュー中にこんなやりとりがある。

トランプが質問を受ける形でテレビカメラの前で身ぶり手ぶりを交えて熱心に話している途中、だれかが咳をする音が聞こえた。すると、トランプは話をやめ、「もう一回撮り直そう。私が答えている途中で彼が咳をした」と後ろの席で他のスタッフとともに控えていたマルバニー大統領首席補佐官代行を指さし、眉間にしわを寄せて極めて不愉快そうな顔でこう言い放った。

「咳が出るなら、この部屋から出て行ってくれ」

大統領首席補佐官はホワイトハウススタッフのトップに立つ要職である。しかし、トランプにとってみれば、政府高官であろうが閣僚であろうが、「社長と部下」の主従関係に過ぎない。自身がニューヨークで行ってきた不動産会社の経営と、職員数二〇〇万人にのぼる米政権の運営のあり方に大きな差を感じていないとみられる。

トランプは二〇二〇年三月、マルバニーを解任。後任には、共和党内で自身に最も近いマーク・メドウズ下院議員を起用した。

更迭されたボルトンの言動はネオコンの筆頭格として過激なものではあったが、トランプの意見に異論を差し挟むブレーキ役を果たしていたのも事実である。とくに北朝鮮問題をめぐってはトランプが正恩に安易な妥協をするのを防いでいた経緯がある。ティラーソン国務長官やマティス国防長官ら、トランプに異論を差し挟んできた「うるさ型」の閣僚たちが次々と更迭され、最後に残ったのはポンペオらイエスマンばかりになった。

トランプは政権発足時、自らがワシントンの「ヘドロ」とみなした外交安保専門家を徹底的に排除し、政権発足後は自らの意見に反対した閣僚らの首切り人事を断行し続けた。その結果、トランプは、政権内の権力を完全に掌握し、アメリカ・ファーストの実現を目指す独裁体制を完成させたといえる。

ネバー・トランプ、その後

二〇一六年大統領選中に公開書簡でトランプを批判し、政権から排除されたネバー・トランプ・リパブリキャンズ（共和党系の非トランプ派）。

その公開書簡を起草したジョン・ベリンジャー元NSC法律顧問は現在、首都ワシントンを拠点とする大手法律事務所「アーノルド&ポーター」に勤める。

「あそこに見えるのが歴史的な建造物であるカーネギー図書館だ。今はアップルの支援で改装されて一部が店舗にもなっている」

事務所内で取材に応じたベリンジャーは、ガラス張りの会議室で眼下に広がるワシントン市内の景色を紹介してくれた。[23]

「今でもあの公開書簡で書いた通り、トランプは大統領の資質を欠いていると思うか」と問うと、

「もちろん、前以上にそう思う。あのときの公開書簡はトランプを大統領候補として見ていたが、今あの書簡を読み返せば、一文一文が事実となっているか、書かれている以上に悪くなっている」と語った。

ただ、ベリンジャーをはじめとする一四八人にものぼる共和党系の外交安保専門家が政権入りしなかったことが、現在のトランプ政権の官僚機構の脆弱性に影響しているのも事実である。国務省や国防総省をはじめ、政府の政治任用職は空席が多く、政府高官の肩書には「代行」が目立つ。共和党系の外交安保専門家たちがあえてトランプを批判せず政権に入り、内部から改革するという選択もあったはずだという意見もある。

しかし、ベリンジャーは「そうしたことをすれば、私はトランプらの批判する『ディープステート』の一部になってしまう」と否定する。「ディープステート」とはトランプ支持者の間に広がっている陰謀論で、米国政治は「ディープステート」と呼ばれる「影の政府」に支配され、エスタブリッシュメントを壊そうとするトランプを官僚たちが攻撃しているという考え方だ。

「確かに経験豊かな人々が政権入りしていないことは国家にとって大きな損失だと思う。しかし、大統領との考え方が異なるにもかかわらず、大統領の目指す政策目標を変えるために政権入りすることは、健全なこととは言えない。大統領と基本的に政治信条を共有して初めて政権入りする

ことができるものだ。その点、トランプは大統領選当時から我々の同盟国、米国の民主主義の原則、報道の自由、法と秩序、自由貿易を攻撃する一方、ロシアを批判することは拒否していた。こうしたトランプの主張について、我々は根本的に同意できなかった。我々のほとんどは政権の内側よりも外側で働く方がこの国にもっと貢献できると感じていると思う」

そして、最後にこう付け加えた。

「我々はまた二〇二〇年大統領選でも、同じことをやるかもしれない。すでに三年間にわたって、トランプの政治を目の当たりにしてきた結果、多くの歴代共和党政権の元当局者たちはトランプの政策を極めて問題だと感じているのだ」

「我々は彼ではなく政府を支援する」

二〇一六年の公開書簡の署名者の一人、マイケル・グリーン元NSCアジア上級部長は、「我々が『ネバー・トランプ』とレッテル張りされるのは好きではない」と語る。[24]

「我々は書簡の中で『我々はだれ一人としてドナルド・トランプに投票しない』と言ったが、『大統領となったドナルド・トランプにも反対する』とは言っていない。我々は大統領候補としての彼に強く反対した。しかし、彼が選挙に勝利した後、我々のほとんどは彼が成功する必要があると考えていた」

グリーンはトランプの大統領就任後、共和党候補者指名争いで敗れた穏健派のジョン・ケーシック・オハイオ州知事がトランプに面会した後、「（我々は）パイロットと一緒に飛行機に乗っていれば、パイロットには失敗してほしくないものだ」[25]と語った話に言及してこう述べた。

「ケーシックの言うとおり、トランプは今やパイロットであり、我々はその飛行機の乗客なのだ。公開書簡を起草したベリンジャーをはじめ、我々のほとんどは彼が大統領になっても、彼個人を政治的に支援することはない。しかし、我々は政府を支援している。我々は彼の政府には成功してほしいのだ」

グリーンは政権発足後、ポンペオ国務長官、マクマスター大統領補佐官（国家安全保障担当）、ポッティンジャーNSCアジア上級部長、シュライバー国防次官補（インド太平洋安全保障担当）ら政権幹部から助言を求められ、喜んで彼らに面会し、自分のもつ知見を説明したという。グリーンは「彼らは大概、我々と同じ考え方を持っていた。彼らは我々のアイデアや助言を聞き、支援を受ける準備ができていた」と振り返る。

グリーンによれば、署名者たちはこうした政権内の人々と連絡を取り合ったという。ただし、派閥のようなグループとしての活動ではなく、あくまでも個人的な付き合い方だという。

グリーンは仮に自分が公開書簡に署名せず、政権に入ったとしても、長続きしなかったと考えている。

「ビクター・チャ（駐韓大使内定）、ジェームズ・マティス（国防長官）、ジョン・ケリー（大統領首席補佐官）、H・R・マクマスター（大統領補佐官）……。署名をしなかった人々も政権から追い出された。ちょうど昨日もジョン・ルード国防次官が更迭されたことが明らかになったばかりだ。ルードの更迭は、彼が『ウクライナ疑惑』をめぐって米国政府の正しい立場を主張し、米韓同盟を守ろうとしたことが原因だ。我々も政権入りしていれば同じ立場を取ったはずだ。仮に我々が政権に入っても、トランプは我々を威圧し、更迭していただろう。公開書簡に署名していなくても、この政権で働くことは極めて難しいことだった」

グリーンはトランプが再選すれば、政権内の高官らがトランプの暴走を止めるのはさらに難しくなるとみている。

「政権内の極めて強力なブレーキ役だったボルトンやマティスが追い出されてしまった。いま政権内にいる人々もブレーキ役を果たそうとするだろうが、さほど強いブレーキ役にはなれない。また、トランプ支持者は彼らが言うところの『ディープステート』に対する攻撃を強めるだろう」

グリーンが最も懸念するのが、政権内が「イエスマン」だらけになることだ。トランプが二〇二〇年二月一九日、米政府の情報機関を統括する国家情報長官代行に起用したリチャード・グレネル駐ドイツ大使は「イエスマン」だと指摘し、「こうした人事が情報機関のみならず、司法省の検事や外交官といった制度全体で起き始めており、非常に心配している」と語った。

グリーンは、トランプ政権を監視する議会の役割に期待を寄せる。政権発足後、ジョン・マケイン（アリゾナ州選出、二〇一八年八月に死去）、ミット・ロムニー（ユタ州選出）、ダン・サリバン

（アラスカ州選出）、コリー・ガードナー（コロラド州選出）ら外交安全保障問題に詳しい共和党上院議員らとも意見交換を重ねてきた。

「トランプの二期目は議会がブレーキ機能をもっと果たす必要があると思う。我々米国の政治システムはチェック・アンド・バランス（抑制と均衡）で成り立つ。政府だけで政策が決まるわけではない。私は議会が極めて重要な役割を果たすことを期待している」

二〇二〇年大統領選を見据えて共和党内の反トランプ派は、トランプ打倒を目標とする「スーパーPAC」（政治活動委員会）の「リンカーン・プロジェクト」を立ち上げた。トランプ批判の選挙広告を次々と作成し、ユーチューブなどに投稿。動画の再生回数は六月だけで一〇億回を超えたという。共同創設者の一人で、共和党の著名な選挙参謀で政治戦略家リック・ウィルソンは「リンカーン・プロジェクト」を立ち上げた理由について、「共和党候補のトランプはこの国と世界にとって極めて危険な存在だと思ったからだ。我々は共和党で培ってきた能力を結集し、我々の目の前にある危機について意見表明することが重要だと考えた」と語っている。[26]

1——WOTR STAFF. "OPEN LETTER ON DONALD TRUMP FROM GOP NATIONAL SECURITY LEADERS." *WAR ON THE ROCKS*. 2 March 2016. <https://warontherocks.com/2016/03/open-letter-on-donald-trump-from-gop-national-security-leaders/>

2——"A Letter From G.O.P. National Security Officials Opposing Donald Trump." *The New York Times*. 8 August 2016. <https://www.nytimes.com/interactive/2016/08/08/us/politics/national-security-letter-trump.html>

3――ジョン・ベリンジャーへのインタビュー取材。二〇二〇年一月二七日。
4――マイケル・グリーンへのインタビュー取材。二〇二〇年二月二〇日。
5――POLITICO STAFF. "Full text: Donald Trump 2016 RNC draft speech transcript." *POLITICO*. 21 July 2016. <https://www.politico.com/story/2016/07/full-transcript-donald-trump-nomination-acceptance-speech-at-rnc-225974>
6――Bradner, Eric, Labott, Elise and Bash, Dana. "50 GOP national security experts oppose Trump." *CNN*. 8 August 2016. <https://www.cnn.com/2016/08/08/politics/republican-national-security-letter-donald-trump-election-2016/index.html>
7――Bobic, Igor. "Donald Trump Responds To Critical Letter Signed By 50 Republican National Security Officials." *HuffPost*. 9 August 2016. <https://www.huffpost.com/entry/trump-letter-national-security-officials_n_57a9d201e4b0b770b1a43baf>
8――初代大統領補佐官（国家安全保障担当）のマイケル・フリン（元国防情報局長）は「ロシア疑惑」への関与で二〇一七年二月に更迭
9――ジョセフ・ユンへのインタビュー取材。二〇一八年八月二九日。
10――Kuttner, Robert. "Steve Bannon, Unrepentant." *The American Prospect*. 16 August 2017. <https://prospect.org/power/steve-bannon-unrepentant/>
11――スーザン・ソーントンへのインタビュー取材。二〇一八年一〇月三一日、一一月二〇日。
12――The White House. "Remarks by President Trump in Meeting on E-Cigarettes." 11 September 2019. <https://www.whitehouse.gov/briefings-statements/remarks-president-trump-meeting-e-cigarettes/>
13――マーク・フィッツパトリックへのインタビュー取材。二〇一九年九月一〇日。
14――Bolton, John. *THE ROOM WHERE IT HAPPENED A White House Memoir* (New York: Simon & Schuster, 2020)
15――ダン・アンルーへのインタビュー取材。二〇一九年九月四日。
16――ハーベイ・ソレンセンへのインタビュー取材。二〇一九年九月四日。
17――OpenSecrets.org. "Kansas District 04 2010 Race." <https://www.opensecrets.org/races/summary?cycle=2010&id=KS04&spec=N>
18――"Mike Pompeo Questions Hillary Clinton." *C-SPAN*. 23 October 2015. <https://www.c-span.org/video/?c4556453/user-clip-mike-pompeo-questions-hillary-clinton>
19――ライアン・フリックナーへのインタビュー取材。二〇一九年九月五日。

20——Brooks, Rhonda. "Trump Approval Among Farmers Rises to 79%." *Farm Journal.* 2 July 2019. <https://www.agweb.com/article/trump-approval-among-farmers-rises-to-79>

21——Tenpas, Kathryn Dunn. "Tracking turnover in the Trump administration." *The Brookings Institution.* July 2020. <https://www.brookings.edu/research/tracking-turnover-in-the-trump-administration/>

22——"President Trump: 30 Hours l Interview with George Stephanopoulos | Part 3." *ABC News.* 17 June 2019. <https://www.youtube.com/watch?v=O2nkQMZEI6Q>

23——ジョン・ベリンジャーへのインタビュー取材。二〇二〇年一月二七日。

24——マイケル・グリーンへのインタビュー取材。二〇二〇年二月二〇日。

25——Holland, Steve. "Ohio's John Kasich, former Trump rival, visits White House." *Reuters.* 24 February 2017. <https://www.reuters.com/article/us-usa-trump-kasich/ohios-john-kasich-former-trump-rival-visits-white-house-idUSKBN1632DH>

26——リック・ウィルソンへのインタビュー取材。二〇二〇年七月二四日。

第二章

支持率九割の熱狂

——共和党から「トランプ党」へ

ウクライナ疑惑

二〇一九年一二月一八日正午、米下院本会議場。下院で過半数を占める民主党のトップ、ナンシー・ペロシ下院議長が登壇した。黒のスーツを身にまとったペロシは、左胸に職杖（メイス）をかたどった金色のブローチをつけていた。立法府たる米下院の権威をあらわすシンボルだ。

星条旗のパネルを横に、ペロシはこう語った。

「我々は本日、合衆国大統領に対する弾劾という下院のもつ最も厳かな権力を行使するため、この民主主義の神殿のもとに集った」

トランプ大統領が米下院で弾劾訴追されることになる「ウクライナ疑惑」とは、トランプがウクライナのゼレンスキー大統領に圧力をかけ、大統領選の有力なライバルになるとみられていたジョー・バイデン前副大統領のスキャンダルを捜査させようとした問題である。

二〇一五年当時、欧米諸国や国際機関が支援するウクライナの親欧州政権では検察の腐敗などが問題となっていた。当時、副大統領だったバイデンはウクライナの検事総長の解任を求め、翌一六年に検事総長は解任される。ここで事態が複雑化したのは、バイデンの息子、ハンターが当時、検察の捜査対象となっていたウクライナのガス会社の役員を務めていたからだった。

大統領に就任したトランプは、バイデンはハンターを守るために検事総長を解任した、と主張した。ハンターが検察の捜査対象だったという証拠は見つかっていないものの、トランプは正規の外交ルートとは別に、顧問弁護士のルディ・ジュリアーニ元ニューヨーク市長をひそかに使い、ウクライナ政府にバイデン親子に対する捜査をさせることを画策。二〇一九年七月一八日、トランプ政権は突然、ウクライナへの支出が決まっていた三億九一〇〇万ドルの軍事支援を凍結した。軍事支援凍結はロシアと緊張関係にあるウクライナにとって大きなダメージとなった。

「ウクライナ疑惑」の核心は、米国による軍事支援凍結から一週間後の七月二五日、トランプと、ウクライナのゼレンスキー大統領が行った電話会談にある。

のちにホワイトハウスが野党民主党の求めに応じて公開した通信記録に当時の生々しいやりとりが記されている。[1]

ゼレンスキー　「私は防衛分野におけるあなたの多大なる支援に感謝を申し上げたい。とくに我々は我が国の防衛のために、『ジャベリン（対戦車ミサイル）』を米国から購入する準備ができている」

トランプ　「私から一つお願いをしたい。（中略）私はウクライナにとても優秀な検事総長がいたと聞いていたが、彼が辞任に追い込まれたことはとても不公平なことだと思っている。優秀な検事総長の解任には非常に悪い人たちが関与していた、と多くの人々が言っている。ジュリアーニはとても尊敬されている人物だ。彼はニューヨークで偉大な市長だった。私はジュリアーニからあなたに電話をさせるつもりだ」

（中略）

トランプ　「多くの人々が『バイデンは息子に対する捜査を中止させた』と言っている。多くの人々がその問題について知りたがっているので、米国の司法長官に力を貸してもらえるならばありがたい。バイデンは『捜査を中止させた』と言いふらしているが、もしあなたたちが調査してくれれば……。（バイデンの言っていることは）恐ろしいことだ」

ゼレンスキー　「（我々の）検事総長についてお話ししておきたい。最初に言えることは、私は状況を理解しているということだ。我々が議会選挙に勝って過半数を得たことで、次の検事総長には一〇〇パーセント、私の側の人間が就任することになっている。議会で承認されて九月には新しい検事総長の任期が始まる。新しい検事総長は、特にあなたがおっしゃった問題を調査するでしょう」

トランプ　「ありがとう。感謝申し上げる。ルディ（・ジュリアーニ）とバー司法長官から（あなたに）電話をするように伝えておく」

両首脳の電話会談後、トランプ政権はウクライナへの軍事支援の凍結を解除した。民主党側は「ウクライナへの軍事支援の凍結解除を、バイデン親子に対する捜査の約束と交換条件にした」と非難し、トランプの行為は弾劾訴追に値すると判断した。

トランプに対する弾劾訴追決議案は、「権力乱用」と「議会妨害」の二つからなる。

「権力乱用」について決議案は、「トランプは自分が政治的に有利になるように米国の安全保障や他の極めて重要な国益を毀損し、大統領の権力を乱用した」と指摘している。また、「民主的な選挙を腐敗させるために外国政府の協力を求め、国を裏切った」と批判した。

一方、「議会妨害」は、政府関係者による相次ぐ弾劾調査への協力拒否に対するものだ。米下院がトランプ大統領の「ウクライナ疑惑」について弾劾調査を開始したところ、トランプは行政機関や政府職員に対して調査に協力しないよう指示を出した。決議では「大統領の度重なる不正を隠蔽し、下院に専属する弾劾の権限を奪う役割を果たした」と断じた。[2]

共和党、鉄の結束

米議会政治に詳しい米ブルッキングス研究所のマーガレット・テイラー研究員は「米下院が弾劾訴追の対象とした『権力乱用』と『議会妨害』はともに極めて深刻だ。トランプ大統領は訴追・罷免されなければならない」と語った。[3]

テイラーは「権力乱用」については「個人の利益のために外国政府を使って米国内の選挙に介入させた行為であり、民主主義の観点から重大な問題をはらむ」と指摘する。また、「議会妨害」については、「大統領が議会による弾劾調査を妨害して何ら罰せられないのであれば、大統領の権力が議会を完全に優越することになり、権力分立に基づくチェック・アンド・バランスが機能しなくなる」と問題視した。

米国は、英国の圧制と戦って独立を勝ち取った歴史がある。このため、合衆国憲法では権力の一極集中を避けるため、立法、行政、司法の三権分立を徹底し、互いに抑制し合う仕組みを作った。弾劾はこのチェック・アンド・バランスの考え方に基づき、立法府の議会が、行政官や裁判官の権力乱用をチェックする手続きである。

合衆国憲法第二条第四節は「大統領、副大統領及び合衆国のすべての文官は、反逆罪、収賄罪その他の重罪または軽罪につき弾劾され、有罪判決を受けた時はその職を免ぜられる」と規定する。弾劾訴追の権限が下院、弾劾裁判を行うのが上院という役割分担も憲法で定められている。「ウクライナ疑惑」をめぐる一二月一八日の弾劾訴追では、ペロシの演説を皮切りに、民主、共和両党議員たちがそれぞれ賛成、反対の立場から次々と登壇して討論し、午後八時過ぎ、決議案の採決が行われた。

下院（定数四三五、民主党二三三、共和党一九七、無所属一、欠員四）で弾劾訴追を行うためには、過半数の賛成が必要だ。下院は野党民主党が過半数を占めており、「権力乱用」については賛成二三〇票、反対一九七票で可決された。「議会妨害」も賛成二二九票、反対一九八票で可決された。トランプは第一七代大統領アンドルー・ジョンソン、第四二代大統領ビル・クリントンに続いて、史上三人目の弾劾裁判にかけられる大統領となった。

ただ、一連の弾劾訴追をめぐる審議で最も目立ったのが、与党共和党議員たちがトランプを全面的に擁護する主張を展開したことだった。

「トランプ大統領は何ら罪を犯していない」「民主党の弾劾調査は偏見に満ちた詐欺だ」――。共和党議員たちは口々にこう主張し、中には「（十字架で処刑された）イエス・キリストの方がトランプ大統領よりも裁判で権利を保護されていた」と語る議員もいた。

投票の結果、民主党は三人が両方または一方の条項に反対票を投じて造反したのに対し、共和党は一人の造反者も出さなかった。

「共和党議員が一人残らず我々のために投票してくれたかな？　ワォ！　共和党議員はだれも造反しなかったけど、民主党議員三人が我々のために（反対票を）投じてくれた。共和党がこれほどまでに侮辱されたことはないが、いまほど団結したこともない」

トランプは同じ一八日、ミシガン州バトルクリークで行われた選挙演説中、弾劾訴追決議の採決結果を聞いて笑顔を見せた。

上院で行われる弾劾裁判では、上院議員一人ひとりが陪審員の役割を担う。判決で大統領が有罪と認定されて罷免されるためには、出席議員の三分の二以上が有罪と判断することが必要だ。上院（定数一〇〇、共和党五三、民主党四五、無所属二）は与党共和党が過半数を占めているため、共和党から二〇人以上の造反者を出さない限り、トランプは無罪となる。

米ブルッキングス研究所のマーガレット・テイラー研究員はこう危惧した。

「共和党からは『トランプの行為は犯罪ではないので問題ない』との主張が出ているが、間違っている。弾劾とは大統領の行為が合衆国憲法に違反したかどうかを問う制度で、刑事裁判ではない。真実を直視しない姿勢は、民主主義にとって不健全だ」

八九％vs.三％

ただ、共和党内に異論がないわけではない。

「この男（トランプ大統領）は憲法のもと、弾劾と罷免に十分に値する」

弾劾訴追前日の二〇一九年一二月一七日夜、みぞれ交じりの雨が降るボストン中心部の公園ボストンコモン。トランプ大統領の弾劾を求める数百人のデモ参加者を前に、共和党の元マサチューセッツ州知事のビル・ウェルドがこう訴えると、大きな歓声が上がった。

ウェルドは米大統領選に向け、与党共和党の候補者指名争いに立候補を表明していた。立候補を決断したのは、トランプが共和党出身の大統領にもかかわらず、国防費増額など政府の歳出拡大路線を際限なく続けているからだ。

「（一年間で）一兆ドルもの借金は国家を財政破綻へと導くレベルだが、ワシントンの人々は全く関心を払っていない。なぜなら彼らは納税者の税金を政府のカネだと勘違いしているからだ」

その三カ月前の九月一九日夜、ウェルドの姿は首都ワシントンのビアレストランにあった。三〇人ほどの若者たちがビールグラスを片手にもちつつ、ウェルドの演説を真剣な表情で聞いていた。

ウェルドは「小さな政府」の実現を訴える財政保守主義者だ。

立候補を表明したのは四月。もともと共和党所属だが、前回一六年大統領選に出馬した第三党「リバタリアン党」のゲーリー・ジョンソン元ニューメキシコ州知事から副大統領候補に指名された経歴もある。

米国の保守主義は、英国の圧制を打倒した独立革命に根ざす。このため、国家権力が膨張し、個人の自由に介入することを嫌う。財政保守は国家権力の肥大化を防ぐため、政府の歳出入を抑制することを重視する考え方であり、「小さな政府」「財政均衡」は保守政党である共和党の最も重要な政策理念の柱の一つだった。

財政保守主義者のウェルドにとってみれば、トランプが打ち出した大型減税はいいとしても、国防費の積み増しなどで歳出拡大が際限なく続いている事態は決して看過できるものではなかった。二〇二〇会計年度の財政赤字は一兆ドル突破が確実視されている。この日の集会でも「米国の借金は、国家安全保障レベルの問題だ」と強い危機感を示した。

ウェルドが立候補を決めたもう一つの理由は、トランプが同盟国を軽視する外交を続けていることにあるという。集会後、ウェルドに話を聞くと、「トランプは孤立主義者だからだ」という答えが返ってきた。[4]

「米国は本来、国際協調を強め、軍事力よりもソフトパワーを使う方向に向かわなければいけない。しかし、トランプは他人の意見には一切関心を払わず、自分が一番何でも知っていると思い込んでいる」と述べ、こう付け加えた。

「私だったら『日本や韓国が核兵器を持つべきだ』なんて言わない。そんなことすれば地域が不安定化するだけだ。しかし、トランプはそうしたことを全く知らないのだ」

ウェルドがマサチューセッツ州知事を務めたのは、一九九一～九七年。同州は北海道と姉妹提携を結ぶ関係にあったと振り返り、「横路孝弘知事（当時）とはとても仲良くなったよ。彼は社会主義者だったね」とおかしそうに笑った。

この日の集会に参加したのは、ミレニアルズ（一九八〇年ごろから二〇〇〇年代初めに生まれた世代）が中心だった。

博士課程学生のマイケル・サイフレッド（二五）もその一人。前回大統領選までは共和党員として登録していたが、トランプを支持できなくなり、共和党員をやめたという。また、共和、民主両党の二大政党だけが実質的に争う米国の政治システムについても以前から疑問を持っており、前回大統領選でリバタリアン党の副大統領候補で「小さな政府」を主張するウェルドの考えに興味をもって聞きに来たという。

「ウェルドが話した米国の財政問題が気がかりだ。ミレニアルズ世代に国家の借金のツケが回ってくることを心配している」と話すサイフレッド。自身が学費の支払いのために五万ドルの借金を背負っていることもあり、国家の借金は自身の将来の生活にも密接に関わってくる問題だという。トランプについては「彼が気にしているのは自分が聴衆からどう見られるかだけだ。再選すれば、今度は選挙も何も全く気にせずに傍若無人に振る舞うようになるだろう」と懸念した。

サイフレッドのようにウェルドを支持するのは、もともと共和党が保守主義の理念の一つとして重視してきた財政保守の考え方に共鳴すると同時に、トランプに批判的な人々だ。

しかし、ウェルドが共和党予備選でトランプに勝ち、候補者指名を受ける可能性は限りなくゼロに近かった。英エコノミスト誌と調査会社ユーガブが二〇一九年一二月一～三日に行った世論調査によれば、共和党支持者に「共和党予備選でだれに投票するか」と尋ねたところ、八九％がトランプを選び、ウェルドは三％に過ぎなかった。[5]

「共和党はどうなってしまったのか」

共和党支持者のトランプへの圧倒的な支持に直面し、共和党予備選前に候補者指名争いから撤退に追い込まれた挑戦者もいる。

マーク・サンフォード元サウスカロライナ州知事は、知事を二期務めたのち、下院議員も六期務めた共和党のベテランだ。下院議員時代は保守強硬派の議員グループ「フリーダム・コーカス（自由議員連盟）」に所属し、ウェルドと同じように財政保守主義者として知られていた。一方、共和党内では「反トランプ派」としても目立ち、テレビに出演してはトランプ大統領への批判を繰り返してきた。

二〇一九年九月一六日、サンフォードは地元サウスカロライナ州コロンビアの州議会議事堂前で記者会見を開いた。

サンフォードはトランプの全身写真をかたどったパネルを横に、米国の抱える借金がいかに大きな負担になるかという問題を熱心に論じた。その後、記者団とのやりとりの中で、「共和党員にとって財政保守主義は最も重要な政策理念だが、なぜ九割近くの共和党支持者がトランプを支持すると考えるか」と質問されると、サンフォードは「政治家とはすべて相対的に評価されているものであり、どこにも完全な候補者はいないからだ」[6]と答えた。

サンフォードとしては、正統派の保守政治家である自身が出馬することで、消極的なトランプ支持者が自分へと乗り換えてくるだろうという読みがあったとみられる。

しかし、サンフォードは、立候補を表明した時点では予想していなかった大きな困難に直面していた。地元のサウスカロライナ州をはじめ、アリゾナ、カンザス、ネバダの四州の共和党指導部が相次いで予備選の中止を決めたのだ。地元の共和党指導部からすれば、党内支持率の九割近くを占めるトランプが勝つことは確実だからという理由だが、サンフォードからすれば土俵にすら立てない状況に陥りつつあった。

サンフォードは九月一三日、ビル・ウェルド、同じく共和党の指名を目指していたジョー・ウォルシュ元下院議員の三人の連名で、米ワシントン・ポスト紙に「共和党予備選中止は致命的な誤りだ」という意見記事を寄稿し、「共和党は我々の米国の伝統よりも、ロシアや中国にもっと似せた指名手続きをとるような政党に本当になりたいのか？」と訴えた。[7]しかし、サンフォードらの訴えは無視され、その後もほかの州で予備選中止の決定が相次いだ。

2020年大統領選に向けてトランプ大統領が正式に立候補を表明した集会で、「米国を再び偉大に」などと書かれたプラカードを掲げる支持者ら〔フロリダ州オーランド、ランハム裕子撮影、2019年6月18日〕 朝日新聞社提供

サンフォードにとってとどめの一撃となったのは、二〇年二月に予備選が行われる予定のニューハンプシャー州で地元回りをしていた際、大統領選をめぐる共和党のイベントに出席して挨拶する機会を求めたにもかかわらず、拒否されたことだ。

サンフォードは二〇一九年一一月一一日、自身のフェイスブックに投稿してこう嘆いた。

「（トランプと）異なる価値観をもつ人物が地元の小さな集会にいるというだけで、（主催者たちは）だれかを怒らせてしまうと怖がっているのだろうか。これは共和党予備選が中止になっている事態を鏡のように映し出している。共和党は一体どうなってしまったのか」

サンフォードは翌一二日、共和党候補者指名争いから正式に撤退することを発表した。

共和党議員や地元の党執行部の関係者が足並みをそろえてトランプを擁護する理由について、米ブルッキングス研究所のマーガレット・テイラー研究員は「同調しなければ、トランプから『報復』を受けると恐れているからだ」と語る。[8]

二〇二〇年一一月の大統領選と同時期に上下院選も行われる。共和党支持者たちの間でカリスマ的な人気を誇るトランプから批判されれば、共和党議員たちはとても選挙を戦うことができなくなる。つまり、トランプに逆らうことは政治的な死を意味するというわけだ。

トランプの報復には前例がある。

二〇一八年の中間選挙に向けた共和党予備選で、トランプは自分に忠誠を誓う新顔らに対して次々と支持を表明した。バージニア大政治センターの政治分析専門家カイル・コンディックは「歴代大統領は予備選で基本的に現職を支持してきたが、トランプは異なる」と語る。[9]

下院議員時代に「反トランプ派」としてトランプににらまれていたサンフォードも一八年六月、共和党の下院予備選で「親トランプ派」の新顔のケイティー・アーリントン州議会議員を相手に戦い、敗北した。投開票日当日、トランプが「マーク・サンフォードは大統領選のときに私を全く手助けしなかった。彼は厄介者以外の何者でもない。ケイティーに投票しよう！」とツイート。これがサンフォードの敗北を決定づけたという見方がある。

消えるトランプ批判

以前はトランプと距離を置きながら、すっかり態度を変えてしまった共和党議員も多い。

その代表格が、共和党重鎮のリンゼー・グラム上院議員だ。グラムは二〇一六年の大統領選当時、トランプについて「変人かつ狂人で、大統領に適さない」と批判していたが、トランプの大統領就任後は「メディアによる『変人で、大統領に適さない』というレッテル貼りを懸念している」などと語り、今ではトランプとゴルフ会合を重ねるなどトランプの盟友的な存在に収まった。[10]

トランプ批判の急先鋒だった共和党重鎮のジョン・マケイン上院議員（アリゾナ州選出）は共和党議員のみならず、民主党議員にも深く尊敬され、ワシントン政界に大きな影響を与えてきた人物だったが、二〇一八年八月に脳腫瘍で死去した。さらに中間選挙を機に「反トランプ派」の共和党議員の引退が相次いだことも、共和党内力学の変化に影響をもたらしたといえる。

マケインと同じアリゾナ州選出のジェフ・フレーク共和党上院議員も舌鋒鋭くトランプを批判していたが、一八年の中間選挙を前に引退した議員の一人だ。一七年一〇月、出馬断念を表明する演説でこう語った。

「共和党はかつて『小さな政府』、自由市場、自由貿易、移民の受け入れを長い間、支持してきた。しかし、今この瞬間、かつての共和党の政策を支持する伝統的保守主義者が党の候補者指名を得られる可能性はますます低くなっているのが明らかとなった[11]」

フレークは引退後の一九年一二月二〇日、年明けに上院で始まる「ウクライナ疑惑」をめぐる弾劾裁判を前にワシントン・ポスト紙に寄稿し、弾劾訴追で鉄の団結のもとにトランプを擁護した元同僚の共和党議員たちにこう警告した。

弾劾裁判で無罪となった翌日、共和党議員らの大きな拍手と歓声を浴びながらホワイトハウスのイーストルームに登場し、ウィンクするトランプ大統領〔ワシントン、ランハム裕子撮影、2020年2月6日〕 **朝日新聞社提供**

「トランプが裁判にかけられる。しかし、現実にはあなた方もそうだ。そして、我々が所属する政党も[12]」

だが、フレークの忠告に共和党が動じることはほとんどなかった。

年明けの二〇二〇年二月五日、上院（定数一〇〇、共和党五三、民主党四五、無所属二）はトランプに対する弾劾裁判をめぐり、与党共和党の多数票で無罪の評決を下した。「権力乱用」について無罪は五二人、有罪は四八人、「議会妨害」について無罪は五三人、有罪は四七人という結果だった。共和党では、トランプに批判的なミット・ロムニー議員一人だけが「権力乱用」について有罪に票を投じた。

翌六日、トランプはホワイトハウスで記者会見を開き、「トランプ　無罪」という一面大見出しの米ワシントン・ポスト紙を掲げ、「私がこれまで見たワシントン・ポスト紙の中で唯一良い見出しだ」と冗談を飛ばした。しかし、すぐに自分の政敵に対して反撃を始め、民主党のペロシ下院議長を「ひどい人間だ」と非難し、ロムニーには「彼が大統領選に立候補したときは大失敗した」と侮辱した。[13]

「茶会運動、九割がトランプ支持者」

トランプの力の源には、熱狂的な支持者の存在がある。そこには、オバマ政権時代に生まれた草の根保守「ティーパーティー（茶会）運動」からの流れがある。

政府の歳出削減を求め、「小さな政府」の実現を訴える茶会運動は、共和党内で最強硬派の立ち位置にあり、共和党主流派を「エスタブリッシュメント（既得権益層）」と敵視していた。

茶会運動は二〇〇八年秋のリーマンショック後、オバマ政権の打ち出した巨額の公的資金注入による住宅救済策への反対運動が全国各地に広がったことをきっかけに組織化された。一〇年の中間選挙で共和党が下院で過半数を奪う原動力となり、草の根保守運動としての存在感を見せつけた。

ジェニファー・ステファノは茶会運動の指導者の一人で、有力な茶会運動団体「アメリカンズ・フォア・プロスペリティ」の幹部を務めた草の根政治活動家だ。

ペンシルベニア州の自宅で取材を受けたステファノは、今でも当時の熱狂ぶりは忘れないと語った。[14]

二〇一〇年一一月、首都ワシントン中心部の緑地帯ナショナルモール。全米各地から数千人が集まり、「小さな政府」の実現を求めて声を張り上げた。ステファノはSNSを駆使してペンシルベニア州からの参加者を集め、三〇台近くのバスを手配して一緒にワシントンにやってきた。「我々には政府の企業救済に激しい怒りがあった。『企業の失敗は企業自身の問題だ。納税者のお金を奪うべきではない』と」。ステファノはそう振り返る。

ステファノは「政府が存在する唯一の理由は、個人の権利を守るため」という政治信条をもつ。「個人の権利は神から与えられたものだ。あなたが無神論者であれば、その権利は生まれた時から持っている自然権ということもできる。政府は人々に権利を与える存在ではなく、権利を奪う存在だ。だからこそ暴政が起きないようにチェック・アンド・バランスの機能する政府だけが唯一の正当性をもつのだ」

ステファノの考えは当時の茶会運動の核心部分といえる。彼らにとってみれば、オバマ政権が打ち出した医療保険制度改革や大企業救済策は、「大きな政府」を生み出し、政府の暴政を生み出しかねないものだ。決して許すことのできない政策だった。

米ギャラップ社の世論調査によれば、当時、米国人の三割前後が茶会運動を支持し、政治運動としてのピークを迎えた[15]。その後、いったん停滞したとみられていた茶会運動の支持者たちを引きつけたのが、トランプだ。

ステファノは「茶会運動の支持者の九〇%はいま、トランプの支持者になった」と語る。

二〇一六年大統領選では当初、茶会運動の支持者は、伝統的価値観を重視する社会保守派のテッド・クルーズ上院議員（テキサス州選出）への支持が強かった。しかし、ステファノはトランプが共和党候補者として共和党全国大会で候補者指名を獲得したのち、「Make America Great Again（アメリカを再び偉大に）」という主張に次第にひきつけられたという。

「我々、草の根運動の人間にとって、米国とはだれにとっても自由と機会が保障された国だった。しかし、オバマ政権のもとでその自由と機会が失われつつあると感じていた。そんなとき、多くの人々はトランプこそ、この間違った方向を変える人だと感じたのだ」

ステファノがトランプの就任後の政策として最も評価するのは、最高裁判事に保守派を任命したことだ。トランプは保守系のゴーサッチとカバノーを任命することに成功し、最高裁判事（定員九）は現在、保守系判事が過半数を占めている。最高裁は人工妊娠中絶や同性婚、銃規制といった保守派とリベラル派の価値観が激しく対立する米国の社会問題に最終決着をつける場であり、保守系判事が過半数を占めたことは、とくに茶会運動支持者のような保守強硬派にとっては大きな意味をもつ。

また、ステファノによれば、茶会運動支持者たちがトランプの政策で評価しているのは、壁建設をはじめとするトランプの不法移民対策だという。

「私は移民の受け入れを支持しているし、大勢の人々に米国に移住してもらいたいと思っている」

注意深く言葉を選びながら、ステファノは「しかし……」と言葉を継いだ。

「合法的に移住した人々にとって、あまりにも不公平だと思える状況を見てきたのも事実だ。正しい移民政策が機能しなければ、米国人がそのツケを支払うことになる。その結果、経済的にも悪影響を与えることになるだろう」

ステファノによれば、オバマ政権の移民政策に懸念をもつ多くの人々がトランプの主張に同調して投票したという。ただし、現在の移民政策に不満をもつ人たちも元をたどれば移民の子孫であり、ステファノは「彼らは人種差別主義者や反移民主義ではない」と念押しした。

一方、ステファノ個人はトランプ政権の歳出拡大路線に不満をもっており、もともと茶会運動が掲げていた「小さな政府」の訴えはいまでも正しかったと考えている。しかし、それでもステファノがトランプを支持するのは、トランプ政権の財政政策を民主党のものと比較したとき、トランプ政権の方が民主党よりましな政策だと考えているからだという。

「民主党の方がトランプ政権よりもっと悪い。彼らは米国市民を圧迫するレベルまで政府を肥大化させるつもりだろう。彼らは米国をベネズエラのような社会主義国に変えたいのだ」と語り、民主党政権の出現に強い危機感を示した。

茶会運動の中核思想を、「小さな政府」を理想とする財政保守と位置づければ、歳出拡大路線を取るトランプへの支持は矛盾をはらむ。

しかし、ノースカロライナ州立大のアーウィン・モリス教授（米国政治学）が茶会運動系議員の言動を分析したところ、財政保守としての傾向よりも、むしろ伝統的な価値観を重視して人工妊娠中絶や同性婚に反対する社会保守や、移民に対して非寛容な姿勢をとる民族保守としての傾向の方が強かったという。モリスは「茶会運動は本当に財政保守に関心を持っていたわけではない」と語る。[16]医療保険制度改革などを訴えるオバマ政権は社会主義的イデオロギーをもっていると警戒し、「反オバマ」「反リベラル」としての社会保守・民族保守運動としての性格が実際には強かったともいえる。

「穏健保守」目指した時期も

共和党は一八五四年、奴隷制に反対する人々が結成した政党である。結成当初は北部を地盤とする革新政党で、南部を地盤とする民主党が、奴隷制の維持を訴えた保守政党だった。

現在は共和党が保守政党、民主党がリベラル政党と立場を入れ替えているが、現在の共和党が保守主義政党としての理念を確立したのは、一九九〇年代にニュート・ギングリッチ下院議長が主導した「ギングリッチ革命」の影響が大きい。それ以降、共和党は「財政均衡」「福祉改革」「減税」といった保守主義政党としてのイデオロギーを政策の柱に据えるようになった。これに社会保守のイデオロギーを加えてさらに右旋回させる上で、草の根保守の茶会運動は大きな役割を果たした。

一般的に政党は、政権運営を担う与党の重責を担っていない野党時代に、政権与党に対抗して大きな体質転換が起きやすい。共和党の場合も「ギングリッチ革命」と茶会運動は、クリントン、オバマ両民主党政権下で起きたものである。一方、共和党は保守イデオロギーを先鋭化させるのではなく、逆に穏健保守を目指そうとした時期もあった。

共和党全国委員会は二〇一三年三月、共和党主流派のミット・ロムニーがオバマに敗北した一二年大統領選を総括する提言文書をまとめた。策定を命じたのは、当時党全国委員会委員長で、のちのトランプ政権の初代大統領首席補佐官に就任するラインス・プリーバスである。

特筆すべきなのが、一定条件のもとで不法移民に市民権獲得の道を開くという、オバマが進めていた包括的移民制度改革に賛成する考えを示した点である。提言文書はこう指摘している。

「我々は包括的移民制度改革を擁護しなければいけない。もしそうしなければ、我々の政党は引き続き（現在の）コア支持層だけに縮小していくことになるだろう。我々は包括的移民制度改革が雇用の促進と機会をすべての人々に与えるという共和党の経済政策に合致していると考える」[17]

包括的移民制度改革に賛成の考えを示した背景には、人口の急増するヒスパニック系などマイノリティーを取り込み、「白人政党」からの脱皮を図るという戦略があった。

しかし、トランプは報告書の発表直後、こうツイートした。

「包括的移民制度改革の受け入れなんて、共和党全国委員会は死にたいのか?」

トランプの発言は、提言書の内容に不満をもつ民族保守派の不満を代弁したものといえる。トランプは二〇一六年大統領選に立候補すると、メキシコとの国境に壁を建設する計画を打ち出し、不法移民の厳しい取り締まりを訴えることで、共和党主流派の移民問題をめぐる妥協的な態度を懸念していた茶会運動支持者らを引きつけることに成功した。

茶会運動がSNSを利用して組織拡大を図ってきたことも、ツイッターで支持者と直接交流するトランプにとって「極めて恩恵が大きかった」（ノースカロライナ州立大のアーウィン・モリス教授）という。トランプが過激な意見をメディアのフィルターを通さずに直接伝えることができ、受け手側も先鋭化しやすい。

ただし、世論調査機関ピュー・リサーチ・センターによれば、一九九〇年代後半以降、民主党支持者は白人の占める割合が減ってヒスパニック系や黒人の割合が増える一方、共和党支持者では白人の割合が多いままで人種構成は変わらないという傾向が続いている。二〇一七年のデータでは、民主党支持者は白人が五九％に対し、非白人系は四一％を占める一方、共和党支持者は白人が八三％と圧倒的に多く、非白人系は一七％に過ぎない。[18]

モリス教授は「共和党はひたすら過去への回帰を目指す『反動政党』になった」と指摘し、こう警告する。

「米国社会の多様化が進む中、共和党は高齢の白人政党となっている。この傾向のまま、どうやって競争力を保てるのだろうか」

孤児から大統領になったジャクソン

米南部テネシー州のナッシュビル国際空港から車を約二〇分走らせると、放し飼いの馬の群れが牧草をはむ広大な農場が見えてくる。第七代大統領アンドリュー・ジャクソン（一七六七〜一八四五年）の歴史博物館「ハーミテージ」だ。もともとジャクソンが経営していたプランテーションを往時のままに保存したものであり、美しく手入れされた一一二〇エーカーの園内には、ジャクソンが生前過ごしたギリシャ・リバイバル様式の白い旧邸宅が建つ。南部アメリカの繁栄をしのぶことができる博物館だ。

運営するアンドリュー・ジャクソン財団のアン・ディー・ジョーンズ副会長によると、二〇一九年は約二四万人の観覧者が訪れた。

ジョーンズは「この博物館に人々が訪れるのは、ジャクソン大統領が米国の歴史と大統領のあり方について長い間影響を与え続けた、建国期の重要な大統領の一人だからだ[19]」と語る。ジャクソンはその肖像画が二〇ドル紙幣に使われるなど、歴代大統領の中でも人気の高い人物である。

ジャクソンは一七六七年、ノースカロライナ州とサウスカロライナ州の境界線付近に住むスコッチ・アイリッシュ系移民の母子家庭に生まれた。一三歳で民兵部隊に入って独立戦争に従軍したのち、母親も二人の兄も亡くなって孤児となった。その後、勉強して法律家の資格を取ってテ

米テネシー州ナッシュビルの歴史博物館「ハーミテージ」にあるジャクソン大統領の巨大パネル〔園田耕司撮影〕 朝日新聞社提供

ネシー州に移り住むと、同州選出の上下院議員を務めた。

大きな転機は、一八一二年に勃発した米英戦争だ。英国軍が米国内に侵攻し、首都ワシントンではホワイトハウスが焼き打ちされるなど米側の苦戦が続いたが、ジャクソンは陸軍部隊を率いて参戦。ニューオーリンズの戦いに勝利し、一躍国民的な英雄になった。

ジャクソンは一八二九年、大統領に就任した。それまでの大統領の地元はマサチューセッツ州かバージニア州で占められていたが、南部テネシー州を地盤とするジャクソンは初めてこの二州以外からの大統領となった。

ジャクソンは反ワシントン・エリート主義を掲げ、政権交代時にジャクソンの支持者を大量に政権内に送り込むスポイルズシステム（猟官制度）を導入した。選挙で勝利した際のスポイルズ（戦利品）を自身の協力者に分け与える仕組みであり、それまでワシントンのエリートたちが独占してきた権益を破壊する制度だった。米国では現在、約四千もの政治任用職があり、スポイルズシステムは現在の政治任用制度のさきがけといえる。また、ジャクソン政権とほぼ同時期に財産や納税資格が緩和・撤廃され、成年白人男子に対する普通選挙権が全国的に拡大するなど、一八三〇年代は「ジャクソニアン・デモクラシー」と呼ばれるようになった。

「民衆の大統領」にイメージ重ね

「ワォ、なんて素敵な訪問だろう。とても刺激的だ。私はファンだ。大ファンなんだ」

トランプ大統領はジャクソンの旧邸宅の正面玄関前に設けられた演壇に立ってこう語ると、笑顔を見せた。

大統領就任から約二カ月後の二〇一七年三月、トランプは「ハーミテージ」を訪れ、ジャクソン生誕二五〇周年を祝う式典に参加した。

トランプにとってジャクソンは特別な大統領だ。就任直後に大統領執務室（オーバル・オフィス）にジャクソンの肖像画を掲げ、「民衆の大統領」と呼ばれるジャクソンを信奉する姿勢を示した。

トランプはこの日の演説で、「ジャクソンは『農場主、農民、機械工、そして労働者は我が国の肉であり骨である』と語った。まさにその通りだ」と強調し、「我々は米国を再び偉大にする。

そして我々の国のすべての市民に恩恵を行き渡らせる」[20]と語り、大きな拍手を浴びた。

トランプが、米国民に人気のあるジャクソンと自身を重ね合わそうとしているのは間違いない。ただし、アンドリュー・ジャクソン財団のジョーンズ副会長は「ジャクソンとトランプには大きな相違点がある」と語る。

ジャクソンは貧困家庭に生まれて孤児になるという不運に見舞われながら、軍人として大きな成功を収め、ついには大統領まで上り詰めた立志伝中の人物だ。不動産会社経営の実業家の家庭に「銀のさじ」をくわえて生まれ、父親の家業を継いだトランプとはまるで異なる人生を歩んできた。ジャクソンはまた、大統領になるまではワシントンの政治サークルの中心にはいなかったとはいえ、二九歳の時から政治経験を積み重ねている。この点も、大統領になるまでニューヨークで不動産業を営み、政治に関与しなかったトランプとは違う。

ジョーンズによれば、ジャクソンの肖像画をオーバル・オフィスに掲げた大統領は、トランプが初めてではない。フランクリン・ルーズベルト、ジョン・F・ケネディ、リチャード・ニクソン、ロナルド・レーガン、ビル・クリントンも肖像画を掲げていた。さらにハリー・トルーマンは執務室にジャクソンの彫像も設置しており、「ジャクソンは大勢の大統領に影響を与えてきた」（ジョーンズ）という。

トランプがジャクソンに自らを重ねようとしても、二人の経歴で実際に共通する点は少ない。ただし、二人の政治的志向については多くの共通点を見いだすことができる。

ジャクソニアンとしてのトランプ

アメリカ外交研究の第一人者であるウォルター・ラッセル・ミードは、アメリカ外交の伝統を初代財務長官アレキサンダー・ハミルトン（一七五五または一七五七～一八〇四年）、第二八代大統領ウッドロー・ウィルソン（一八五六～一九二四年）、第三代大統領トーマス・ジェファーソン（一七四三～一八二六年）、そして第七代大統領アンドリュー・ジャクソンという建国の父や大統領に基づき、四つに分類している。[21] 要約すると次のようになる。

・**ハミルトニアン**　商業や経済を促進する外交を重視している。政府と巨大企業が強く結びついていることは国内政治に安定をもたらし、米国の海外における活動にも効果があると考えている。

・**ウィルソニアン**　米国は民主主義的な価値観を世界に広げるという道徳的な義務を負っていると考えている。民主主義的な価値観が広まれば、国際社会に平和と法秩序がもたらされると考えている。

・**ジェファーソニアン**　ウィルソニアンとは異なり、民主主義の輸出には消極的な態度を取る。同時に、ハミルトニアンとも異なり、同盟国との結びつきを強めれば、戦争に巻き込まれるリスクが高まると警戒している。

・ジャクソニアン　政府の最も重要な役割は、米国民の直接的な身体の安全と経済的な安定を守ることだと考えている。米国は外国での戦争に関わるべきではないと考える一方、もし他国が米国を攻撃してくれれば、戦争で勝利する以外に道はないと考える。また、ポピュリスト的な価値観をもち、経済ナショナリストであり、軍事力を信奉している。

ミードによれば、第二次世界大戦後の米国の外交政策の基本戦略は、国際主義派のハミルトニアンとウィルソニアンの考え方に沿って形成されてきたという。

ハミルトニアンは、米国が英国に代わって戦後秩序を形成し、世界経済を再生することが米国の国益だと考えた。一方、ウィルソニアンは経済的な観点よりもリベラルな国際秩序を構築することを重視し、人権や民主的な政府、法秩序を促進することで平和の実現を追求するという目標をもっていた。

一方、ジャクソニアンは、ハミルトニアンやウィルソニアンという戦後主流だった国際主義派とは全く異なる性格をもつ。

ミードの定義によれば、ジャクソニアンはエリートに対して極めて猜疑心が強いうえ、その政治哲学はしばしば理想ではなく本能的なものだという。また、ジャクソニアンは軍隊のためにお金を使うことは政府の果たすべき役割の中で最も良いことだと評価している。ミードによれば、ジャクソニアンは「より良き世界を求めるウィルソニアンの取り組みを最も支持しておらず、困難な状況であれば忍耐強い外交が必要だというジェファーソニアンの考えを最も理解しておらず、ハミルトニアンの貿易戦略を受け入れることに最も消極的である」[22]という。

ミードは、米国の利益を最優先する「アメリカ・ファースト」を訴えるトランプを、第二次世界大戦後初めてのジャクソニアン型の大統領だと分類している。「トランプがさらけ出す明白な米国のポピュリズムは、この国で初めてのポピュリストの大統領、アンドリュー・ジャクソンの思想と文化に根ざしている」と指摘する。[23]

トランプは、首都ワシントンに巣くうエリートたちを一掃するという意味のスローガン、「Drain The Swamp（ヘドロをかき出せ）」を掲げて当選し、歴代共和党政権で実績のある外交安保の専門家たちを排除。米軍再建を掲げて国防費の拡大に力を入れ、多国間の自由貿易については常に消極的な姿勢を示して国際的な合意を破棄し続けている。これらの政治的傾向は、ジャクソニアンに当てはまる。

ミードはのちに、大統領首席戦略官に就任したスティーブン・バノンが二〇一七年当時、ミードにメールを送ってきて、その後に二人でジャクソニアンについて議論したことを明らかにしている。[24]政権発足時にトランプがジャクソンの肖像画を執務室に掲げたり、「ハーミテージ」を訪問したりしたことには、バノンら側近の政治戦略もあったとみられる。

人種差別主義者の影

ジャクソン大統領には負の側面も多い。

一つ目は、ネイティブ・アメリカンに対する迫害である。

ジャクソンは大統領就任前、米英戦争の期間中、ネイティブ・アメリカンのクリーク族を殺害してアラバマ州などの土地を奪取。就任後は白人の開拓農民のために、インディアン強制移住法を成立させ、ネイティブ・アメリカン五万五千人をミシシッピ川以西の土地に強制移住させた。

二つ目は、テネシー州でも有数の大規模な奴隷所有者であり、奴隷制度の擁護者だったという点である。

ジャクソンが経営していたテネシー州ナッシュビルの農場「ハーミテージ」は、黒人奴隷一五〇人が働く綿花栽培のプランテーションだった。ジャクソンの旧邸宅のすぐそばには、アルフレッドという名前の黒人奴隷が暮らした小屋が今も残る。不揃いの丸太で作られた粗末な小屋で、室内にはベッドと机が置かれているだけだ。

アルフレッドとジャクソン家に雇われた白人家庭教師が交わした会話が今に伝わる。

アルフレッドはある夜、屋敷の外の道で家庭教師とすれ違った。アルフレッドが「あなたたち白人は良い時代を過ごしていますね」と語ると、家庭教師はアルフレッドも優しい主人に恵まれているうえ、快適な家を与えられている点を指摘し、「自由とは重荷になるものだ。奴隷と同じだよ」と答えた。すると、アルフレッドは家庭教師を見つめ、「では奴隷になったらいかがですか」と返した。家庭教師は何も言い返せなかったという。[25]

米国史を専門とする米ヒューストン大のマシュー・クレイビン教授は「ジャクソンはネイティブ・アメリカンを障害物だととらえて強制移住させるべきであり、アフリカ系アメリカ人は奴隷だと考えていた」と指摘する。[26]「ジャクソンは人種問題についてあいまいな考えをもっていた多くの建国の父たちとは明らかに異なる。ジャクソンは白人共和国という思想に一〇〇パーセントの自信をもち、白人共和国という夢を実現するために彼のもてる力を使おうとしたのだ」

クレイビン教授によれば、当時も奴隷制度に反対したり、ネイティブ・アメリカンの人権を守ろうとしたりした白人は数多くいたという。

「しかし、ジャクソンはネイティブ・アメリカンやアフリカ系アメリカ人を搾取することに価値を見いだしており、彼自身、自分を差別主義者だと認識していた。ジャクソンは自分の政治権力を強めるためならば、人種差別をすることも正しいと信じていたのだ」

二〇二〇年六月、ミネアポリスで白人警官が黒人男性を暴行死させた事件をきっかけに広がった人種差別への抗議デモでは、ホワイトハウス前のラファイエット広場に設置されているジャクソンの銅像をデモ隊が引き倒そうとする騒動も起きた。

「トランプ党」へ

ジャクソンは強権的な政治手法を繰り返し用いながらも、当時社会的に台頭してきた開拓農民や労働者階級から絶大な支持を得る。政界再編を引き起こし、現在の民主党を誕生させる一方、反ジャクソン派はホイッグ党を結成。現在の共和党へとつながる政党である。

ジャクソンの大統領在任期間に米国は、経済的、社会的、政治的に大きな変革が起きたため、歴代大統領の中では唯一彼の名前をもとに「ジャクソン時代」と呼ばれている。

クレイビンはトランプの大統領在任期間ものちに「『トランプ時代』と呼ばれる可能性は高いだろう」と語る。

「『ジャクソン時代』がつくりだされたのは、古い政党が壊れ、新たな政党が生まれるという政界再編が起きたからだ。トランプも同じように、前回の大統領選では、中西部の白人労働者層の多くが民主党を見捨てて共和党に投票することで歴史的な勝利を収めた。我々は新たな政界再編を目にしているのだ」

二〇二〇年二月四日夜、トランプ大統領は米下院本会議場で、就任後三回目となる一般教書演説に臨んだ。一カ月半ほど前、「ウクライナ疑惑」で弾劾訴追されたのと同じ場所である。

「たった三年間で、米国が衰退しているという考え方を打ち砕いた」「就任の瞬間から米国経済を復活させるために動いてきた。私の当選以来、七〇〇万の新しい雇用を生み出した[27]」

トランプが発言するたび、共和党議員たちが熱狂的なスタンディングオベーションを送る。

「あと四年！　あと四年！」

共和党議員たちのかけ声が沸き起こり、議場は興奮に包まれた。最前列には、ポンペオ国務長官、バー司法長官、エスパー国防長官ら閣僚が勢ぞろいし、笑みを浮かべながら立ったり座ったりを繰り返した。トランプが「ロシア疑惑」「ウクライナ疑惑」と疑惑だらけの大統領であっても、お互いが競い合うように拍手をする姿は、どこかの独裁国家の党大会のようでもあった。

共和党議員たちとは対照的に、民主党議員たちは椅子に座ったまま拍手もせずに冷ややかな視線を向ける姿が目立ち、ときには演説にブーイングをしていた。トランプの演説が終わると、その多くはすぐに席を立って会場を後にした。トランプの後ろで演説を聴いていたペロシ下院議長はトランプの演説原稿を破り捨てるという異例の行動に出た。

米国政治においては、大統領が党を規定するとよく言われるが、トランプの影響力は絶大である。共和党は、党支持者の間で圧倒的な人気を誇るトランプという大統領のもとで、従来の共和党主流派が重視していた「財政規律」「同盟重視」「自由貿易主義」「グローバリズム」といった政治理念をどこかに置き忘れ、トランプ個人の価値観を重視する「トランプ党」へと新たに脱皮しつつある。

一方、対する民主党も、反トランプのエネルギーによって突き動かされている。バイデン前副大統領のもと、革新派から穏健派まで「トランプ打倒」を目標に一致団結して挙党態勢を築いた。トランプという存在は共和党のみならず、野党民主党にも大きな影響を与えているのだ。

米ヒューストン大のクレイビン教授はこう語る。

「ジャクソンは政権を去っても、その後の二〇年間の政権にはジャクソンの影が覆っていた。それと同様にトランプも政権を去っても、一〇年後、二〇年後、米国政治の上を漂い続けるトランプの影を、我々は必ず見ることになるだろう」

1——The White House. "MEMORANDUM OF TELEPHONE CONVERSATION" 24 September 2019. <https://www.whitehouse.gov/wp-content/uploads/2019/09/Unclassified09.2019.pdf>

2——116th Congress (2019-2020). "H.Res.755 - Impeaching Donald John Trump, President of the United States, for high crimes and misdemeanors." 10 December 2019. <https://www.congress.gov/bill/116th-congress/house-resolution/755/text>

3——マーガレット・テイラーへのインタビュー取材。二〇一九年一二月一六日。

4——ビル・ウェルドへのインタビュー取材。二〇一九年九月一九日。

5——"The Economist/YouGov Poll. 1-3 December 2019 - 1500 US Adult citizens." <https://d25d2506sfb94s.cloudfront.net/cumulus_uploads/document/799kgtotz3/econTabReport.pdf>

6——マーク・サンフォードへのインタビュー取材。二〇一九年九月一六日。

7——Sanford, Mark, Walsh, Joe and Weld, Bill. "We are Trump's Republican challengers. Canceling GOP primaries is a critical mistake." *The Washington Post.* 13 September 2019. <https://www.washingtonpost.com/opinions/we-are-trumps-republican-challengers-canceling-gop-primaries-is-a-critical-mistake/2019/09/13/7a951c84-d665-11e9-86ac-0f250cc91758_story.html>

8——マーガレット・テイラーへのインタビュー取材。二〇一九年一二月一六日。

9——カイル・コンディックへのインタビュー取材。二〇一九年五月一六日。

10——Namako, Tom. "Lindsey Graham In 2016: Trump's A 'Kook.' Lindsey Graham In 2017: Why Is The Media Is Labeling Trump A 'Kook.'" *BuzzFeed News.* 1 December 2017. <https://www.buzzfeednews.com/article/tomnamako/kook>

11——"Full Transcript: Jeff Flake's Speech on the Senate Floor." *The New York Times.* 24 October 2017. <https://www.nytimes.com/2017/10/24/us/politics/jeff-flake-transcript-senate-speech.html>

12——Flake, Jeff. "The president is on trial. So are my Senate Republican colleagues." *The Washington Post.* 20 December 2019. <https://www.washingtonpost.com/opinions/jeff-flake-the-president-is-on-trial-so-are-my-senate-republican-colleagues/2019/12/20/5446c930-236b-11ea-86f3-3b5019d451db_story.html>

13——The White House. "Remarks by President Trump to the Nation." 6 February 2020. <https://www.whitehouse.gov/briefings-

statements/remarks-president-trump-nation/>

14——ジェニファー・ステファノへのインタビュー取材。二〇一九年一一月二七日。

15——Jones, Jeffrey M. "Americans See Positive, Negative Effects of Tea Party Movement." *Gallup*. 4 November 2010. <https://news.gallup.com/poll/144242/americans-positive-negative-effects-tea-party-movement.aspx>

16——アーウィン・モリスへのインタビュー取材。二〇一九年五月一五日。

17——Republican National Committee. "Growth & Opportunity Project." 18 March 2013. <https://online.wsj.com/public/resources/documents/RNCreport03182013.pdf>

18——Pew Research Center. "Wide Gender Gap, Growing Educational Divide in Voters' Party Identification." 20 March 2018. <https://www.people-press.org/2018/03/20/wide-gender-gap-growing-educational-divide-in-voters-party-identification/>

19——アン・ディー・ジョーンズへの取材。二〇二〇年二月三日。

20——The White House. "Remarks by the President on 250th Anniversary of the Birth of President Andrew Jackson." 15 March 2017. <https://www.whitehouse.gov/briefings-statements/remarks-president-250th-anniversary-birth-president-andrew-jackson/>

21——Mead, Walter Russel. *Special Providence* (New York NY: Routledge Taylor & Francis Group, 2002). p.xvii.

22——Mead, *Special Providence*. p.225.

23——Mead, Walter Russel. "The Jacksonian Revolt American Populism and the Liberal Order." *Foreign Affairs*. March/April 2017. <https://www.foreignaffairs.com/articles/united-states/2017-01-20/jacksonian-revolt>

24——Glasser, Susan B. "The Man Who Put Andrew Jackson in Trump's Oval Office." *POLITICO*. 22 January 2018. <https://www.politico.com/magazine/story/2018/01/22/andrew-jackson-donald-trump-216493>

25——Official Guidebook. *Andrew Jackson Hermitage* (Nashville TN: Andrew Jackson Foundation, 2018). p.99.

26——マシュー・クレイビンへのインタビュー取材。二〇二〇年二月三日。

27——The White House. "Remarks by President Trump in State of the Union Address." 4 February 2020. <https://www.whitehouse.gov/briefings-statements/remarks-president-trump-state-union-address-3/>

第三章

カム・ホーム・アメリカ

――新たな孤立主義の台頭

「何のために戦死したのか」

二〇二〇年二月一〇日夜、トランプ大統領の姿はデラウェア州のドーバー空軍基地にあった。霧の立ちこめる中、星条旗に包まれた二つの棺がＣ一七輸送機から降ろされた。[1]二人の兵士はアフガニスタン東部ナンガルハール州での戦闘で八日、死亡した。ともに二八歳の若さだった。

六人の兵士によって静々と運ばれる棺が目の前を通り過ぎるのを、黒いコートを羽織ったトランプは身じろぎもせず敬礼して見送っていた。

棺が搬送用の車両に載せられた瞬間、荘厳な雰囲気は悲痛な叫びで破られた。

「Ｎｏ！」

若い未亡人は亡くなった夫の名前を何度も繰り返して叫んだ。

彼女の叫びを間近で聞いていたトランプ。この時、何を思っただろうか。

ドーバー空軍基地は、海外での戦闘で亡くなった米軍兵士の遺体が最初に到着する場所である。トランプはこれまでもたびたびドーバー空軍基地を訪れ、大統領として兵士の遺族の弔問を行っている。

トランプは二〇一九年一〇月の閣議で、ドーバー空軍基地での体験などについて率直な気持ちをこう吐露したことがある。[2]

「ドーバー空軍基地を訪問して（戦死した兵士の）両親と会うのはつらいことだ。最もつらいことだと言ってもいい。大きな貨物輸送機の扉が開いて棺が出てくるのを見るとき、また、ウォルター・リード陸軍病院を訪問してひどい怪我を負った負傷兵たちを見るとき、私にとって最もつらいことだ」

「最もつらいのは、（兵士の遺族に）手紙を送るときもそうだ。私が故郷にいる両親に手紙を送り、彼らと会話をする。私はこれまでも多くの手紙を故郷の両親たちに送っているが、『あなたの息子、娘が中東地域で戦死した』と書いている」

そして、こう語気を強めた。

「でも何のために？　何のために戦死したのか？」

「バカげた終わりなき戦争を終わらせる」

トランプは大統領就任以来、「今こそバカげた終わりなき戦争を終わらせる」と繰り返す。

二〇〇一年の九・一一（米同時多発テロ）をきっかけに始まった一連の対テロ戦争を早期に終結させ、中東地域から米軍を撤退させることは、トランプの一六年大統領選の公約でもある。

だが、これは大統領選のときから訴え始めたわけではない。トランプは政治にまだ本格的に関わっていない不動産会社経営の時代から、アフガニスタン戦争の早期終結を訴えてきた。

トランプのツイッターの記録を調べると、オバマ政権下の二〇一一年に戦争終結を訴え始め、少なくとも一二回にわたってアフガニスタン戦争を批判し、時にはオバマ大統領に対して米軍をアフガニスタンから撤退するように呼びかけた。

二〇一二年八月にはこうツイートしている。

「なぜ我々は、アフガニスタンの兵士たちを訓練し続けなければいけないのだ？　彼らは結局、我々の兵士の背中を撃つことになるだろう。アフガニスタンは完全に無駄だ。故郷に帰るときだ！（Time to come home!）」

翌一三年一月にはアフガニスタン戦争について「数十億ドルを無駄遣いしている」と批判した。

「アフガニスタンから撤退しよう。米軍部隊は自分たちで訓練したアフガニスタン人によって殺害され、我々は数十億ドルを無駄遣いしている。ナンセンスだ！　米国を再建しよう」

しかし、トランプは平和的な理念に基づいて、戦争終結を訴えているわけではない。一連のツイートで見られるのは、何のメリットもない戦争に人的・経済的な投資を行い続けることに何の得があるのかという強い疑問である。ここにはトランプのビジネスマンとしての損得勘定がうかがえる。

こうしたトランプの訴えは、米国内の世論の動向を反映したものでもある。

シンクタンク・新アメリカ安全保障センター（ＣＮＡＳ）会長で、共和党重鎮の故ジョン・マケインの外交政策顧問を務めたリチャード・フォンテーヌは、「いまや九・一一はずいぶん昔の話となったにもかかわらず、アフガニスタン戦争は二〇年近く続いている。米国内で『こうした大きな問題は他人に任せ、我々は自国の問題に集中するべきだ』という意見が出てくるのは当然の傾向だろう」と語る。[3]

そのうえで、トランプの訴えを「カム・ホーム・アメリカ（アメリカに帰ろう）」という概念だと指摘する。

「『カム・ホーム・アメリカ』は、世界各地で行われてきて疲弊しきった軍事介入から抜け出し、新たな軍事介入や同盟国や米軍の前方展開戦略にかかるコスト負担を避け、そうやって節約したドルを自国のために使おうという考え方だ。米国の新たな国際的関与に極めて慎重な態度をとっている点も特徴的だ」

フォンテーヌは、「カム・ホーム・アメリカ」は、一九三〇年代に米国で主流だった孤立主義と厳密には同じものとはいえないという。

「現在、米国を取り巻く状況は一九三〇年代とは大きく異なる。米国はいま、世界一の軍事予算・軍事力をもち、海外に七〇カ国以上の軍事基地をもつ。一方、一九三〇年代は米国の軍隊の規模は小さく、軍事予算も少なかった。当時の大国は大英帝国であり、米国は台頭しつつある国家ではあったが、世界一の軍事予算・軍事力にはほど遠い存在だった。こうした異なる状況の中で、現在の米国と一九三〇年代の動きを一緒にすることはできない」

ただし、「カム・ホーム・アメリカ」と一九三〇年代の孤立主義に「類似性はある」とも語る。

「両者の間で似ているのは、政策というよりも感情的なものだ。トランプの言動の根底にあるのは、『欧州や中東、アジアで複雑なことが起きている。しかし、米国は二つの大洋に囲まれてこれらの国々と地理的に離れているうえ、南北を友好的な国に囲まれてもいる。なぜ我々が海外で起きていることにいつも関わっていかなければいけないのか』という疑問だ」

トランプの主張には世論の後押しがある。

世論調査会社「ラスムセン」が二〇一九年一〇月上旬、「今こそバカげた終わりなき戦争を終わらせる時だ」というトランプの発言について尋ねたところ、五八％が賛成、反対は二〇％だった。[4]

米国市民の間では、泥沼化したアフガニスタン戦争やイラク戦争以来、厭戦気分が強まっている。トランプも独特の嗅覚で世論の動向を感じているようだ。

トランプは一九年一〇月、テキサス州ダラスで行われた選挙集会を振り返り、こう語っている。[5]

「最も大きな歓声が上がったのは、二つのことについて話したときだった。一番大きかったのは、『我々は（メキシコとの国境に）壁を作るぞ』と言ったときだ。二番目は、これはほとんど一番目と同じくらい盛り上がったが、『我々は米軍兵士を故郷に帰すぞ』と言ったときだ。会場は狂ったように盛り上がった」

トランプは「しかし……」とつけ加えた。

「ベルトウェイの内側の人々（ワシントンの政治関係者）は、米軍兵士の帰還は好きではないだろうけど」

米軍死者数七〇〇〇人超、六・四兆ドルの支出

九・一一から始まった対テロ戦争は、米国社会に大きな影響を与え続けている。

米ランド研究所の調査によれば、アフガニスタン戦争やイラク戦争など一連の対テロ戦争には二七七万人（二〇〇一年九月〜一五年九月）の米軍兵士が現地に派遣された。[6]

イラク戦争は二〇一一年一二月に正式に終結宣言が出されたが、〇一年から始まったアフガニスタン戦争は現在も続き、ベトナム戦争を超える「史上最長の戦争」となった。米軍は一万三〇〇〇人の部隊をアフガニスタンに派遣していた。米国は二〇年近く続いている一連の戦争で人的・経済的に大きな犠牲を払い、「戦争疲弊」（War-weariness）は現在の米国社会を語る一つのキーワードとなっている。

米ブラウン大ワトソン国際・公共問題研究所の「戦争のコスト」プロジェクトは二〇一〇年から専門家五〇人が集まり、九・一一以来続く一連の対テロ戦争にかかった人的・経済的コストを統計的に解明しようという研究である。

二〇一九年一一月現在、米軍兵士の死者数は七〇一四人にのぼる。[7]

イラク戦争が最も多くて四五七二人で、次いでアフガニスタン戦争の二二九八人となっている。この二つの戦争では米国の民間軍事会社の社員が多く戦地に赴いているのも特徴で、契約業者の死者数は七九五〇人と、米軍兵士を上回る規模となっている。さらに、イラクやアフガニスタン

などの地元民間人を含めた死者の総計は、七七万〜八〇万一〇〇〇人に膨れあがると見積もられている。

一方、経済的コストも巨額である。

アフガニスタン戦争やイラク戦争をめぐって米政府は、二〇〇一〜二〇会計年度で計六・四兆ドルを支出した。[8] 内訳は、海外での軍事作戦に二兆ドルを支出しているのに加え、支出に伴う借金の利子を一兆ドル近く支払っている。退役軍人の医療保障に四三七〇億ドルのコストがかかっており、さらに向こう四〇年ほどで退役軍人向けの追加支出が一兆ドル以上必要になると見積もられている。九・一一後の対テロ戦争の六・四兆ドルという支出は、第二次世界大戦の戦費を超え、史上最も高額な戦争になるという。

「戦争のコスト」プロジェクトディレクターのキャサリン・ラッツ米ブラウン大教授は米国社会を覆う戦争疲弊の大きな理由について、「人的コストという観点よりも、経済的コストがあまりにも高額だという不満が大きいだろう」と語る。[9]

現在はベトナム戦争時のような徴兵制度はなく、志願兵制度をとっているため、当時のような表立った反戦運動は起きていないという。しかし、「多くの米国人は、一連の戦争に税金を払い続けることに飽き飽きしている。自分たちの手元には何も残っていないからだ」と指摘する。

ラッツは、トランプが中東地域からの米軍撤退を訴えていることについて「トランプは『カネの無駄だ』ととらえているからだ」と語る。

「『なぜ我々のカネを外国の人間のために使うのだ？　これは我々のカネだ』とトランプは本能的に感じているのだろう」

ただし、トランプの問題意識は、経済コストだけに集中していると指摘し、「トランプの言動には、大勢の罪のない市民の命が奪われたという悲劇をはじめ、米軍兵士による拷問などの反道徳的行為に対する反省は見られない」と語る。

外交官の見たアフガン戦争の現実

アフガニスタン戦争の始まりは、九・一一にさかのぼる。G・W・ブッシュ政権が米同時多発事件の首謀者、国際テロ組織アルカイダのビンラディン容疑者がアフガニスタンに潜伏していることを突き止めた。タリバーン政権側に引き渡しを求めたが、拒否。米軍は二〇〇一年一〇月に空爆を開始し、その二カ月後にタリバーン政権は崩壊した。

G・W・ブッシュ政権側のシナリオでは、イスラム原理主義勢力であるタリバーンに支配された市民を解放し、米国流の民主主義をアフガニスタン社会に定着させるはずだった。しかし、実際にはタリバーンによるテロ攻撃が本格化し、アフガニスタン戦争は泥沼化の道をたどることになる。

オバマ政権発足から八カ月後の二〇〇九年九月、ある外交官がアフガニスタン戦争に抗議し、政権を去った。

マシュー・ホー。反政府勢力タリバーンの影響力が強いアフガニスタン南部ザブール州で、米政府上級代表を務めていた。

ホーは辞任の際、米国務省に四ページにわたる書簡を提出した。その中で辞任理由について「私はアフガニスタンに米国がとどまる戦略目的への理解と信頼を失った」と記し、「米国の軍事的プレゼンスは反政府勢力に多大なる正当性を与えている」と警告した。

それから十年余りが経つ。

ホーは「私は当時、（戦争を始めた）G・W・ブッシュ政権と同じように、オバマ政権にも裏切られたと感じていた」と振り返る[10]。オバマ大統領は選挙中にイラク戦争の終結を掲げたが、逆にアフガニスタン戦争については就任後、米軍部隊の増派を決定していた。

ホーはイラク戦争とアフガニスタン戦争それぞれに軍人、文官として深く関わったという異色の経歴をもつ。

大学卒業後、金融業界でしばらく働いた後、海兵隊に入隊。沖縄のキャンプ・シュワブでも三年間働いた経験がある。国防総省とホワイトハウスの連絡将校を務めたのち、イラク戦争の開戦をきっかけにバグダッドの米国大使館のチームに加わった。帰国後に国務省のイラク担当部署にしばらく勤務し、再びイラクに海兵隊大尉として派遣され、その後は国務省にいったん戻り、今度は文官としてアフガニスタンに赴いた。

現地で直面したのが、現地政府の腐敗だったという。ホーは「戦争はモラル的にも金銭的にも腐敗をもたらすものだ」と語る。

「とくにアフガン政府は組織的に腐敗していた。政府と軍の人間は上から下まで麻薬密売に手を染めているにもかかわらず、米国や国際社会から数十億ドルの資金が現地に流れ込んでいた。現地の市民たちは自分たちの手元には何も届かないのに、政府の人間がどんどん裕福になるのを見てきた。予定されていた学校や健康センターも一向に建設されない。市民たちはタリバーンと同様に、アフガン政府を嫌っていた」

ホーが耐えられなかったのが、「テロとの戦い」の名のもと、腐敗したアフガン政府を支援するために米国の若い兵士たちが血を流して犠牲となっていることだった。

「私は現地で多くの若い米軍兵士たちが亡くなるのを見た。数多くの葬儀に参列し、遺族への対応も担当した。しかし、私は母親や若い妻たちに『あなたの息子や夫は価値のある戦いで亡くなった』とどうしても言うことができなくなった。これ以上、だれにもウソをつくことができなくなったのだ」

そして、こう吐露した。

「その時、私の中で何かが壊れた。私自身、自分に対してもこの戦争を正当化するために長い間ウソをつき続けてきたことに気づいたのだ。私はとにかくこの戦争から離れて家に戻りたかった。本当のことを言えば――」

ホーは言葉を続けた。

「私はそこから逃げ出したのだ」

ＰＴＳＤの発症率、一五・七％

イラク戦争とアフガニスタン戦争がこれまでの戦争と大きく異なるのは、敵から激しい攻撃を受けても生き延びるケースが多かった代わりに、多くの兵士が過酷な体験をしている点だ。

ホーは「イラク戦争は極めて暴力的だった。しかし、ベトナム戦争など昔であれば命を落としていたような攻撃を受けても、防護服や装甲車両に守られ、生き残ることが多い。私自身、右胸にもろに爆発した手榴弾の金属片を受けたが、生き延びた。以前の戦争であれば確実に死んでいただろう」と語る。

ホーによれば、仲間の海兵隊員の中には装甲車両に乗っている最中、道路脇に仕掛けられたＩＥＤ（即席爆発装置）の爆発に一〇回程度遭った人たちもいるという。

米ランド研究所の調査によれば、イラク、アフガニスタン両戦争では、五〇％の兵士が戦友の死亡や重傷という経験をもち、四五％が非戦闘員の死体・重傷を目撃し、三七％が腐乱死体の臭いをかいだことがあると答えた[11]。

ホーは「過酷な体験をした直後は、生き延びたということで何とかやり過ごすが、数年経ってその時受けた傷が表面化する」と振り返る。

米退役軍人省によれば、両戦争に派遣された米軍兵士のＰＴＳＤ（心的外傷後ストレス障害）の発症率は一五・七％にのぼる。[12]

「現地に派遣された兵士たちは現地で殺すか、殺されるかという経験をしている。このため、身体の中の生存本能システムのスイッチが常に入りっぱなしの状態となり、帰国後もスイッチを切ることがなかなかできない。これが問題を引き起こすのだ」

ホー自身もイラク戦争での戦闘体験からＰＴＳＤを発症した。さらに、「道徳的な罪の意識」に強くさいなまれたという。

「私たち兵士は（開戦理由である）『サダム・フセインが大量破壊兵器を所有し、アルカイダと同盟関係にある』という米政府の言葉を信じて敵を殺し、そして仲間を失ってきた。しかし、それらはすべてウソだということがわかった。このことが極めて深刻な心理的問題を引き起こした」

ホーはこうした道徳的な罪の意識から、「まるで両足が切断されたような絶望感」に襲われたという。自殺願望にとりつかれ、アルコール漬けの日々を送ったが、ＰＴＳＤの治療を受けたことで自殺の危機を脱することができたという。

ホーは現在、米シンクタンク・国際政策センターの上級研究員を務めている。自らの経験をもとに「戦争は極めて無駄だ」と訴える。

「数兆ドルが注ぎ込まれたけれども、結局のところは何も残らない。投資されたドルは爆弾や戦闘機に変わるだけで、何の見返りもない。そして人々は苦しみ、悲劇ばかりが起こる。その損失は計り知れない」

ホーの意見は、退役軍人の中で特殊なものではない。

米世論調査機関ピュー・リサーチ・センターが二〇一九年五〜六月に退役軍人を対象に実施した世論調査によれば、イラク戦争については六四％、アフガニスタン戦争については五八％が「戦争をする価値はなかった」と答えている。[13]

存在しなかった大量破壊兵器

G・W・ブッシュ政権が「イラクが大量破壊兵器を開発している」とする「証拠」をもとに開戦に踏み切ったイラク戦争。米軍は二〇〇三年三月にイラクへの攻撃を開始し、フセイン政権を打倒した。だが、開戦の大義だった大量破壊兵器は見つからなかった。開戦にかかわったある元政府高官はいまでも当時の判断を悔やむ。

「二〇〇三年のイラクへの軍事介入は、米国の破滅的な戦略ミスだった。湾岸地域のバランス・オブ・パワー（勢力均衡）を壊し、今も回復していない。ゆえにシリアやイエメンで紛争が続いているのだ」

ローレンス・ウィルカーソンはイラク戦争を振り返り、こう語る。[14]

イラク戦争の開戦当時、ウィルカーソンはコリン・パウエル国務長官の首席補佐官だった。パウエルの「右腕」として、政権内で進められていた開戦準備にも深く関わった。

パウエルは二〇〇三年二月、国連安全保障理事会で演説し、米情報機関の情報をもとに、イラクのフセイン政権が大量破壊兵器の開発を続けている、と非難した。しかし、実際には大量破壊兵器は見つからず、パウエルは自身の国連演説を「人生の汚点」と回顧している。

ウィルカーソンは国連演説の前に、中央情報局（CIA）のテネット長官とマクラフリン副長官がパウエルに対して大量破壊兵器の存在についてブリーフする場に同席していた。テネットらは「米国のすべての情報機関において、サダム・フセインが大量破壊兵器を所有しているという見方は基本的に一致している」と強調したという。パウエルやウィルカーソンが最も懸念していた核兵器の開発計画も「進行中だ」と伝えたという。

テネットは当時、米政府の複数の情報機関を実質的に統括し、各情報機関の情報が自身のもとに流れ込む「水道管のような役目」を果たしていたという。

ウィルカーソンは「我々はテネットの説明を完全に信じたわけではないが、反論する情報も持っておらず、信じる以外になかった。ただし、テネットのブリーフによって、パウエルが抱いていた懸念の大部分は、国連演説の前に解消したのは事実だった」と語る。

しかし、その後、テネットの報告は誇張されていたことが判明する。

「彼は完全なウソをついていたわけではないが、フランスやBND（ドイツ連邦情報局）、英諜報機関MI6と一致した見方を示したわけではなかった。つまり、彼が実際に我々に伝えたのは、情報機関内におけるいくつかの見方に過ぎなかったのだ」

テネットらが根拠とした情報は、ドイツへの亡命イラク人が捏造したものだった。

この人物がのちに英紙ガーディアンに話したところによれば、ＢＮＤに協力を求められた際に「サダム追放のチャンスだ」と思い、生物兵器施設や秘密工場の話をでっち上げたという[15]。その代償は極めて大きいものだった。米ブラウン大ワトソン国際・公共問題研究所の「戦争のコスト」プロジェクトによれば、イラク戦争では一八万～二一万人にのぼる市民が犠牲になったとみられている。

ウィルカーソンは今、大学で教鞭を執りつつ、外国に対する米国の軍事介入に反対の立場をとる。突き動かすのは、誤った情報に基づき、開戦に関与してしまったという苦い経験だ。

「私が率直な意見を言うのは、ワシントンでの国家安全保障政策を決めるプロセスは国益に反していると考えるようになったからだ。ワシントンのエリートたちだけで決める破壊的な決断を、米国人はもはやだれも支持していない」

ウィルカーソンは、トランプが二〇一六年大統領選で、民主党のヒラリー・クリントン元国務長官に勝利したのは、多くの米国人が感じている戦争疲弊が大きかった、とみている。

「多くの米国人にとって、ヒラリーは『バカげた終わりなき戦争』を続ける戦争屋に見えた。一方、トランプは大半の米国人が戦争を望んでいないことがわかっており、戦争に興味をもっていない。だから多くの米国人がトランプに票を入れたのだ」

「怪物退治のために海外に出て行かない」

ワシントンの外交安全保障専門家らが最近、注目しているのが、二〇一九年一二月に設立されたシンクタンク「クインシー研究所（QI=Quincy Institute）」である。「終わりなき戦争を終わらせる」という政策目標を掲げ、リベラル派の投資家ジョージ・ソロス、右派系の実業家チャールズ・コークが共同出資しているからだ。

「我々は、米国の外交政策の根本的な方向づけをやり直すため、QIを設立した。これはとても野心的な目標であり、平和的かつ力強く国際社会に関与し、我々がこの数十年間にわたって目にしてきた軍国主義からの離脱を図るものだ」

二〇二〇年二月二六日、米議会で開かれたQIのフォーラム「世界における米国の新ビジョン」で、QI議長のスザンヌ・ディマジオはこう宣言した。

QIが掲げるのが、「(米国は)退治するべき怪物を探すために海外に出て行くことはない」というスローガンだ。QIの名称の由来でもあるジョン・クインシー・アダムス（一七六七～一八四八年）の言葉である。J・Q・アダムスはモンロー大統領のもとで国務長官を務め、米国の孤立主義という外交姿勢を国内外に印象づけた「モンロー宣言」を起草した人物である。

J・Q・アダムスは一八二一年の独立記念日に、次のような演説をしている。

「自由と独立の旗が翻るであろう所はどこでも、アメリカの心、祝福、そして祈りがあるだろう。しかしアメリカは、怪物を退治すべく、海外に出ていくことはない。アメリカはすべての人の自由と独立を祈るが、アメリカはもっぱらアメリカ自身の自由と独立の闘士であり、擁護者なのである」[16]

J・Q・アダムスのこの理念を引き継ぐのが、QIだ。

「QIは米国が軍国主義化して、外交手段を軽視している、と考える人々によって結成された。我々の目的は軍事力を抑制するという考えを促進し、世界における米国の役割についてワシントンの人々の考え方を変えることだ」

QIの代表を務めるアンドルー・ベイスビッチ（ボストン大名誉教授）はこう強調した。[17] 歴史学者で元陸軍大佐でもあるベイスビッチは、保守派のリアリストとして知られ、他国への介入主義に反対の立場をとる。

「米国は冷戦後、米国の利益を慎重に考えることなく、軍国主義が政策の中心を占めるようになった。その結果、軍事力の使い方を誤り、数兆ドルを費やし、数十万人の死傷者を出すことになった」

ベイスビッチ自身、米軍兵士の遺族でもある。二〇〇七年、息子が二七歳の時、イラク中部のバラドでパトロール中に爆弾の爆発に巻き込まれて死亡している。

QIは九・一一以降の一連の対テロ戦争の終結を政策目標に掲げるが、ベイスビッチは「我々は平和主義者ではない」とも語る。

「我々は強い軍隊をもつことに反対していないし、米国を武装解除させるつもりもない。ただし、米国の政策決定者は米国の軍事力をもっと慎重に行使するべきだと考えている」

ワシントンの主流派シンクタンクの多くが、国際主義の立場から米軍の前方展開戦略に肯定的である中、他国への非介入主義を前面に打ち出すＱＩは異色の存在だ。ＱＩを孤立主義のグループとみなして警戒する向きは多い。

しかし、ベイスビッチは「ＱＩは孤立主義と批判されるが、完全な間違いだ」と反論する。「我々は米国の国際的な関与を支持している。ただし、永続的な戦争を行うのではなく、平和構築における関与だ」

ＱＩが注目を集めているのは、ワシントンの主流派とは一線を画す主張に加え、左右両陣営の後ろ盾ともいえる大富豪が資金提供しているからである。

ジョージ・ソロスは民主党に多額の献金をするリベラル派だが、チャールズ・コークは共和党や保守強硬派「ティーパーティー（茶会）運動」を支援するリバタリアン（自由至上主義者）である。

米メディアによれば、二人はＱＩの立ち上げに計一〇〇万ドル（約一億一〇〇〇万円）を寄付したという。[18] 政治理念の異なる両氏が非介入主義のＱＩを一致して支援したことに、ワシントンでは衝撃が走った。

ＱＩにはリベラル、保守、リバタリアンと、さまざまな立場の外交安保専門家五〇人が集い、ワシントンでの会合やウェブサイトを通じて意見を表明している。イラク戦争の開戦にかかわった元国務省高官のローレンス・ウィルカーソンも、ＱＩの研究員として名前を連ねた。

ベイスビッチは「我々は超党派の団体だ。我々の基本的な政策理念に賛同してもらえるならば、右も左も関係なく、喜んで寄付を受けつけている。我々は、ワシントンで目につく党派性に基づいた政治から距離を取るつもりだ」

ソロス、コーク両氏から資金提供を受けた点については、「私は個人的に彼らと会ったことはない。両氏はたぶんさまざまな点において異なる意見を持っているだろう。しかし、間違いなく言えるのは、彼らは米国政治において軍事力の抑制がもっと必要だという考え方について意見を一致させているということだ」

だが、同じ「終わりなき戦争を終わらせる」というスローガンを掲げるトランプに対するＱＩの評価は厳しい。

前回の大統領選でトランプが当選したことで、他国への介入主義に対する米国民の疑念が表面化したとベイスビッチは評価する。だが、トランプ本人の政策については「一貫性がない。イランのソレイマニ司令官の殺害がいい例だ」と非難する。

ＱＩとトランプは、九・一一以来の対テロ戦争に対する厭戦気分を背景に、戦争を終結させて米国に回帰するという目標をおおむね共有しているといえる。しかし、その実現に向けた政治手法は決定的に異なる。ＱＩは、国際社会との連携を重視した国際協調路線に立っているのに対し、トランプには国際協調を無視した単独行動主義が目立つ。ＱＩとトランプはともに戦争疲弊の世論に突き動かされているものの、両者が連携する可能性は低いとみられる。

「米国人を攻撃すれば報復する」

二〇二〇年一月八日午前一一時半、ホワイトハウスの玄関ホールは緊張した雰囲気に包まれていた。ペンス副大統領、ポンペオ国務長官、エスパー国防長官ら政権幹部が直立不動の姿勢で居並ぶ中、トランプ大統領が最後に入室すると、カメラマンたちは一斉にシャッターを切った。

一七時間前、イランは米軍の駐留するイラク軍基地に対してミサイル攻撃をした。イランのイスラム革命防衛隊のソレイマニ司令官の殺害に対する報復措置だった。

イランの攻撃に対して米軍が新たな反撃に出て、両国は全面戦争へと突入するのか――。政権発足以来、最も緊迫する局面の中、世界中がトランプによる米国民向けの演説を固唾をのんで見守った。

トランプは演説台の両端を両手でつかむと、開口一番、「私が米国大統領である限り、イランが核兵器をもつことを許すことは絶対にない」と決意を表明した。続けて、「昨夜のイランの攻撃では米国人はだれも傷つくことはなかった。米軍兵士は全員が無事であり、我々の基地も最小限のダメージを負っただけだった」と語り、「我々は素晴らしい軍隊と装備品を持っているが、それを必ずしも使わなければいけないというわけではないし、使いたくはない」と語った。[19]

トランプが示したのは、米軍は軍事力では反撃せず、追加的経済制裁によってイランに対抗措置を取るという方針だった。米国、イラン両国の本格的な軍事衝突は寸前のところで回避されることになった。

トランプはイランの報復攻撃を受ける前、「イランが米国人や米国の資産を攻撃すれば、我々は標的にしているイランの五二カ所を攻撃する」と警告した。つまり、米国に犠牲者が出たり、米国の資産が損害を受けたりすることが、米国の「レッドライン」だと示した。トランプの国民向けの演説では、イランのミサイル攻撃がこの「レッドライン」を超えなかった点を強調し「イランは沈静化しつつある」と指摘することで、米国は軍事力を使った新たな反撃はしないという理屈をつくったわけである。

トランプの言動には、本格的な軍事衝突には消極的な側面が見え隠れする。トランプの持論は、中東地域からの米軍撤退である。そしてこれは、イラク、アフガニスタン戦争に疲弊した米国市民の厭戦気分を背景とする。それだけに、米国民に不人気な戦争を新たに始めれば、一一月の大統領選の再選戦略に不利に働く可能性が高いという計算もあり、軍事的な反撃を踏みとどまったとみられる。

米国、イラン両国は報復攻撃の連鎖によって本格的な軍事衝突の一歩手前まで急激に緊張関係を高めていった。両者の動きを整理すると、次のようになる。

・二〇一九年一二月二七日、イスラム教シーア派武装組織「カタイブ・ヒズボラ（KH）」がイラク軍基地をロケット弾で攻撃。米国人の民間契約業者一人が死亡、米軍兵士四人とイラク治安部隊二人が負傷。

・同二九日、イラクとシリアのＫＨの拠点五カ所を米軍が空爆。ＫＨの戦闘員が少なくとも二五人死亡。

・同三一日、バグダッドの米国大使館前にイスラム教シーア派民兵らが集まり、大使館を囲む壁に放火や投石を繰り返す。

・二〇二〇年一月三日、バグダッド国際空港近くで、米軍は無人機を使ってソレイマニ司令官を殺害。

ただ、イラン側はそれ以前にも米国側に対して挑発的な行動をとってきた。イランは二〇一九年六月、米国の無人機を撃墜したが、この時トランプは報復攻撃実行の一〇分前に中止させた。サウジアラビアの石油施設が同年九月に攻撃された際も、トランプ政権は「イランの犯行」と断定しつつも報復攻撃をしなかった。

皮肉にも、トランプが報復攻撃を控えたことが、イランが支援する武装組織による米軍への攻撃を加速させた可能性がある。

だが、二〇一九年一二月二七日に米国人の民間契約業者がロケット弾攻撃で殺害されると、トランプ政権は対応を一変させ、武装組織に対して空爆を行う。さらに同月三一日、バグダッドの米国大使館が襲撃されると、ソレイマニ司令官の殺害という強硬手段に出た。

背景には、二〇一二年にリビア・ベンガジの米国領事館が襲撃され、米国大使らが死亡した事件をめぐり、トランプは当時のオバマ政権を激しく非難してきたことがある。オバマ政権との違いを強調するトランプは「ベンガジの真逆だ！」とツイッターに投稿し、バグダッドの米国大使館への襲撃を許さない姿勢を打ち出していた。

米軍撤退と矛盾するイラン司令官殺害

トランプ大統領によるソレイマニ司令官の殺害命令は、戦略を欠く衝動的な判断だった、という分析だけでは片付けられない。トランプの一連の対応には、前述のウォルター・ラッセル・ミードによる、米国の伝統的な外交政策の四類型の一つ、ジャクソニアンとしての特徴をみることができるからだ。

ミードの定義によれば、ジャクソニアンにとって政府の最も重要な役割は、米国民の直接的な身体の安全を守ることにある。ジャクソニアンは、外国での戦争に米国は関わるべきではないと考える一方、もし他国が米国を攻撃してくれば、戦争で勝利する以外に道はないと考え、軍事力を信奉している。

トランプはこれまでイラン側の挑発的な行動に対して軍事力を使うことに終始消極的だった。だが、米国人殺害や自国の大使館への襲撃が起きたとたん、歴代政権が見送ってきたソレイマニ司令官の殺害という最も強硬な軍事手段に選んだ。まさにこれは、ジャクソニアン的な判断ということができる。

しかし、いくらトランプが米国人の利益を最優先に行動したと主張してみたところで、今回のソレイマニ司令官殺害は、国際協調を無視した単独行動主義であることは論を俟《ま》たない。そもそも、米国とイラン両国が相互に報復を重ねるほど緊張が高まった最大の原因は、トランプが二〇一八年五月、イランとの国際的な核合意から一方的に離脱したことにある。欧州諸国はトランプの意向に強い懸念を示してきたが、トランプはこうした国際社会の声に耳を傾けることなく、国際的な約束を反故にしてしまった。その結果、イランは態度を硬化させ、ウランの濃縮活動を拡大させる動きを見せ、中東地域の緊張がさらに高まる結果となった。

今回のイランのミサイル攻撃では、革命防衛隊が誤ってテヘラン近郊でウクライナ国際航空の旅客機を撃墜し、乗客乗員一七六人全員が死亡するという悲劇も起きている。ミサイルを誤発射したイラン側に最大の責任があるが、最初に米イランの新たな対立の原因をつくったトランプにも責任の一端はあるといわざるを得ない。

トランプにとってソレイマニ司令官殺害をめぐる最大の誤算は、「終わりなき戦争を終わらせる」と中東地域からの米軍撤退を目標に掲げているにもかかわらず、逆に中東地域に米軍部隊の増派をしなければならなくなったことだ。トランプ政権は、ソレイマニ司令官の殺害直後、米軍部隊三五〇〇人を中東地域に増派する方針を決めた。イラン側からの反撃に備えて米軍を増強しなければいけない事態となったわけだが、米軍部隊の増派は、トランプの中東地域からの米軍撤退方針と大きな矛盾をはらむ。

米軍兵士の家族再会をサプライズ演出

「ソレイマニはイランの中で最も非道な人殺しだった」「ソレイマニは数え切れないほどの男性、女性、そして子どもたちの殺害を画策していた」

二〇二〇年二月四日夜、トランプ大統領は一般教書演説で、激しい言葉遣いでイランのソレイマニ司令官の殺害を正当化してみせた。[20]

「テロリストに対する我々のメッセージは明確だ。お前たちは米国の正義から逃れることはできない。もし我々の市民を攻撃するならば、命でつぐなってもらう！」

だが、ここで急に「我々は米国人の命を守るため、中東地域における米国の戦争を終わらせるように取り組んでいる」と話題を変え、アフガニスタン戦争の終結について話を始めた。

「戦争は、派遣された兵士たちの家族にとって大きな負担になっている。とくにノースカロライナ州フォートブラッグからお越しいただいたエイミー・ウィリアムズと二人の子どもたちのように――」と語り、ゲストとして招いた米軍兵士の妻と六歳と三歳の子どもたちを紹介した。

「エイミーの子どもたちは何カ月も父親の顔を見ていない。エイミー、あなたの家族の犠牲によって、私たちすべての家族が安全で平和に暮らすことができる。ありがとう」と語ると、拍手が起こった。

トランプはさらに言葉を続ける。

「でも、エイミー。今夜、特別なお知らせがある。あなたの夫が派遣先から帰ってくる。彼は今夜、我々と一緒にここにいる」

インタビューに応じるリチャード・アーミテージ元国務副長官〔バージニア州アーリントン、ランハム裕子撮影、2019年10月22日〕 朝日新聞社提供

トランプのアナウンスとともに、米軍兵士がエイミーら家族のもとに駆け寄り、子どもたちを抱き上げた。議場内は歓声に包まれ、共和党議員席を中心に「ＵＳＡ！ ＵＳＡ！」のコールが起きた。

一般教書演説中の米軍兵士とその家族の再会は、トランプが得意とするサプライズ演出の一環だ。自らが主導して進めているアフガニスタンからの米軍撤退でもたらされる果実を「予告編」という形で米国市民に示したといえた。

アフガニスタンにおける米軍駐留をめぐっては、G・W・ブッシュ政権で国務副長官を務めたリチャード・アーミテージも、「アフガニスタン戦争はイラク戦争とは異なり、間違いではなかった。しかし、明確な目標がないまま、半永久的に駐留を続けているのは誤りだった。私も含めて（アフガニスタン駐留の継続は）悪いアイデアだと言うだろう」と語っている。[21]

大統領選の民主党候補者であるバイデン前副大統領も、アフガニスタンからの米軍撤退に賛成だ。バイデンは、大統領に就任したならば一期目の任期中に、戦闘部隊を撤退させ、対テロ作戦の部隊だけを現地に残す考えを示している。

しかし、アフガニスタンから米軍を実際に撤退させようとすれば、反政府勢力タリバーンの勢力が拡大してアフガン政府を脅かし、アフガニスタンの治安がさらに不安定化することが懸念される。

伝統的保守主義（ペイリオコン）の代表格で、九〇年代からアメリカ・ファーストを唱えてきた保守派の重鎮であるパット・ブキャナンは、トランプの掲げる米軍撤退の方針について「米国民は基本的にトランプの非介入主義に賛成だ」と語るとともに、トランプが直面している困難にも理解を示す。[22]

「共和、民主両党のエリートたちは『シリアから米軍が撤退すればアサド政権、イラクから撤退すればＩＳ（イスラム国）、アフガニスタンから撤退すればタリバーンが米国に取って代わる』と主張している。米軍が撤退すれば、すべてが急速に悪化してしまうのかどうか、トランプも米軍撤退に伴う結果を非常に気遣っている」

ただし、トランプの場合、イラン核合意からの離脱やソレイマニ司令官の殺害に見られるように、「中東地域における戦争を終わらせる」という政策目標の実現を逆に妨げるような矛盾した行動を取り続け、結果として一貫性を欠く外交を展開している。トランプの一般教書演説はその重大な矛盾をあらわすものだ。ブキャナンも、「トランプは大統領就任前よりも、中東地域での米軍部隊を増やしてしまった。これは問題だ」と指摘する。

「今こそ米国の人々を故郷に帰すとき」

一般教書演説から一カ月も経たない二月二九日、トランプ政権はアフガニスタンの反政府勢力タリバーンとの間で、同国に駐留する一万三〇〇〇人の米軍部隊を一四カ月以内に段階的に撤退させることで合意した。

トランプは同日、ホワイトハウスで行われた記者会見で、「一九年間、いや二〇年間続こうとしていたアフガニスタンにおける米国の『終わりなき戦争』に長い間にわたって取り組んできた素晴らしい人々に、祝福の言葉を述べたい」と切り出し、こう続けた[23]。

「だれもが戦争に疲れていた。とりわけ長く悲惨な戦争だった。この戦争で命を捧げた偉大なる人々、その両親、妻、夫、家族、兄弟、姉妹――。私はこれらすべての人々を記憶にとどめたい。いまでも負傷した痛みに耐え、克服しなければいけない問題を抱えている兵士の方々にも感謝したい」

トランプは「我々はこれまでアフガニスタンでテロリストたちを殺害するという素晴らしい成

功を収めてきた」と語ったのち、こう強調した。

「しかし、今こそ我々は米国の人々を故郷に帰すときなのだ。我々は彼らを故郷に帰したいのだ」

だが、ワシントンではすでに、米国とタリバーンとの合意は、トランプの大統領選での再選に向けた選挙目当てで行われただけだ、という批判が強まっている。アフガン政府抜きで和平協議を性急に進めたという問題点も指摘されている。

米軍が撤退すればタリバーンが勢力を拡大して地域情勢が悪化し、それによって再びアフガニスタンが「テロの温床」になりかねないという指摘がある。そうなれば、米国に対するテロ攻撃が再び繰り返され、結果的に米国人が再び危険な目に遭いかねない、という懸念も出ている。

九・一一以降の対テロ戦争に疲弊した米国内の世論をつかみ、「終わりなき戦争を終わらせる」をスローガンに米軍撤退を訴えてきたトランプ。その実現には多くの困難が立ちはだかっており、さらには同盟国とのあつれきも生み出すことになる。

1——"Trump Pays Tribute to Two Soldiers Killed in Afghanistan." *VOA NEWS*. 11 February 2020. <https://www.youtube.com/watch?v=QhPS6n39y1Y> メディアにはセレモニーの撮影取材は許されているが、音声記録は許されていない。

2——The White House. "Remarks by President Trump in Cabinet Meeting." 21 October 2019. <https://www.whitehouse.gov/briefings-statements/remarks-president-trump-cabinet-meeting-15/>

3——リチャード・フォンテーヌへのインタビュー取材。二〇一九年一〇月二四日。

4—— "Most Agree With Trump's Withdrawal from 'Endless Wars.'" *Rasmussen Reports.* 9 October 2019. <https://www.rasmussenreports.com/public_content/politics/current_events/us_military/most_agree_with_trump_s_withdrawal_from_endless_wars>

5—— The White House. "Remarks by President Trump in Cabinet Meeting." 21 October 2019. <https://www.whitehouse.gov/briefings-statements/remarks-president-trump-cabinet-meeting-15/>

6—— Wenger, Jennie W., O'Connell, Caolionn and Cottrell, Linda. "Examination of Recent Deployment Experience Across the Services and Components." *RAND Corporation.* <https://www.rand.org/pubs/research_reports/RR1928.html>

7—— Crawford, Neta C. and Lutz, Catherine. "Human Cost of Post-9/11 Wars: Direct War Deaths in Major War Zones, Afghanistan and Pakistan (October 2001 – October 2019); Iraq (March 2003 – October 2019); Syria (September 2014-October 2019); Yemen (October 2002-October 2019); and Other." *COST OF WAR.* 13 November 2019. <https://watson.brown.edu/costsofwar/files/cow/imce/papers/2019/Direct%20War%20Deaths%20COW%20Estimate%20November%2013%202019%20FINAL.pdf>

8—— "Summary of War Spending, in Billions of Current Dollars FY2001-FY2020." *COST OF WAR.* 13 November 2019. <https://watson.brown.edu/costsofwar/figures/2019/budgetary-costs-post-911-wars-through-fy2020-64-trillion>

9——キャサリン・ラッツへのインタビュー取材。二〇二〇年一月一七日。

10——マシュー・ホーへのインタビュー取材。二〇一九年一〇月三〇日。

11—— Hosek, James. *How Is Deployment to Iraq and Afghanistan Affecting U.S. Service Members and Their Families?* (Santa Monica, CA: RAND Corporation, 2011). p.14. <https://www.rand.org/pubs/occasional_papers/OP316.html>

12—— U.S. Department of Veterans Affairs. "PTSD in Iraq and Afghanistan Veterans." <https://www.publichealth.va.gov/epidemiology/studies/new-generation/ptsd.asp>

13—— Igielnik, Ruth and Parker, Kim. "Majorities of U.S. veterans, public say the wars in Iraq and Afghanistan were not worth fighting." *Pew Research Center.* 10 July 2019. <https://www.pewresearch.org/fact-tank/2019/07/10/majorities-of-u-s-veterans-public-say-the-wars-in-iraq-and-afghanistan-were-not-worth-fighting/>

14——ローレンス・ウィルカーソンへのインタビュー取材。二〇一九年一一月一九日。

15—— Pidd, Helen. "Curveball deserves permanent exile for WMD lies, say Iraq politicians." *The Guardian.* 16 February 2011.

<https://www.theguardian.com/world/2011/feb/16/curveball-exile-wmd-lies-iraq-politicians>
16――佐々木卓也（編）『戦後アメリカ外交史（第3版）』有斐閣アルマ、二〇一八年、一二頁。
17――アンドルー・ベイスビッチへのインタビュー取材。二〇二〇年一月二〇日。
18――Piper, Kelsey. "George Soros and Charles Koch team up for a common cause: an end to 'endless war.'" *VOX*. 1 July 2019. <https://www.vox.com/2019/7/1/20677441/soros-koch-end-interventionist-wars-military>
19――The White House. "Remarks by President Trump on Iran." 8 January 2020. <https://www.whitehouse.gov/briefings-statements/remarks-president-trump-iran/>
20――The White House. "Remarks by President Trump in State of the Union Address." 4 February 2020. <https://www.whitehouse.gov/briefings-statements/remarks-president-trump-state-union-address-3/>
21――リチャード・アーミテージへのインタビュー取材。二〇一九年一〇月二二日。
22――パット・ブキャナンへのインタビュー取材。二〇二〇年二月五日。
23――The White House. "Remarks by President Trump, Vice President Pence, and Members of the Coronavirus Task Force in Press Conference." 29 February 2020. <https://www.whitehouse.gov/briefings-statements/remarks-president-trump-vice-president-pence-members-coronavirus-task-force-press-conference-2/>

第四章

揺らぐ同盟——究極の取引至上主義

同盟重視派マティスとの対立

二〇一七年七月二〇日、トランプ大統領を乗せた大統領専用車と警護車両の長い車列がポトマック川を越え、首都ワシントンの隣州バージニアの国防総省（ペンタゴン）の建物へと向かっていた。就任後初めてとなるペンタゴンでのブリーフィングを受けるためである。

ペンタゴンでトランプを待っていたのは、マティス国防長官だった。

マティスは二〇一七年一月、トランプ政権の発足とともに国防長官に就任した。一九九一年の湾岸戦争では第七海兵連隊第一大隊を率い、二〇〇一年のアフガニスタン戦争ではタスクフォース五八を指揮し、〇三年のイラク戦争では第一海兵師団長と、常に最前線で指揮をとってきた経歴をもつ元海兵隊大将である。勇敢に戦場で戦うという意味で「狂犬」と呼ばれ、七〇〇〇冊の蔵書があり、独身で仕事に打ち込む姿から「戦う修道士」という異名をもち、米軍内部で尊敬を集めている人物でもあった。中東地域を管轄する中央軍司令官時代にオバマ政権のイラン政策をめぐって対立し、二〇一三年に退役した。そんなマティスに対するトランプの信頼は厚く、マティスがトランプ政権の閣僚として初めて来日する際、トランプは事前に安倍晋三首相に電話し、「彼は専門家で信頼している」とわざわざ伝えたほどだ。

マティスの側近で、チーフ・スピーチライターを務めたガイ・スノッドグラスによれば、七月二〇日のペンタゴンでのブリーフィングをめぐっては、マティスにはある狙いがあったという。

それは、トランプに米国の同盟国の重要性を理解してもらうことだった。[1]

トランプは大統領選期間中、在韓米軍や在日米軍の撤退をちらつかせ、北大西洋条約機構（NATO）についても「時代遅れ」と批判し、同盟軽視の発言を続けてきた。就任会見においても、「自国の軍隊の悲しむべき疲弊を許しておきながら、他国の軍を援助してきた」と述べるなど、米国による同盟国の防衛の必要性に強い疑念を示していた。

マティスは、安全保障問題を通じて同盟国と連携を積み重ねてきた同盟重視派でもある。米国は同盟国や友好国の防衛を約束する代わりに、米軍を海外基地に駐留させる前方展開戦略をとることで、唯一の超大国としての米国の覇権が支えられているという仕組みをよく理解していた。

そのマティスにとってみれば、トランプの一連の同盟軽視の言動は、こうした米国と同盟国の相互依存の関係をきちんと理解していない固定観念に基づくものといえた。トランプがペンタゴンでブリーフィングを受けるこの日は、米国と同盟国をめぐる正確な情報を提供する絶好の機会だった。

会議に出席したスノッドグラスは、トランプの会議中の言動を詳細に覚えている。

マティスが海外駐留米軍の状況を説明する間、トランプはしかめ面をしながら手元の紙をいじっていたが、在沖海兵隊のグアム移転に話が及ぶと、「一体だれがグアムに移転させる経費を支払うのだ」と激怒した様子で問いただした。

一瞬沈黙が支配したのち、トランプは「我々の貿易協定は犯罪的だ」「日本と韓国は米国を利用している」と怒鳴ったという。さらに、「日本、ドイツ、韓国……。米国の同盟国はこのテーブルにいるだれよりもコストがかかる！」と強調したという。

マティスの狙いは失敗に終わった。

スノッドグラスはこう振り返る。

「マティスは海兵隊時代から国防長官就任後も一貫して同盟国を支援する考えを明確に示してきた。一方、トランプは同盟国が重要だという説明を聞きたいと思っていなかった。単純にマティスらに『我々は同盟国にもっとカネを要求します』と言ってほしかったわけだ」

それでもマティスは、トランプの言動に不安を覚える同盟国側を安心させようとその後も努力を続けた。

マティスは、海外向けの大統領演説で同盟国重視の言及がない場合にはスノッドグラスを通じて同盟国重視のメッセージを追加させたり、二〇一八年六月にシンガポールで行われた米朝首脳会談でトランプが唐突に米韓合同軍事演習の中止を発表した際、日本の小野寺五典防衛相と電話で協議し、「日米演習には一切影響がない」と動揺を抑えようとしたりしたという。

マティスはスノッドグラスに対し、「アメリカ・ファースト（米国第一）は決してアメリカ・アローン（米国孤立）を意味するものではない」と常々強調していたという。

とはいえ、そもそも米国の利益だけを最優先に考えて即興的な判断を繰り返すトランプと、元米軍高級幹部で同盟重視を訴えるマティスとでは、その考え方に大きな隔たりがあった。トランプは次第にマティスのことを疎んじるようになり、トランスジェンダーの米軍入隊の実質的な禁止、「宇宙軍」創設、メキシコとの国境への米軍派遣など、マティスの頭越しに次々と重要な安全保障政策を決めていった。

さらに、マティスが政権内でタッグを組んでいた国際協調派のティラーソン国務長官が二〇一八年三月に解任され、マティスも厳しい立場に追い込まれていくことになる。

スノッドグラスは「トランプはこの時期になると自分の能力に自信をもち、マティスら専門家たちを外に追い出しやすくなったのだろう」と語る。

「同盟国に敬意を払うべき」

トランプとマティスの対立が決定的になったのが、シリアからの米軍撤退だった。

米国は、過激派組織「イスラム国」(IS)の掃討作戦を展開するため、シリアに約二〇〇〇人の地上部隊を派遣し、反アサド政権の立場をとる少数民族クルド人を中心とする武装組織を支援してきた。一方、トランプは二〇一六年大統領選の時から中東地域からの米軍撤退を主張しており、シリアからの米軍撤退はアフガニスタンからの撤退と並び、こだわりの政策の一つだった。

一方、マティスは撤退に反対だった。

米軍が撤退すれば、米軍と一緒に戦ってきた戦略的同盟関係にあるクルド人武装勢力が、敵対するトルコに攻撃されるおそれがあると強く懸念していたからだ。

米国防総省で行われた式典で演説するマティス国防長官〔バージニア州アーリントン、ランハム裕子撮影、2018年9月21日〕　朝日新聞社提供

　しかし、トランプは二〇一八年一二月一九日午前、自身のツイッターに「我々はシリアでISに勝利した。トランプ政権が米軍をシリアに駐留させる唯一の理由だった」と投稿。ホワイトハウスのサンダース報道官も同日、声明で「作戦を次の段階に移すため、米軍の部隊を本国に帰すことを始めた」と述べ、米軍撤退を開始したことを明らかにした。

　翌二〇日、マティスは辞任する意向を表明した。トランプに対して米軍のシリア撤退に反対する意向を伝えたが、受け入れられなかったからだ。

　ただし、側近のスノッドグラスによれば、マティスはその前から辞任する意向を固めていたという。

　きっかけは、二〇一八年七月のNATO首脳会議にさかのぼる。トランプはこの会議で、加盟国が国防費の国内総生産（GDP）比二%の目標を達成する時期について「二四年まで」と米側も事前に合意していたにもかかわらず、突如「一九年一月」に前倒しするよう主張。達成しなければ「独自の行動をする」と、NATOからの離脱までちらつかせた。

スノッドグラスは「トランプが同盟国に対して国防費の増額を強硬に要求し、マティスに不意打ちを食らわせたことが大きい。マティスは当時、同盟国の不安をぬぐおうとしていたが、もはや大統領のために語ることができなくなったと感じた」と語る。

スノッドグラスによれば、マティスは二〇一八年夏、ケリー大統領首席補佐官と会談したとき、すでに辞任する覚悟を決めていたという。しかし、「トランプがシリアから米軍を撤退させたがっていたため、マティスは『同盟相手であるクルド人勢力を見捨てることはできない』と考え、辞任を先延ばししていた」という。

マティスは辞任を表明した同じ日、トランプに提出した辞表を公表した。[2]

「米国の国家としての強みは、同盟やパートナーシップという米国独自の包括的なシステムと強く結びついていると私は常に固く信じてきた。米国は自由な世界にとって不可欠な国であるけれども、強力な同盟を維持し同盟国に対して敬意を示さない限り、自国の国益を守ることはできないし、効果的な役割を果たすこともできない」

「私が同盟国に対して敬意を払い、悪意のある国や戦略的な競争国に対しては事実を直視するべきだと考えているのは、（私が）四〇年以上にわたってこれらの問題に集中的に取り組んできたからだ。我々の安全保障、繁栄、価値観にとって最も重要な国際秩序を発展させるために、我々はできることをすべてやらなければいけない。米国は同盟国との結束のもとでこうした努力をすることで強くなるのだ」

そして、こうつづった。

「あなたは様々な課題について自分の見解にあった国防長官を選ぶ権利をもっている。ゆえに私は辞任するべきだと考えている」

トランプは一二月二二日、自身のツイッターで、「オバマ大統領が不名誉にもマティスを解雇した際、私は彼に二度目のチャンスを与えた。反対する人もいた。同盟国は確かに重要だが、米国が利用されているときは、そうではない」とマティスの主張に反論した。さらに、翌二三日には、マティスの後任として、パトリック・シャナハン国防副長官を長官代行に就任させることをツイッターで発表し、マティスの退任日を当初予定されていた二〇一九年二月末から一月一日に早めることを明らかにした。

トランプはこれまでマティスの米軍内での影響力をおそれて、マティスに対しては表立った批判を控えてきた。しかし、最後は退任予定日を前倒しすることでマティスの更迭色を印象づけた格好であり、明らかな報復措置だった。年明けの一月二日の閣議で、トランプは「オバマ大統領がマティスをクビにしたように、私も本質的には同じことをした」と強調した。[3]

「米国はシリアから七〇〇〇マイル離れている」

最大の障害となっていたマティス国防長官がいなくなったことで、トランプ大統領は米軍のシリアからの撤退に向けて動きを加速させた。

トランプは二〇一九年一〇月六日、トルコのエルドアン大統領と電話で協議。その後、ホワイトハウスは突然、シリア北部に駐留する米軍部隊を撤退させ、少数民族クルド人勢力の排除を目指すトルコの越境軍事作戦に米軍は関与しない意向を表明した。翌七日、トランプは「今こそ終わりなきバカげた戦争から抜け出すときだ！」とツイートした。

中東地域からの米軍撤退は、トランプの掲げるアメリカ・ファーストに沿った政策である。しかし、米軍のシリアからの撤退は、ワシントンの外交安保関係者の間で深刻に受け止められた。米軍のシリア撤退は、マティスが危惧したように、トルコによるクルド人勢力への攻撃を容認し、クルド人勢力を見捨てることにほかならなかったからだ。

米軍にとってクルド人勢力は、過激派組織「イスラム国」（ＩＳ）掃討作戦で共闘してきた友軍であり、米軍から武器や資金の供給を受けつつ、最も危険な地上作戦を担っていた。クルド人勢力の当局者は、米メディアの取材に「米国は裏切り者だ。彼らは我々を見捨てて、トルコによる虐殺にさらした」と憤った。[4]

仮に米軍のシリアからの撤退が米国の利益になると判断しても、撤退作戦を実行するうえでは、これまで米国に貢献してきたクルド人勢力の安全を確保する対応策をとることが、米国に課せられた最低限の責任といえる。しかし、トランプにそのような視点は完全に欠落していた。

トルコは二〇一九年一〇月九日、シリア北部でクルド人勢力に対する軍事作戦に踏み切った。同月一六日、米ホワイトハウスで行われたトランプとイタリア大統領との共同記者会見では、首脳会談そのものよりも米軍のシリア撤退問題に記者たちの質問が集中した。「エルドアン大統領の侵攻に青信号を出したことを後悔していないか」と記者から問われると、トランプは顔をしかめて記者の質問を途中で遮り、「私は青信号を出していない。極めて詐欺的（な質問）だ」と語気を強めた。[5]

トランプの決断には、身内である与党共和党からも批判の声があがった。今回の米軍撤退が米国の同盟諸国に及ぼす影響を強く懸念していたからだ。

トランプと対立せずに円満退任したはずのニッキー・ヘイリー前国連大使は「我々は常に米国の同盟国を支援しなければいけない。クルド人勢力を見殺しにするのは大きな誤りだ」とツイート。いつもはトランプの盟友的な存在である共和党重鎮のリンゼー・グラム上院議員（サウスカロライナ州選出）も、「クルド人を見捨てたことで、我々は『米国は信用できない同盟相手だ』という最も危険なシグナルを（国際社会に）送ったことになる。中国、ロシア、イラン、北朝鮮が危険な行動に出てくるのは時間の問題だ」と強い懸念を示した。

しかし、トランプは「米国は（シリアから）七〇〇〇マイル離れている」「彼ら（クルド人勢力）は第二次世界大戦やノルマンディー上陸作戦で我々を助けてくれなかった」「彼らは一〇〇〇年間、争い続けているのだから、戦争をさせておけばよい」などと独自の理論を展開し、批判を意に介する様子はなかった。

トランプが強気な言動を続けるのは、米国民の間に厭戦気分が広がっており、米国の世論の大半が米軍のシリア撤退を支持するだろうという自信があるからとみられる。

トランプが米軍のシリアからの撤退を打ち出した背景には、二〇二〇年の大統領選に向けた自身の再選戦略がある。

トランプは前述のイタリア大統領との記者会見でも、米軍のシリア撤退に反対したグラムの選出州の名前を挙げ、「サウスカロライナの人々は米国がNATO加盟国のトルコやシリアと戦争することを望んでいない。彼らは米軍部隊が故郷に戻ってくる姿を見たがっている」と述べ、こう付け加えた。

「だから私は選挙で勝ったのだ。賭けてもいい。私の政治的な勘だけど、それ（米軍撤退）をこの国は求めているのだ」

同盟国に広がる「見捨てられ」恐怖

クルド人勢力を「見捨てた」ことは、米国と同盟・友好関係を結ぶ世界中の国々に衝撃を与えた。

トランプは米軍を海外に駐留させる前方展開戦略を「カネの無駄遣い」だと考え、海外駐留米軍の駐留経費や国防費をめぐる同盟国の負担割合が米国よりも少なく、「不公平だ」と非難してきた。ただ、そうしたトランプの言動は「同盟軽視」ではあったが、同盟相手を見捨てる段階まで至っていなかった。

同盟には常に「巻き込まれ」と「見捨てられ」の恐怖がつきまとう。日米同盟を例に挙げれば、ベトナム戦争当時、日本国内の米軍基地からベトナムに出撃を繰り返す米国に対し、日本側にはベトナム戦争に巻き込まれるという恐怖があった。

逆に近年は尖閣諸島問題をめぐり、日本と中国の偶発的な衝突に巻き込まれるのではないかという恐怖が米国側にある。一方、日本側には、米国は同盟国として日本防衛の義務を負っているにもかかわらず、尖閣有事の際に日本を見捨てて中国とは戦わないのではないか、という恐怖心がある。

同盟関係を結んでいても相手の意図を完全に知ることはできないため、同盟国同士は常に「巻き込まれ」と「見捨てられ」の恐怖を抱えることになる。その恐怖が強まれば強まるほど、同盟相手に対する信頼は薄れて猜疑心が強まり、同盟関係は不安定化する。このため、強い同盟関係を維持するには、お互いの信頼関係を醸成し続けていくことが最も重要となる。

だが、米軍がシリアから撤退したことで、日本を含む同盟国は、米国に見捨てられるかもしれないという恐怖心を今まで以上に抱くことになった。第二次世界大戦当時に米国を助けなかったから見捨てるというトランプの理屈が通用するならば、米国と敵国だった日本にも当てはまることになる。

ある日本政府関係者は「トランプの同盟に対する評価がここまで低いのかと衝撃を受けた。我々が懸命に同盟維持を働きかけても、トランプから破棄を突きつけられる怖さがある」と語り、トランプの発言に不信感を示した。

米軍の前方展開戦略は、同盟国だけが恩恵を受ける仕組みではない。米国は同盟国を守ると同時に、同盟国を防波堤・前線にすることで米国本土を守ることができるのである。さらには、世界各地の同盟国との強固な結びつきに支えられた圧倒的な軍事力を背景にして米国は覇権を維持し、経済的な繁栄を享受している側面がある。

しかし、日本政府内には「ワシントンの良識派の人々は同盟国の重要性を分かっているだろうが、トランプは全く理解していないだろう」（外務防衛当局者）との見方がある。

米シンクタンク・新アメリカ安全保障センター（CNAS）のリチャード・フォンテーヌ会長は「クルド人を見捨てたことで米国への信頼に疑問符がつき、日韓を含め世界中の同盟が揺らぐ恐れがある」と危惧した。[6]

加速する「同盟国叩き」

二〇一九年六月に大阪で開催された主要二〇カ国・地域首脳会議（G20サミット）は、さながらトランプによる「同盟国叩き」の様相を呈した。

米国出発前の六月二六日、米FOXビジネスのインタビューで、「日本が攻撃されれば、米国は第三次世界大戦を戦う。でも我々が攻撃されても、日本は我々を助ける必要がない。彼らにできるのは攻撃をソニーのテレビで見ることだ」と主張。今度は矛先をドイツに向け、NATOの国防費負担をめぐって「ドイツは払うべき（国防費の）額を払っていない」と非難した。日独とはいずれもG20の機会を利用した首脳会談が予定されていた。

さらに出発直前にも、ホワイトハウスのサウス・ローン（南庭）で報道陣に対し、「我々は多くの国々と会談する。米国はこれまでずっとどの国からもだまし取られてきたが、もはやこれ以上我々はだまし取られない」と宣言した。[7]

大阪に到着すると早速、オーストラリアのモリソン首相との会談の冒頭で記者団から「アメリカ・ファーストは、多くの同盟国からすれば『アメリカ・アローン』（米国孤立）に見える」と質問されると、「我々は同盟国の面倒をみている」と反論。「私は同盟国との間の巨額の貿易赤字を引き継いでいるうえ、我々は同盟国の軍隊を手助けさえしている」と不満を表明した。[8]

さらには、G20サミット閉幕後の記者会見では、日米同盟の核心である日米安保条約について「不公平な条約だ」と踏み込んだ。[9]

これまでトランプのブレーキ役を果たそうとしていた国際協調派のティラーソン国務長官や同盟重視派のマティス国防長官らはおらず、トランプは自身の言動をますます先鋭化させていた。同盟国に対して安全保障をめぐる負担が「不公平だ」と非難し、返す刀で貿易問題の妥協を迫るというのがお定まりのパターンである。

一方、トランプは米国の競争国であるロシアや中国をはじめ、北朝鮮といった強権国家の指導者と会えば、「我々はとても良い関係だ」と持ち上げる。

トランプは、一九八九年公開の映画「バック・トゥ・ザ・フューチャー　PART2」に登場する悪役ビフのモデルとして知られている。トランプは政敵にあだ名をつけて攻撃するのが得意で、不法移民などの社会的な弱者には容赦のない発言を繰り返す。「同盟国たたき」も、悪役のビフが子分たちに「だれがおまえたちを守っているのか。もっとカネを出せ」と用心棒代を迫っているようにみえる。G・W・ブッシュ政権で国務副長官だったリチャード・アーミテージは「米軍兵士は、アメリカ独立戦争時のヘシアン（英国軍に従軍したドイツ人傭兵）ではない。彼らはそのように扱われることを望んでいない」と語り、トランプが日韓両国に米軍駐留経費負担を大幅要求する態度を嘆いた。[10]

トランプはドイツに対しても、NATO加盟国の目標である国防費のGDP比二％を達成できていないと繰り返し非難。二〇二〇年六月には、在独米軍三万四五〇〇人を二万五〇〇〇人規模に削減する方針を発表し、「米国はドイツを守っているが、ドイツは義務を履行していない」と強い不満を表明した。[11]

米国の覇権は、世界展開する米国の軍事力と密接に結びついている。米国の軍事力は時に中国やロシアといった競争国よりも、同盟国に対してよりレバレッジ（テコの原理）が効くことがある。同盟国は米国の軍事力に深く依存しているため、米国が自分たち同盟国の防衛に疑念を示すような言動をとれば、米国の要求にひざを屈せざるをえない。つまり、同盟国との間でひとたび貿易紛争が起これば、米国は構造的に強い立場にあるのだ。

ディールを得意だと考えるトランプは、米国と同盟国とのこの政治力学をよく理解しているとみられる。

ただし、元ホワイトハウス当局者は「歴代の米政権は、安全保障と貿易問題を表立って結びつけることをタブー視してきた」と語る。米国が「身内」であるはずの同盟国に軍事力を絡めた圧力を露骨にかければ、同盟国側に米国に対する不信感が生まれ、同盟関係そのものが弱体化する恐れがあるからだ。

「韓国は扶養家族ではない」

トランプ大統領が同盟国の中でも主要な標的としているのが、日本、ドイツ、韓国である。この三カ国の中でとくに激しい攻撃を受けてきたのが韓国だ。

トランプは米韓の貿易問題をめぐり、米韓自由貿易協定（ＦＴＡ）を「ひどい取引だ」と破棄をちらつかせて再交渉に持ち込み、乗用車の輸出入などに関して米国に有利な新たなＦＴＡを結んだ。一方、安全保障問題では、北朝鮮の金正恩朝鮮労働党委員長と親密な関係を誇示し、米韓合同軍事演習については「馬鹿げたうえに高価な演習」と批判を繰り返して、中止や縮小を決めた。トランプは在韓米軍の縮小・撤退を持論とするため、それを危惧した米議会側が、国防権限法に在韓米軍の兵力数を二万二〇〇〇人以下に縮小することを禁ずる規定を盛り込んだほどである。

米メディアによれば、トランプは二〇一九年八月九日、ニューヨークで開かれた選挙資金パーティーで演説し、韓国はテレビなどの製造で経済的に繁栄していると強調したうえで、「なぜ我々が韓国の国防費を払わなければいけないのか。彼らが支払うべきだ」と訴え、韓国の文在寅大統領がトランプの厳しい交渉姿勢にいかに屈したかを説明するときに、文大統領の韓国語なまりの英語を披露してからかったという。[12]

韓国がいま直面している最大の問題は、二〇二〇年の在韓米軍駐留経費負担をめぐる米韓協議である。米国側は当初、韓国に対して現在の負担額の五倍以上となる約五〇億ドルを要求し、韓国側は「とても受け入れることはできない」（韓国政府当局者）と強く反発。本来であれば二〇一九年末までに決定しなければいけないにもかかわらず、協議は難航し続けている。複数の米韓政府関係者によると、米国側は韓国人従業員や施設関連費など、以前から韓国側が負担してきた枠組みに加え、戦略爆撃機を朝鮮半島に巡回飛行させる演習経費なども支出するよう要求しているという。

韓国への強硬な要求は、トランプ大統領の直接的な指示によるものだ。グアムから朝鮮半島への戦略爆撃機の巡回飛行にかかわる経費についても「とても高い」と不満を述べていた。[13]

米国と韓国は朝鮮戦争やベトナム戦争などで一緒に戦ってきたことから、「血でつくられた同盟」と言われるほど強い結びつきをもっていた。ところが、いまではポンペオ国務長官とエスパー国防長官が米紙ウォール・ストリート・ジャーナル（ＷＳＪ）に連名で「韓国は同盟国であり、扶養家族ではない」と題した意見記事を寄稿し、韓国側に在韓米軍駐留経費の負担増を迫る事態となった。[14]

二〇二〇年四月一日になっても同年以降の金額について合意に至らず、在韓米軍に勤務する韓国人従業員の一部が無給休職となった。それでもトランプは、現在続いている交渉で韓国側の提案を拒否したことを明らかにしたうえで、「我々は極めて裕福な国を防衛している。韓国は極めて裕福な国だ。彼らはテレビでもなんでも製造している。米韓関係は素晴らしい。しかし、全く公平な関係ではない」とまくしたてた。[15]

ある韓国政府当局者はトランプ政権の苛烈な要求に対し、「政権内では米国を信頼し続けていて大丈夫かという疑念が生まれている」と打ち明ける。

米韓同盟は日米同盟と並び、東アジアにおける米国の安全保障体制を形づくる柱の一つである。その米韓同盟が不安定化すれば、米国の覇権も揺らぐことになる。

米国は日本に対しても、在日米軍駐留経費負担の大幅増を要求している。あとで詳しく触れるが、ボルトン前大統領補佐官（国家安全保障担当）は二〇一九年七月に訪日して谷内《やち》正太郎国家安全保障局長と会談した際、トランプが日本側に年間八〇億ドルの負担を支払うよう求めていることを説明した、と回想録で明らかにした。ボルトンによれば、米側は現在の日本側の負担額を二五億ドルと算出しており、米側の新たな要求はこれの三・二倍となる。[16]

八〇年代から「ウィン・ルーズ」の世界観

トランプ大統領は二〇一六年の大統領選中から、「米国は他国からだまし取られてきた」と米国の同盟国や友好国に対する批判を展開してきた。

実はトランプは、ニューヨークの不動産王として知られていた一九八〇年代から、一貫してこの主張を繰り返している。

「米外交政策の問題点は、もっと強い姿勢を示せば解決できる」

一九八七年九月、ニューヨーク・タイムズ、ワシントン・ポスト、ボストン・グローブの三紙にこんな大見出しの全面広告が載った。[17] トランプが九万五〇〇〇ドルを個人で支出した公開書簡で、「自分たちで防衛する余裕のある他国の防衛のために、米国がお金を支払うことをやめるべき理由」と銘打たれていた。

トランプが公開書簡で名指しして攻撃を繰り返したのが、当時バブル経済で好景気にわき、米国から経済的な脅威とみられた日本である。

「日本やその他の国々は数十年間、米国を利用し続けてきた」と切り出し、「日本やその他の国々は完全に扶養家族だ。なぜこれらの国々は米国に対して金を支払わないのか？　米国はこれらの国々の利益を守るため、人の命や数十億ドルを失っている」と批判。米国が中東のペルシャ湾で米国には関係のない同盟国向けの石油タンカーを防衛していることで「米国の政治家たちは世界中から笑われている」と自嘲気味に語り、日本は米国に防衛を肩代わりさせて巨額の防衛費を支出しなかったことで経済発展を遂げてきた、と指摘した。

トランプは「いまこそ、日本やその他の国々に支払わせて（米国の）巨額の赤字を終わりにするときだ」と指摘し、こう強調した。

「米国が日本、サウジアラビア、その他の国々を同盟国として防衛しているわけだから、彼らにその費用を払わせろ」

同盟国は自分たちで防衛できるほど「裕福な国」であるにもかかわらず、米国は利用されて無駄な支出をさせられ続けて損をしている。米国は同盟国に対してもっとお金を支払うように要求し、長年の損失を取り戻さなければいけない――。これがトランプの終始一貫した同盟国に対する考え方である。

米国の外交安全保障問題に詳しいケイトー研究所のトレバー・スロール上級研究員は「トランプはものごとのすべてを『ゼロサムゲーム（誰かが勝てば、誰かが負ける）』だととらえている取引至上主義者だ」と語る。[18] 例えば、本来であれば貿易問題は「ウィン・ウィン（両者が勝つ）」の関係を目指さなければいけないにもかかわらず、トランプは「ウィン・ルーズ（勝つか、負けるか）」の関係だととらえているという。

「彼にとって取引とは相手から盗むことであり、もし盗んでいなければそれは盗まれたということを意味するわけだ」

トランプは、こうした「ウィン・ルーズ」の関係を安全保障問題における同盟関係にもあててはめて考えているという。

「トランプは同盟関係においても、『ウィン・ウィン』の関係は成りたたないと考えている。だから彼は米国が同盟国にだまされていると考え、同盟国にもっとカネを払えと要求している。彼が最も重視しているのはカネなのだ」

仲間はずれのトランプ

トランプ大統領は二〇一九年一二月四日、NATOの創立七〇周年を記念する首脳会議に出席するため、ロンドンを訪問していた。ドイツのメルケル首相との会談の冒頭、記者から「カナダのトルドー首相が昨夜あなたについて話していた映像を見たか」と問われると、トランプは不愉快そうな顔をしてこう語った。

「彼（トルドー首相）は二枚舌だ[19]」

トランプを怒らせた映像とは、次のような内容である。[20]

前日の三日夜、ロンドンのバッキンガム宮殿で開催されたNATO創立七〇周年記念行事で、カナダのトルドー首相、英国のジョンソン首相、フランスのマクロン大統領らがグラスを片手に雑談している場面で、ジョンソンがマクロンに「なぜ遅刻したのか？」と尋ねたところ、トルドーが「『彼』が会談の冒頭で四〇分間、記者会見したからだ」と説明。さらにトルドーは、「『彼』のチームを見ていたら、（びっくりして）口をあんぐり開けていたよ」と身ぶり手ぶりをつかっておかしそうに話していた。

トルドーは「彼」の名前を言わなかったが、明らかにトランプを指していた。トランプはこの日、トルドー、マクロンとそれぞれ会談したが、三〇分以上にわたって記者団の前でしゃべり続けていたからだ。

ただ、このエピソードはトランプに対し、各国首脳らが表面上はうやうやしく接しているにもかかわらず、陰で物笑いの種にしていた、という話で済む問題ではない。トランプに対するNATO主要国側の不信をみてとることができるからだ。

トランプは大統領選中にNATOを「時代遅れ」と批判し、就任後は加盟国に対して一貫して国防費の増額を迫り続けている。NATOは二〇二四年までに加盟国の国防費をGDP比二％に引き上げる目標を掲げるが、現在は加盟国二九カ国中、達成した国は米英など九カ国に過ぎない。米国は三・四％と国防費の支出額がとくに高く、トランプには「不公平だ」という不満がある。今回の一連の会談でも、一％台前半のドイツとカナダを名指しして増額を要求するとともに、増額に応じない国には「貿易面で何かしなければならない」と通商政策を使った圧力にまで言及した。ただし、トランプの関心は金銭負担ばかりに集中し、ロシアの脅威にどう向き合うかなど、同盟としてのNATOの役割の重要性を理解しようとしない。フランスなど主要国は不満を募らせ、米国との間にすきま風が吹いていた。

トランプはトルドーの発言に、「彼（トルドー）は二％を払っていないという事実を私から指摘されたので、ハッピーじゃなかったからだ」などと語り、「彼はもっと払うべきだ」と繰り返した。

トランプはまた、「今日の会議が終わり、ワシントンに帰る。我々はこの二日間、たくさん（会見を）やったので、閉幕の記者会見は行わない」とツイートし、午後に予定していた記者会見をキャンセルしてしまった。

それでもトランプが予定通りに現地で開催したのが、目標のGDP比二％を上回った国の指導者らだけを招待した「『二％たち』のワーキングランチ」と名づけた会合だった。

招待されたのは、ブルガリア、ギリシャ、英国、エストニア、ルーマニア、リトアニア、ラトビア、ポーランドの八カ国。トランプは各国指導者を前に、「彼らは二％を達成した。まさに米国に敬意を払っているサインだ」と述べ、「このランチは私のおごりだ」と語った。[21]

米国の人気風刺ニュース番組「ザ・デイリー・ショー」で司会を務めるコメディアンのトレバー・ノアはトランプをこう皮肉った。

「ルーマニア、リトアニア、ラトビア……。一体何が起きたんだ？　まるで人気のある子どもグループから仲間はずれにされ、負け犬たちのテーブルで食べているみたいだ[22]」

ＮＡＴＯ創立七〇周年を記念する首脳会議は、本来リーダー役を期待されているはずの米国の孤立を逆に印象づける結果となった。

中ロ、共同警戒監視活動で揺さぶり

二〇一九年七月下旬、ワシントンに衝撃が走った。米国の同盟国である日韓両国の防空識別圏が重なり合う東シナ海や日本海上空に中国機とロシア機が進入し、初の共同警戒監視活動を行ったからだ。

中ロは米国の「競争国」であり、軍事的に激しく競り合う相手である。ワシントンの外交安保関係者らは、中ロが日韓対立の隙を突き、日米韓の防衛協力の揺らぎを観察する試みとして行ったと受け止めた。

東アジアの安全保障問題に詳しい米外交問題評議会のシーラ・スミス上級研究員は「中ロは、日韓の緊張関係と米国の同盟国体制の弱体化につけこもうと待ち構えている。我々は中ロの準備態勢を過小評価してはいけない」と警告する。[23]

米政府もこの動きに対抗してメッセージを発した。事態を放置すれば、日米韓の安全保障体制に中ロが侵食するのを黙認することになりかねないからだ。

ナッパー国務副次官補（日韓担当）は二〇一九年八月初旬、ワシントンでの講演でこの問題について自ら切り出し、「(中ロが) 日米韓三カ国の間にくさびを打つようなことがこれ以上あってはいけない」と警告。さらに日韓に対し、「米国は日韓がお互いの関係改善を図る責任があると考えている」と注文をつけた。

米政府は日韓関係の悪化にこれまでも繰り返し「深い憂慮の念」を表明し、水面下で関係改善を働きかけてきた。米国を突き動かしたのは、韓国側が七月に入り、日本の対韓輸出規制に対抗し、日韓の軍事情報包括保護協定（ＧＳＯＭＩＡ）の再検討に言及し始めたことだ。

日韓ＧＳＯＭＩＡは、日韓両国の軍事上の機密情報を共有する仕組みであるとともに、米国を中心とする日米韓安全保障体制の柱の一つでもある。

日米韓安全保障体制は日米韓の三角構造で成り立っている。日米、米韓はそれぞれ同盟関係にあり、強固な結びつきがある一方、日韓は同盟関係にないため、両国間の結びつきは弱い。そこで日韓にＧＳＯＭＩＡを導入することで両国の軍事的な協力関係を補強し、日米韓安全保障体制を強化するという狙いがあった。このため、日韓ＧＳＯＭＩＡは米側の尽力でまとまった経緯がある。

複数の日米関係筋によれば、米側は韓国のＧＳＯＭＩＡ離脱を防ぐため、日本側に輸出優遇対象国のリストから韓国を外す発表を延期するように要請した。米国の政府高官によれば、米国政府は日韓にお互いの報復行為の中止を求める「休戦協定」を進めようとしていた。

しかし、日本側は冷ややかだった。

日本政府関係者は「慰安婦や徴用工問題でさんざん日本が韓国からやられていたときは何もせず、急に今になって介入してきても遅すぎる。韓国が『休戦協定』を実行する担保も取っておらず、つたない提案だった」と振り返る。

日本が米国政府の要請を受け入れなかった最大の理由は、米国政権トップのトランプ大統領に日韓の関係改善に向けた強い意思が見えなかったためだ。トランプは七月中旬、韓国の文在寅大統領から直接の関与を頼まれたことを明らかにしたが、「日韓両国首脳の要請があれば」という条件をつけ、慎重姿勢を示した。見方によっては、安倍晋三首相に対決姿勢を続けてよいという「お墨付き」を与えたとも受け取れる。その後、日本は予定通り韓国を輸出優遇対象国から除外し、米国政府の「休戦協定」調停は不発に終わった。韓国は、日本への報復措置としてGSOMIA破棄の決断をする事態に陥った。

日韓は歴史認識という解決困難な問題を抱えており、歴代の大統領は陰に陽に両国の橋渡し役を担ってきた。二〇一四年、オバマ大統領は安倍首相と韓国の朴槿恵大統領の初会談を仲介し、慰安婦問題の日韓合意を後押しした。ある日米外交関係者は、オバマ政権時代はホワイトハウスや国務省が一体となった日韓両国への働きかけがあったと回想する。

しかし、アメリカ・ファーストを掲げるトランプは全く異なる。最大の関心は、同盟国同士の団結ではなく、相手国からいかにお金を多く支払わせる取引（ディール）をまとめることができるかという点にある。

そんなトランプが好む手法は、二国間交渉である。交渉相手が束になってかかってくるのを避け、個別に撃破できるからだ。トランプは日韓両国に米軍駐留経費の大幅な負担増を要求しており、日韓が分断されている方がむしろ好都合ともいえる。

日韓GSOMIAはその後、失効日前日の一一月二二日、韓国が破棄の決定を覆して一転して継続することを決め、かろうじて最悪の事態は免れた。だが、日韓の冷えきった関係は続いており、日米韓の安全保障体制は大きく揺らいだままだ。

米国の歴代政権には、アジア太平洋地域における米国の覇権を支えてきたのは、日米同盟と米韓同盟を土台とした日米韓の安全保障体制であるという認識があった。朝鮮戦争（一九五〇～五三年）をきっかけに朝鮮半島有事の際に前線で戦う米韓同盟、後方支援を行う日米同盟という役割分担の想定のもと、日米韓の安全保障体制は築かれてきた。いまでは北朝鮮が核ミサイル能力を飛躍的に高め、中国が米国の覇権に挑戦するほど軍事的なプレゼンスを高めている中、日米韓の安全保障体制の重要性はますます増している。

しかし、今回のGSOMIA破棄をめぐる騒動で米国は、同盟国同士の争いを調停する力が弱まっていることをさらけだし、権威は大きく傷ついた。同盟軽視を続けるトランプのもと、同盟諸国との関係を背景に築いてきた米国の覇権に陰りが見え始めたともいえる。

ジェームズ・ショフ元国防総省東アジア政策上級顧問（米カーネギー国際平和財団上級研究員）は今後の米政権の取り組みとして、日韓のこれ以上の関係悪化を防ぐ努力を続けることと、日米韓の安全保障体制を守る仕組みをつくることを提案する。[24] 具体的には高官レベルの三カ国協議を開催して対話を促進し、日米韓の軍事演習を実施することで安全保障協力を強化することが重要だと指摘する。

ショフは「米国が中国に焦点を合わせなければいけないとき、日韓が（勝ち負けをはっきりさせる）ゼロサムゲームを演じているのは米国にとって最悪のシナリオだ」と語る。

「米国はもっと早く対応できた」

今回の日韓ＧＳＯＭＩＡ失効回避をめぐって、米国政府は失効期限が近づくと、相次いで政府高官を日韓両国に派遣して説得にあたった。米国政府の当局者は「日韓の対話を促進することで、韓国がＧＳＯＭＩＡ破棄を思いとどまるようにあらゆるレベルで働きかけた」と説明する。

ただ、Ｇ・Ｗ・ブッシュ政権で国家安全保障会議（ＮＳＣ）アジア部長を務めたビクター・チャは、失効回避を「歓迎すべきだ」としつつも、「日韓関係が悪化する中、トランプ政権は『不在』だったと思う。もっと早く対応すべきだったし、対応できたと思う」と指摘する。[25] 日韓の関係悪化のそもそもの発端は慰安婦や徴用工の問題だったが、トランプ政権はこれらを自分たち米国が優先的に取り組むべき課題とみなしてこなかったことに問題がある、と語る。

日米韓安保体制の理論家であり実践者でもあったチャは、「米国はこれまで日韓関係の悪化を防ぐために、陰ながら重要な役割を果たしてきた」と指摘する。

例えば、チャがホワイトハウスで働いていた二〇〇六年四月、日本政府が竹島周辺に測量船を派遣しようとし、激しく反発した韓国の盧武鉉政権が警備艇を派遣。日韓両国は一触即発の事態となった。

チャは「両国間の衝突を望まなかった我々がそれぞれに『とにかくやめなさい』と伝えたとこ

ろ、日本は測量船派遣を取りやめた。小さなことだが、こうした役割を米国は演じることができる」と語る。

日韓関係の悪化をめぐり、チャはトランプ政権の対応が遅れた理由について、①トランプが北朝鮮の非核化をめぐる米朝交渉ばかりに関心を払ってきたこと、②トランプが日米韓の同盟関係を全く気にかけておらず、メンテナンスを怠ってきたこと——を挙げ、「日韓への米軍駐留経費負担の大幅増額要求の考えも、トランプにとってお金だけが大切であり、同盟関係を軽視していることから来ている」と語る。

一方、経済的な覇権国として台頭してきた中国に対しては多くの国が不快感をもっているのも事実だと指摘したうえで、「米国が再び同盟重視の政策をとれば、NATOであれ、韓国であれ、日本であれ、同盟関係を再活性化できるはずだ」と語り、将来の政策転換に望みをつなぐ。

「しかし……」と、チャは最後に言葉を継いだ。

「トランプの興味がこれからも北朝鮮ばかりに集中し、北朝鮮との取引材料に同盟関係を使うようならば、事態は悪化の一途をたどるだろう。また、中国との貿易戦争の激化が進み、同盟国は米国につくのか、それとも中国につくのか、という選択を迫られる事態になっていけば、米国と同盟国との関係はさらに危ういものになるだろう」

1——ガイ・スノッドグラスへのインタビュー取材。二〇一九年一一月二一日。

2——“READ: James Mattis' resignation letter.” *CNN.* 21 December 2018. <https://www.cnn.com/2018/12/20/politics/james-mattis-resignation-letter-doc/index.html>

3——The White House. “Remarks by President Trump in Cabinet Meeting.” 2 January 2019. <https://www.whitehouse.gov/briefings-statements/remarks-president-trump-cabinet-meeting-12/>

4——Haltiwanger, John. “Trump's decision to abandon the Kurds in Syria sends a dangerous message to US allies around the world.” *Business Insider.* 7 October 2019. <https://www.businessinsider.com/trump-abandoning-kurds-sends-dangerous-message-us-allies-2019-10>

5——The White House. “Remarks by President Trump and President Mattarella of the Italian Republic Before Bilateral Meeting.” 16 October 2019. <https://www.whitehouse.gov/briefings-statements/remarks-president-trump-president-mattarella-italian-republic-bilateral-meeting/>

6——リチャード・フォンテーヌへのインタビュー取材。二〇一九年一〇月二四日。

7——The White House. “Remarks by President Trump Before Marine One Departure.” 26 June 2019. <https://www.whitehouse.gov/briefings-statements/remarks-president-trump-marine-one-departure-50/>

8——The White House. “Remarks by President Trump and Prime Minister Morrison of Australia in Working Dinner.” 27 June 2019. <https://www.whitehouse.gov/briefings-statements/remarks-president-trump-prime-minister-morrison-australia-working-dinner/>

9——The White House. “Remarks by President Trump in Press Conference | Osaka, Japan.” 29 June 2019. <https://www.whitehouse.gov/briefings-statements/remarks-president-trump-press-conference-osaka-japan/>

10——リチャード・アーミテージへのインタビュー取材。二〇一九年一〇月二三日。

11——The White House. “Remarks by President Trump in Roundtable Discussion on Fighting for America's Seniors.” 15 June, 2020. <https://www.whitehouse.gov/briefings-statements/remarks-president-trump-roundtable-discussion-fighting-americas-seniors/>

12——Gould, Jennifer and Smith, Emily. “Trump cracks jokes about Equinox scandal, kamikaze pilots at Hamptons fundraiser.” *New York Post.* 9 August 2019. <https://nypost.com/2019/08/09/trump-cracks-jokes-about-rent-control-kamikaze-pilots-at-hamptons-fundraiser/>

13——The White House. "Press Conference by President Trump." 12 June 2018. <https://www.whitehouse.gov/briefings-statements/press-conference-president-trump/>

14——Pompeo, Michael R. and Esper, Mark T. "South Korea Is an Ally, Not a Dependent." *The Wall Street Journal.* 16 January 2020. <https://www.wsj.com/articles/south-korea-is-an-ally-not-a-dependent-11579219989>

15——The White House. "Remarks by President Trump, Vice President Pence, and Members of the Coronavirus Task Force in Press Briefing." 20 April 2020. <https://www.whitehouse.gov/briefings-statements/remarks-president-trump-vice-president-pence-members-coronavirus-task-force-press-briefing-29/>

16——Bolton, John. THE ROOM WHERE IT HAPPENED A White House Memoir（New York: Simon & Schuster, 2020）. p.356.

17——Ben-Meir, Ilan. "That Time Trump Spent Nearly $100,000 On An Ad Criticizing U.S. Foreign Policy In 1987." *BuzzFeed News.* 10 July 2015. <https://www.buzzfeednews.com/article/ilanbenmeir/that-time-trump-spent-nearly-100000-on-an-ad-criticizing-us>

18——トレバー・スロールへのインタビュー取材。二〇一九年一〇月八日。

19——The White House. "Remarks by President Trump and Chancellor Merkel of the Federal Republic of Germany Before Bilateral Meeting." 4 December 2019. <https://www.whitehouse.gov/briefings-statements/remarks-president-trump-chancellor-merkel-federal-republic-germany-bilateral-meeting/>

20——"Princess Anne, Johnson, Trudeau and Macron appear to joke about Trump at Nato summit – video." *The Guardian.* <https://www.theguardian.com/us-news/video/2019/dec/04/johnson-trudeau-and-macron-appear-to-joke-about-trump-at-nato-summit-video>

21——The White House. "Remarks by President Trump in a Working Lunch with 2 Percenters." 4 December 2019. <https://www.whitehouse.gov/briefings-statements/remarks-president-trump-working-lunch-2-percenters/>

22——"The Top Story: World Leaders Sh*t-Talk Trump." *The Daily Show.* 4 December 2019. <https://www.latest.facebook.com/watch/?v=440373053301945>

23——シーラ・スミスへのインタビュー取材。二〇一九年八月一四日。

24——ジェームズ・ショフへのインタビュー取材。二〇一九年八月一五日。

25――ビクター・チャへのインタビュー取材。二〇一九年一一月一八日、同二五日。

第五章

正恩と「恋に落ちた」

——戦略なき衝動外交

「極めて戦争に近い状況にあった」

二〇一七年秋、北朝鮮情勢は最も緊迫した局面を迎えていた。

「我々は平昌五輪に参加するべきでしょうか？　それとも参加は危険過ぎるでしょうか？」「一二月までに戦争は起きると思いますか？」

ビンセント・ブルックス在韓米軍司令官（陸軍大将）と面会した各国大使らは、口々にこう尋ねた。年明け二月に予定されている平昌冬季五輪の開催が目前に迫り、北朝鮮情勢の命運を握る米韓連合軍トップの考えを知りたがっていた。

ブルックスは「私にもどうなるかは分からない」と前置きしつつ、「明確に言えるのは、我々の目的は戦争ではないということだ。北朝鮮の金正恩朝鮮労働党委員長の考え方を変え、外交的な路線を定着させることにある」と語った。

「ただし……」とブルックスはつけ加えた。

「この現実の深刻さを過小評価してはいけない。お互いに意図してではなく、読み違えを通じても戦争は起き得る」

これがブルックスの率直な意見だった。[1]

ブルックスは二〇一六年四月～一八年一一月まで在韓米軍司令官を務めた。在韓米軍司令官は米韓連合軍司令官、国連軍司令官も兼務している。ブルックスの場合、これらの役職に加え、駐韓米国大使が一年以上にわたって不在だった時期には、マーク・ナッパー駐韓大使代理とともに現地の米国政府高官としての役割も果たしていた。

ブルックスは二〇一七年当時を「我々は極めて戦争に近い状況にあった」と振り返る。

トランプ大統領はこの年の八月、弾道ミサイル発射を繰り返す北朝鮮に対し、「（北朝鮮は）世界が見たことのないような『Fire and Fury（炎と怒り）』を受ける」[2]と威嚇。さらに九月、北朝鮮が核実験を強行したことをめぐり、国連総会で「もし我々と同盟国を守らなければならないのであれば、北朝鮮を完全に破壊するほか選択肢はない」[3]と踏み込んだ。

米軍は一一月中旬、三つの空母打撃群を日本海に派遣し、北朝鮮に対する軍事的圧力を強めた。一九九〇年代に北朝鮮の核・ミサイル開発が表面化して以降、米国の原子力空母三隻が日本海に集結するのは初めてのことだった。日本の外務防衛当局者は「米国の空母三隻が同時にそろうのは、過去の軍事行動を考えた場合、米国が相手国に対し、軍事行動を取る即応態勢と意思があることを示すシグナルになる」と語った。

米海軍は一一月一三日、朝日新聞を含む一部メディアに対し、軍事演習に参加した原子力空母ニミッツの訓練の様子を公開した。ニミッツの甲板上では、空母艦載機Ｆ／Ａ18戦闘攻撃機などが次々と轟音を立てて発着艦の訓練を繰り返した。

米原子力空母ニミッツが所属する第一一空母打撃群のグレゴリー・ハリス司令官は「空母三隻がこの地域で共に作戦行動を取ることは、いかなるとき、いかなる場所でも米国は火力を持ってくることができるという力強いメッセージになる」と語った。[4]

ブルックスによれば、二〇一七年から一八年初頭にかけて、米韓合同軍事演習時に米軍三万四〇〇〇人が韓国に集結し、韓国軍六二万人も合わせて即応態勢を整えていたという。トランプが「炎と怒り」を宣言した一七年秋当時、先制攻撃計画や単独攻撃計画を含めた軍事行動の「すべての選択肢」を米軍内部でひそかに検討していたという。

「我々が当時、米韓両大統領のためにすべての軍事行動の選択肢をそろえることは極めて重要だった。核計画など一部の選択肢は（韓国側と）共有していないものもあった。先制攻撃や単独攻撃を実際に行うかどうかは別として、どの選択肢も検討する必要はあった」

日韓から米国人退避も一時検討

米政権内では二〇一七年秋、韓国と日本に住む数十万人の米国市民を早期退避させる計画も検討されていたという。

ブルックスによれば、ワシントンでは当時、複数の政府当局者や上院議員、退役将校らが「戦争が始まる方向であるならば、米軍は米国市民を退避させる責任がある」と主張し、トランプも「同様の考えを持っていた」という。

米軍の非戦闘員退避作戦（NEO）で第一義的に対象となったのは、韓国に在住する米軍兵士の家族や一般の米国人ら数十万人。北朝鮮の攻撃で日本にも危険が及ぶ場合は、日本に在住したり、韓国から日本に一時的に避難したりした米国人も対象だったという。

ただし、ブルックスは早期退避を実際に行うには、①敵意から、身体に直接危害を加える状況へと変わってきている、②北朝鮮への戦略的圧力として効果がある――のいずれかが必要だと考えていたという。検討の結果、いずれの条件も満たされていないうえ、退避行動を行えば、北朝鮮が「米国が開戦準備をしている」と受け止め、「読み違えによって容易に戦争が起こり得る」と判断し、実施に反対した。

ブルックスは「我々には当然、戦争になるのであれば、米国人を早期退避させる責任がある。しかし、北朝鮮に対して対話のドアが開いているというシグナルを送る努力をするならば、今は早期退避行動をとる時期ではない、と我々は判断した」と語る。

ブルックスらの反対で退避行動は行われず、代わりに小規模人数の退避訓練だけが慎重に行われたという。

韓国や日本に住む米国人の早期退避行動が行われれば、それが引き金となり米国と北朝鮮との間で本格的な軍事衝突に発展しかねないという緊迫した局面だった。

二〇一七年一一月にはトランプも韓国を訪問した。ブルックスはこの時、米軍の家族の暮らしぶりを説明したという。「我々から見える世界を知ってもらおうと思った」と語る。

ブルックスは「我々は極めて戦争に近い状況にあった。双方が望んでいなくても、読み違えによって容易に戦争が起き得る状況だった。その中で極めて熟考して行動する必要があった」と振り返る。

軍事的な圧力を最大限に強めることで北朝鮮を対話路線に転換させるという米国の戦略。ブルックスは当時の切迫した状況をこう表現した。

「米朝対話の環境が整いつつあると同時に、戦争の瀬戸際にも近づきつつあった。どちらになるかは我々にもわからなかった」

先制攻撃反対で駐韓大使人事内定が白紙に

トランプ政権が北朝鮮への先制攻撃計画を検討していたことは、ワシントン・ポストのボブ・ウッドワード記者の著書『FEAR　恐怖の男――トランプ政権の真実』でも明らかにされている。

トランプが大統領に就任して一カ月後の二〇一七年二月、米軍制服組トップのダンフォード統合参謀本部議長は、共和党の重鎮リンゼー・グラム上院議員のオフィスを訪れ、トランプから北朝鮮への先制攻撃計画をつくるよう要請を受けたことを打ち明けた。一〇月には、北朝鮮と地形が似ているミズーリ州側のオザーク高原で、空爆演習が行われた。ホワイトハウスでは、マクマスター大統領補佐官（国家安全保障担当）が、北朝鮮を攻撃するならば同国がミサイルと核兵器を改良する前に早急にやるべきだとタカ派的な主張をしていたという。[5]

政権内で検討されていたこうした先制攻撃計画に反対したのが、当時駐韓米国大使に内定していたビクター・チャだ。

チャはG・W・ブッシュ政権の二〇〇四〜〇七年、米国家安全保障会議（NSC）アジア部長を務めるとともに、北朝鮮核問題をめぐる六カ国協議の次席代表も担当した北朝鮮問題の専門家である。チャは駐韓大使になるために必要な米国政府によるセキュリティークリアランスの手続きを終え、受け入れ側の韓国政府からも同意を得ていた。

しかし、駐韓大使内定は突然、白紙となる。

実はチャは、自身の人事が撤回される前、ホワイトハウス当局者に「非公式」に北朝鮮に対する先制攻撃計画に反対する考えを伝えていたという[6]。

チャは「（北朝鮮への先制攻撃は）数百万人の日本人、韓国人に加え、数十万人の米国人の命を危険にさらす恐れがある。非常に危険だった」と語る。

米ジョージタウン大教授でもあるチャは、政権側に先制攻撃反対の意見を伝えたことについて「三〇年間にわたってこの問題を研究してきた専門家としての意見だった」と振り返るとともに、「北朝鮮に軍事攻撃をしても（北朝鮮の）、恒久的な非核化という目標が達成されることはない」と語った。

チャが自身の人事を犠牲にして反対意見を直言しなければならないほど、トランプ政権内で検討されていた先制攻撃計画は現実味を帯びていた。

「正恩は戦略的にものごとを考える」

事態の急展開は、北朝鮮の金正恩朝鮮労働党委員長が二〇一八年一月の新年の辞で、米韓合同軍事演習の中止を要求するとともに、二月の平昌冬季五輪の成功に期待感を示したことから始まる。正恩の演説を受け、トランプ大統領と韓国の文在寅大統領は電話協議を行い、平昌五輪開催中に米韓合同軍事演習を行わないことで合意。北朝鮮は平昌五輪に代表団を派遣し、雪解けムードが一気に高まった。

三月八日、トランプはホワイトハウスで韓国大統領府の鄭義溶国家安保室長と面会し、鄭を介しての正恩の提案を受け入れ、米朝首脳会談に応じることを決めた。

当時、在韓米軍司令官だったビンセント・ブルックスは「我々が平昌五輪の時期と重なっていた米韓合同軍事演習を延期したことで、五輪は大きな成功を収めた。それが米朝対話のドアが開かれることにもつながったと思う」と振り返る。[7]

ブルックスの証言で興味深いのは、二〇一七年秋の緊迫した局面でも、米国側は正恩を「戦略的な思考の人物」と分析していたことである。米国の研究機関では当時、北朝鮮との間で戦争が起これば、韓国や日本で数百万人単位の犠牲者が出るという予測が相次いで発表されていたが、[8]ブルックスは「率直に言えば、私はこれらの犠牲者数の予測について信用していなかった」と語る。

「弾道ミサイルが北海道上空を二回飛ぶなど、日本や韓国に住む人々に被害が及ぶ危険が実際にあった。しかし、正恩の目的は都市破壊ではない。攻撃により恐怖とパニックを引き起こし、米国と同盟国との関係に圧力をかけるためだ。都市の全面壊滅のために兵器を使えば、正恩の未来はない。正恩は戦略的にものごとを考えている、と我々はみていた」

米国が空母を派遣するなどして北朝鮮に最大級の軍事的な圧力をかける中で、北朝鮮は最終的には暴発せずに対話路線に転換する、と期待していたのは、正恩に対するこうした分析があったからとみられる。

正恩とトランプ、それぞれの思惑

正恩がトランプに首脳会談の開催を呼びかけた動機について、米国の北朝鮮問題専門家、K・A・ナムクンは「北朝鮮は石油の輸入制限などで経済的なダメージを受けてきたが、戦略を転換したもっと大きな理由は、北朝鮮が米国と一年間にわたって意思疎通を図った結果、トランプ大統領とならばディールが成り立つと自信を深めたからだ」と語る。[9] ナムクンは、独自の北朝鮮外交を展開したリチャードソン米ニューメキシコ州知事の外交上級顧問を務めるなど、北朝鮮と極めて強いパイプをもつ人物だ。

ナムクンは「米国の歴代政権は、北朝鮮が犯した罪を認めるなら、経済制裁解除や食糧支援などの見返りを小刻みに与えるというやり方だった。だが、トランプは違う。『もし君たちが我々に『大きなもの』を与えるなら、我々も『大きなもの』を与える。君たちが同時に取引することを主張するなら、それで結構』という態度だ。ビジネスマンで、これまでとは全くタイプが異なる」と語る。そのうえで、「正恩は一九九〇年代初頭の『朝鮮半島の非核化に関する共同宣言』へ回帰するという決断をした。正恩は、トランプが大統領であるうちに、祖父・金日成主席の遺訓に戻り、国を開こうとしている」と述べ、米朝首脳会談に強い期待感を示した。

トランプが正恩の提案を受け入れた理由として、二つの思惑がある。一つ目は「歴代大統領のだれもなしえていないことを成し遂げたい」という、トランプの政治的野心である。ワシントン・エリートを否定するアウトサイダーゆえに、外交安保の専門家たちの知見をもとに決定されてきた歴代政権の北朝鮮政策を踏襲することを嫌う。トランプは「史上初」にこだわっており、米朝首脳会談後はノーベル平和賞の受賞にも意欲を見せていた。

二つ目は、他国防衛にかかわるコストの引き下げにつながるという期待感である。そもそもトランプは、米軍を海外に駐留させる前方展開戦略を「無駄なコスト」ととらえ、在韓米軍についても二〇一六年大統領選期間中から撤退を示唆してきた。米朝首脳会談によって朝鮮半島の軍事的緊張が緩和すれば、トランプが「戦争ゲーム」と呼ぶ米韓合同軍事演習を中止・縮少させ、米軍の韓国防衛にかかるコストを引き下げることができる。

突然の米韓合同軍事演習中止

史上初となる米朝首脳会談は二〇一八年六月一二日、シンガポールで開催された。トランプ、正恩は次のような共同声明を発表した[10]。

トランプ米大統領と北朝鮮の金正恩朝鮮労働党委員長は、新たな米朝関係の構築と、朝鮮半島の永続的かつ強固な平和体制の建設について、包括的かつ綿密で真摯な意見交換をした。トランプは北朝鮮に安全の保証を与えることを約束し、金正恩は朝鮮半島の完全な非核化に向けた確固とした揺るぎない責務を再確認した。

新たな米朝関係の構築が朝鮮半島、ひいては世界の平和と繁栄につながると確信し、相互の信頼醸成が朝鮮半島の非核化を促進すると認識し、トランプと金正恩は、以下の通り宣言する。

（一）米朝両国は、双方の国民の平和と繁栄を希求する意思に基づき、新しい米朝関係を構築することを約束する。

（二）米朝両国は、朝鮮半島の永続的かつ安定的な平和体制の構築に共同で尽力する。

（三）二〇一八年四月二七日の「板門店宣言」を再確認し、北朝鮮は朝鮮半島の完全な非核化に向け努力することを約束する。

（四）米朝両国は、すでに身元が確認された人を含め、戦争捕虜や行方不明兵の遺骨回収に努める。

午後四時過ぎ、米朝首脳会談が行われたシンガポール南部のセントーサ島にある高級リゾート、カペラホテルの記者会見場には世界各国から記者団が詰めかけていた。

「七〇億の人々が地球上には住んでいる。ほんの一握りの人だけが歴史の方向を変える決断と行動をとる――」

何の前触れもなく、壮大な音楽とともにハリウッド映画の「予告編」を想起させるナレーションが流れ始めた。正面に据え付けられた二つのスクリーンに、トランプや正恩の映像が次々と映し出される。ホワイトハウスがトランプの記者会見を盛り上げるために用意した映像だった。

約五分間の映像が終わると、会場内に「レディース・アンド・ジェントルマン、合衆国大統領ドナルド・トランプ！」とアナウンスがあった。

前列に座る米国政府関係者から拍手が起こるなか、真っ赤なネクタイを締めたトランプ大統領が登場した。

「北朝鮮の金正恩朝鮮労働党委員長とのこの歴史的な会談のあとに演説することは光栄なことだ[11]」

トランプは会場に詰めかけた世界各国の記者団を前に一時間以上にわたってしゃべりつづけた。

記者団を最も驚かせたのが、トランプが米韓合同軍事演習の中止を打ち出したことだ。米朝両首脳が合意した共同声明では何ら言及されていなかった項目だ。

「我々は軍事演習を長い期間やってきているが、とてつもなく高額だ。信じられない金額だ」

トランプが米韓合同軍事演習を批判する中でとくにやり玉に挙げたのが、米国領グアムのアンダーセン空軍基地から朝鮮半島に飛来している戦略爆撃機による演習だった。日米韓の当局者は、北朝鮮に最も抑止を効かせている演習の一つと分析している。

初の米朝会談後、カペラホテルで行われたトランプ大統領の会見冒頭で流れたビデオに映し出される北朝鮮の金正恩朝鮮労働党委員長〔シンガポール、ランハム裕子撮影、2018年6月12日〕 朝日新聞社提供

ところがトランプは、「(朝鮮半島までの飛行時間は)六時間三〇分もかかる」と米政府当局者から説明を受けた際に驚いたという話を披露したうえで、「そんな長い距離を巨大な飛行機が韓国まで行って演習してグアムに戻っていく。とても費用が高い。好きじゃなかった」と語った。

唐突ともいえる米韓合同軍事演習の中止は、二つの深刻な問題を引き起こした。

一つ目は、米朝交渉の入り口の段階で、北朝鮮に非核化の実現を迫る最大のテコを事実上失ってしまったということだ。トランプとしては「(戦争ゲームは)好きになったことはないし、ファンだったこともない。なぜかと言えば、私はその費用を支払うのが好きじゃないからだ[12]」と軍事演習中止でコスト削減を実現したことを成果だと捉えている。しかし、北朝鮮がそもそも対話路線に転換したのは、米国が軍事演習によって最大限の圧力をかけていたからだ。トランプが軍事演習の中止を宣言してしまったことで、米国側の最も有力なカードを早々と相手方に渡してしまった。

二つ目は、米韓合同軍事演習の中止が、北朝鮮側の大陸間弾道ミサイル（ＩＣＢＭ）発射と核実験の中止と引き換えに約束された可能性が高いということだ。

のちにポンペオ国務長官はＣＢＳニュースのインタビューで「私は金（正恩）委員長がＩＣＢＭ発射や核実験をしないと約束したときにその場にいた」と述べ、トランプと正恩とのディールの内容を次のように証言している。

「トランプ大統領が大規模な軍事演習を行わないと約束したのと引き換えに、彼（正恩）はこれら（ＩＣＢＭ発射と核実験中止）の約束をした。我々は自分たちの約束を守っており、彼（正恩）も守ることを期待している[13]」

米国本土を射程に入れた核弾頭つきのＩＣＢＭの技術開発が進めば、米国市民の身体に直接的な危害が及ぶ恐れが高まる。アメリカ・ファーストを掲げるトランプが、米国市民の安全を最優先に北朝鮮とディールをするのは理解できる。シンガポールからの帰国直後、「北朝鮮の核の脅威はもはやなくなった」とツイートしたのも、ＩＣＢＭ発射と核実験中止の約束をとりつけることに成功し、米国市民への脅威がなくなった、という考えが念頭にあったからとみられる。

ただし、脅威が取り除かれたのは、あくまでも米国本土だけである。同盟国の日本や韓国はすでに北朝鮮の短距離・中距離弾道ミサイルの射程内に収まり、弾道ミサイル攻撃の脅威にさらされたままだ。トランプがＩＣＢＭに限定した約束を正恩と口頭で交わしたことで、のちに北朝鮮側に、その約束に当てはまらない短距離・中距離弾道ミサイルの発射を続ける口実を与えることになった。

行き詰まる米朝高官協議

シンガポールサミットは、トランプと正恩両首脳が個人的な信頼関係を築く機会となったが、その後の具体的な内容を詰める米朝高官協議は難航を極めた。

米国側責任者であるポンペオ国務長官は、シンガポールサミットから一カ月後の七月初旬、平壌を訪問し、正恩の最側近である金英哲朝鮮労働党副委員長と会談した。

会談後、ポンペオは「誠実で生産的だった」と評価したものの、北朝鮮外務省報道官はポンペオの言動を「強盗（ギャングスター）的な非核化要求」と痛烈に非難した。

米国側は北朝鮮側に対し、シンガポールサミットにおいて正恩が約束した非核化を実現するため、秘密施設を含むすべての核関連施設の完全な申告を最優先に行うよう要求した。北朝鮮の非核化に向けたロードマップを作成するために必要な基本情報だからだ。しかし、北朝鮮側は経済制裁の緩和など非核化措置への「見返り」を要求。米国側の要求に強く反発し、両者の主張は平行線をたどることになった。

米朝交渉の難航は、事前に予想されていたものだった。原因はシンガポールサミットで両首脳が合意した共同声明のあいまいな表現にある。

米国側が米朝交渉の最大のテーマととらえている北朝鮮の非核化に関しては、四本柱のうち、(三)に記載。ただし、「朝鮮半島の完全な非核化」という表現であり、「北朝鮮の完全な非核化」とは規定されていない。共同声明では、非核化のみならず、(一)(二)で米朝関係の関係改善や朝鮮半島の平和体制の構築についても合意している。北朝鮮側が非核化ばかりを取り上げる米国側の対応を「一方的な要求」と批判する根拠を与えている。

シンガポールサミットは元々、ホワイトハウス高官が開催直前の五月下旬、記者団に対するブリーフで「六月一二日に開催することは(今から)一〇分後に開催することと同じだ」と説明していたほど、米国側の準備不足の中で行われた。その結果、共同声明の内容は北朝鮮が非核化措置を一つ行えば米国が見返りを与えるという「行動対行動」の原則を重視した過去の合意と比べても大幅に後退した。北朝鮮側が自分たちに都合良く解釈できるようにあいまいな表現に終始し、北朝鮮の非核化を具体的に進めたい米国側にとって不利な合意内容となった。

しかし、ポンペオ国務長官ら米国側の交渉責任者にとってみれば、トランプ自らが主導した米朝首脳会談を「成功」とうたっている以上、首脳間の合意をひっくり返すほど強気な態度をとることはできない。シンガポールサミット後の米朝高官協議は、おのずとポンペオら米国側が非核化交渉の協議促進を北朝鮮側にお願いする一方で、北朝鮮側は米国側から譲歩を引き出そうと協議を渋るという構図が固まっていくことになる。

米朝高官協議の難航とは対照的に、トランプ、正恩の両首脳は書簡のやりとりを通じて良好な関係を保ち、トランプは「（正恩と）恋に落ちた[14]」とまで絶賛。正恩を「ロケットマン」と揶揄した一年前と比べるとその態度は様変わりした。

そんな両者が米朝高官協議の行き詰まりの末、自分たち自身によるトップ会談によって打開を目指そうとしたのは当然のなりゆきといえる。

ビッグ・ディールの不発

二回目となる米朝首脳会談は二〇一九年二月二七日、ベトナム・ハノイの老舗高級ホテル・メトロポールホテルで始まった。

二日目の二八日午後零時半過ぎ、国際メディアセンター内のプレスセンターに詰めていた記者たちにホワイトハウス記者会の代表取材団から一報が入った。

「サンダース大統領報道官が『スケジュールが変わった』と言っている――」

最終日となる二八日には、トランプ、正恩両首脳らの昼食会ののち、合意文書の署名式が行われる予定だった。しかし、昼食会の開催は四五分以上にわたって遅れていた。

現場の代表取材団からはさらに「合意文書の署名式が行われない可能性が高い」という情報がもたらされた。その後、プレスセンターの巨大スクリーンに両首脳の車列がホテルを出るシーンが中継された。

予兆はあった。

同日午前一一時すぎに始まったトランプ、正恩両首脳に側近たちを加えた拡大会合の冒頭、トランプの表情は明らかに硬かった。

「非核化の用意はできているか」という記者団の問いかけに、正恩が「もしそうするつもりがなかったら、いまこの場にはいない」と優等生のような答えを返すと、通訳の言葉を聞いたトランプは「ワォ、私が今まで聞いた中で一番の答えかもしれない」と皮肉めいた口調で語った。

さらに記者団からは正恩に対して「米国が平壌に連絡事務所をもつことを認めるのか」と質問が飛ぶと、さすがに記者団とのやりとりが長引くことを懸念した北朝鮮の李容浩《リ・ヨンホ》外相が「メディアを退出させては」と提案した。

北朝鮮のような独裁国家の官僚にとってみれば、自分たちの最高指導者が西側メディア記者の自由な質問にさらされ続けるのは耐えられない事態だっただろう。トランプは「そうしよう、そうしよう」と相槌を打ちつつも、「でも面白い質問だ。私もその答えを知りたい。悪いアイデアではないからね」と言って質問を続けさせた。

トランプは自分の要求になかなか首を縦に振らない正恩にいらだっている場面だったとも言える。

首脳会談後に行われた記者会見でのトランプの表情は何か吹っ切れたような、さばさばしたものだった。

北朝鮮は寧辺核施設の廃棄の「見返り」として経済制裁の「全面解除」を要求してきたため、自分は寧辺だけではなく、すべての核施設の廃棄を要求したところ、北朝鮮は受け入れることができなかったので、席を立たざるを得なかった――。

トランプはこう説明した。

その後の李容浩外相ら北朝鮮側の記者会見や米国務省高官の証言によると、正恩が制裁解除の要求を伝えたのは、二月二七日夜の夕食会の席上だったという。

北朝鮮側が寧辺核施設の廃棄と引き換えに要求したのは、正確に言えば、トランプがいう「全面解除」ではなく、国連安保理決議に基づく制裁一一件のうち、五件という「一部解除」(李外相)だった。

ただし、五件を解除すれば、北朝鮮は現在、禁輸措置をとられている石炭や鉱物、海産物を輸出でき、また石油を輸入できるようになるため、米国側は「基本的には全面解除の要求」(国務省高官)だと受け止めた。

ここでトランプが正恩に逆提案したのは「ビッグ・ディール(大きな取引)」だった。

北朝鮮が寧辺核施設のみならず、すべての核関連施設の廃棄をすれば、北朝鮮の要求通りに制裁解除に応じる――。

トランプは正恩にこう迫った。しかし、正恩は、米朝両国でまだ十分な信頼関係が構築されていないとして、トランプの逆提案を断った。

首脳会談は二八日の拡大会合で正式に決裂し、昼食会はキャンセルとなった。

トップダウン方式の限界

ハノイサミット後、米朝交渉は暗礁にのりあげる。そもそも米朝交渉はその進め方において当初から二つの問題があった。

一つ目は、トップ会談で合意したのちに、その合意内容に沿って実務者レベルで交渉するという順序になっていることだ。

基本的に外交交渉は、実務者レベルで協議を積み重ねて合意内容を固め、最終的にトップ同士が会談し、実務者レベルの合意内容を承認するという形をとる。国家として合意するという意思が決まっていないという想定のもとで実務者たちは交渉をするため、両者は交渉決裂も選択肢に含めて真剣に議論を戦わせることになる。とくに北朝鮮の核ミサイル問題は専門性が高く、これまでの六カ国協議も、経験豊かな実務者たちによる議論の積み上げで進められてきた経緯がある。

ところが今回の米朝交渉は最初にトランプ、正恩がトップ会談をして合意したのち、ポンペオ国務長官らが詳細を詰めるという真逆の交渉手順で行われた。とくにハノイサミットの決裂で、トップダウン方式の交渉はより難しい局面に入った。そもそも外交交渉とは、相手と自分の主張の妥協点を探り、お互いの意見を譲歩し合って落としどころを探ることで初めて合意が可能となる。

しかし、米朝交渉に関しては、北朝鮮の実務者からすれば、独裁国家の最高指導者である正恩がハノイサミットに出席して直々に米国側の提案を蹴ったわけであり、今後も米国側に譲歩するような交渉を行うことはできない。トップダウン方式では、トップ同士で決裂した協議を実務者レベルで修復するのは極めて難しいのである。

二つ目は、北朝鮮の専門家が政権内に不足しているという「素人集団」に近いトランプ政権が、押したり引いたりの外交上の駆け引きに長けた北朝鮮を相手にしているという点である。

オバマ、トランプ両政権で北朝鮮政策特別代表を務めていたジョセフ・ユンは二〇一八年二月、ホワイトハウスと国務省のあつれきに嫌気が差し、シンガポールサミットの開催前に辞任した。G・W・ブッシュ政権でNSCアジア部長を務めたビクター・チャは駐韓大使に内定していたが、結局政権入りできなかった。トランプ政権で新たに北朝鮮政策特別代表に就任した元米自動車大手フォード・モーター副社長のスティーブン・ビーガンはNSCの元上級スタッフの経歴をもつものの、専門はロシアだ。北朝鮮問題を担当する政権スタッフの経験が不足しているなか、トランプの思いつきによる指示が加わって混乱し、北朝鮮の主張に振り回されるという事態が続くことになった。

米朝実務者協議が機能しない以上、再びトランプ、正恩両首脳のトップ会談による事態打開を期待されるという構図が繰り返されることになる。だが、実務者レベルで合意内容を積み上げて会談をするわけではないため、首脳会談はおのずと二人の友情をアピールするパフォーマンスの場とならざるを得ない。それが証明されたのが、韓国と北朝鮮を隔てる軍事境界線上の板門店で行われた三回目の首脳会談だった。

「劇的な瞬間、劇的な瞬間だ」

「中国の習（近平）国家主席との会談を含むいくつかの重要な会談を終えた後、私は韓国に向かう。もし北朝鮮の金委員長がこれを読めば、私は彼とDMZ（非武装地帯）で会って、握手して『ハロー』と言うだろう（?）！」

トランプは二〇一九年六月二九日朝、主要二〇カ国・地域首脳会議（G20サミット）出席のために訪問していた大阪でこうツイートした。閉幕後の記者会見の冒頭でも、「私は今から韓国へと向かう。我々は正恩と会うかもしれない。正恩はとても前向きだ」と語った。[15]

韓国入りしたトランプは翌三〇日、板門店へと向かう。午後三時半過ぎ、トランプは板門店の韓国側施設「自由の家」を出て軍事境界線に向かって歩き始めた。

北朝鮮側では黒い人民服を着た正恩がトランプを待っていた。

「再びお会いできて嬉しい」と正恩。「ここでお会いできるとは思っていなかった」

「劇的な瞬間、劇的な瞬間だ」

トランプはこう語り、正恩と握手を交わした。

トランプは隣の正恩に促される形で韓国側のコンクリート製の境界線をまたぎ、正恩の右腕を親しげに二回軽く叩いて歩き始めた。

大柄のトランプと恰幅の良い正恩は並んで二〇歩ほど歩き、北朝鮮側の境界線を一緒にまたいで北朝鮮国内に足を踏み入れた。二人はそこで再びがっちりと握手を交わした。

「トランプ大統領はたったいま、境界線を歩いて越えた。我が国を訪問した初めての大統領だ。この行動は、不幸な過去をなくし、新しい未来を拓こうというトランプ大統領の意思の表れだと信じている」

トランプとともに韓国側に入った正恩が記者団にこう強調すると、隣のトランプは「G20で日本にいたときはこれを予想していなかった。境界線を越えたことは極めて光栄なことだ」と語った。[16]

米韓両政府の複数の関係者によれば、トランプがDMZに行くことは両政府で調整していたが、米朝両首脳の板門店会談は急遽、設定されたものだった。トランプと正恩の会談が最終的に確定したのはトランプが六月二九日にツイッターで投稿したあとだったという。一足先にソウルに到着していたビーガン北朝鮮政策特別代表は、トランプの投稿を受けて急ぎ北朝鮮側と連絡を取ったという。

急ごしらえの会談だったため、現場は韓国を含めた三カ国の政府やメディア関係者が入り乱れ、押し合いへし合いの混乱の極みに達した。

トランプ、正恩両首脳の会談場所となった韓国側施設「自由の家」では、両首脳の座る席の後ろに飾られた両国の国旗が台座の上に触れて垂れ下がっていた。それは「外交儀礼ではありえない非礼ぶり」（ワシントンの外交関係者）で、準備不足の行き当たりばったりの会談を象徴する場面となった。

板門店におけるトランプ、正恩両首脳の会談は、二人が強調したように、米国大統領が北朝鮮国内に初めて足を踏み入れたという歴史的な意義は大きい。

米朝は朝鮮戦争以来、国際法上は戦争状態が続く敵国同士だ。両首脳が軍事境界線上で握手を交わし、朝鮮半島の平和に向けて決意を新たにしたことは、朝鮮半島における緊張緩和に一定の貢献をしたといえる。

ただし、最大の懸案である北朝鮮の非核化は、今回の会談でも何ら進展はなかった。トランプは会談後、米朝実務者協議について「二、三週間以内に（実務者）チームをつくって再開する」とアナウンスしたが、米朝実務者協議が実際に再開したのは、板門店会談から三カ月以上経った一〇月初旬になってからのことだった。さらに、この実務者協議以降、米国側が交渉継続を呼びかけても、北朝鮮側は応じていない。歴史的意義が強調された板門店会談だったが、壮大な「政治ショー」に終わった、という評価を免れることができない会談となった。

「忘れられた戦争」を忘れない

トランプ主導の米朝交渉は、ワシントンの外交安全保障専門家から厳しく批判されている一方、米国市民の多くは肯定的に受け止めている。とくに朝鮮戦争で行方不明となった米軍兵士の家族からは高く評価されている。トランプ政権のもとで、長年の懸案であった米軍兵士の遺骨返還問題が再び動き出したからだ。

ワイオミング州ジャクソンの牧場に住むジェリー・プレスコット（六七）も、父親の遺骨返還に期待を寄せる一人だ。[17]

父親のジェラルド・モンゴメリー米空軍中佐は、朝鮮戦争で行方不明となった。一九五二年三月、F84戦闘機を操縦中、北朝鮮領内で対空砲火を浴び、墜落。パラシュートで脱出、地上に降りる寸前に突風が吹き、川の浅瀬に着いた。その場で手を振る姿を同僚機に確認されたのを最後に行方不明となった。二九歳だった。

プレスコットは当時一歳になる直前だった。「私の知る父は、母や祖父の話が全てだった」と語る。捕まったのか殺されたのか。確認できないまま、翌年に戦死が宣告された。

朝鮮戦争は米国内で「忘れられた戦争」と呼ばれる。第二次世界大戦やベトナム戦争のように注目されず、モンゴメリー中佐のような行方不明兵士の調査も進まなかった。プレスコットの祖父はモンゴメリー中佐の行方を捜そうとしたが、「もし彼が北朝鮮に抑留されているなら、捜索開始の動きで不利益な扱いを受ける恐れがある」と周囲から言われ、一家は沈黙を続けた。ベトナム戦争の行方不明兵士の家族らが大々的な帰還運動を進めたのとは対照的だった。

状況が変わったのは一九九一年。ソ連（現ロシア）が朝鮮戦争で捕らえた米兵を自国に抑留していた疑いが浮上し、プレスコットもワシントンで議会公聴会を傍聴。そこで初めて他の行方不明者家族と出会い、家族会結成に乗り出した。

米国防総省によれば、朝鮮戦争で戦闘中に行方不明になった米兵の数は七八〇〇人、このうち五三〇〇人が三八度線以北で行方不明になった。しかし、北朝鮮と米国は国交がないため、米兵の遺骨返還は進まず、クリントン政権下の九六年にようやく米朝共同の遺骨発掘調査が始まった。プレスコットは家族会会長として九八年に訪朝し、発掘現場を見た。父親が最後に目撃された現場も訪れ、土を持ち帰った。だが、遺骨は今も見つからない。

プレスコットは、「父は川に流された可能性もあり、現実には難しいと思う。でも私は生きている限り希望は捨てない」と語る。

米朝共同の遺骨発掘調査は、G・W・ブッシュ政権時に米朝関係が冷え込んだため、二〇〇五年に終了した。〇七年、リチャードソン米ニューメキシコ州知事の訪朝時に六柱が返された後、遺骨返還作業は中断したままとなっていた。

それが再び動き出したのは、二〇一八年六月のシンガポールサミットにおいて、トランプ大統領、北朝鮮の金正恩朝鮮労働党委員長が、「米朝両国は、すでに身元が確認された人を含め、戦争捕虜や行方不明兵の遺骨回収に努める」と合意したからだ。

「朝鮮戦争を『忘れられた戦争』と呼ぶ人たちがいる。しかし我々は今日、英雄たちを決して忘れていないことを証明した」

二〇一八年八月一日、ハワイ州のヒッカム空軍基地で行われた遺骨五五柱を迎える式典で、ペンス副大統領はこう述べた。シンガポールサミットの合意を受け、北朝鮮側が遺骨の一部返還に応じたのだ。

ペンスの父親も朝鮮戦争に従軍した元軍人だ。「父は胸に勲章をつけて戻ってきたが、『本当の英雄は家に戻らなかった人々だ』といつも語っていた」と戦死者をたたえた。厳かな音楽が流れ、星条旗にくるまれた棺が一つひとつ輸送機から降ろされた。

トランプ政権が重視してきたのが、「忘れられた人々」と呼ばれる「ラストベルト」（さびつい た工業地帯）の労働者の存在だ。トランプは二〇一七年一月の大統領就任演説でも、「この国で忘れられていた人々はもはや忘れられることはない」と強調した。

プレスコットにとって、そのトランプのもとで遺骨返還の動きが再び始まったことが、父親の遺骨がもしかしたら見つかるかもしれない、という一条の光明となっている。プレスコットは「彼は朝鮮戦争の行方不明兵士のために声を上げてくれた。彼は私の英雄だ」と語った。

米国民全体の世論調査でも、米朝首脳会談については評価する人の方が多い。シンガポールサミット後の二〇一八年六月中旬に行われたＣＮＮの世論調査では、首脳会談について、満足が五二％に対して、不満足は三六％と、半分以上が肯定的な評価だった。[18] 一九年二月中旬のＦＯＸニュースの世論調査でも、トランプの北朝鮮政策については四六％が支持、四一％が反対で、支持が反対を上回った。[19]

米国本土に住む多くの米国国民にとって、北朝鮮の核ミサイル問題は、欧州や中東といった地域とは異なり、東アジアという地理的に遠い地域での出来事である。日韓両国が直面している危機を、自分たちに身近な問題としてとらえることは難しい。

トランプは、朝鮮戦争の米軍兵士家族への対応にもみられるように、大衆の心情をくみとることに長けている。トランプが正恩との会談で、北朝鮮が米国に敵意をもたないようにトップ同士で信頼関係を築いて米朝関係を改善させ、米国本土に脅威を与えるＩＣＢＭ発射と核実験停止に焦点を当てたディールをしたことは、米国の利益を最優先したアメリカ・ファーストの理念にのっとった対応といえる。政府の最も重要な役割とは、自国民の身体の安全と経済的な安定を守ることだと考えるジャクソニアンタイプの大統領ならではの政治判断を、米国国民の一定数は肯定的に受け止めているのである。

北朝鮮は核ミサイル開発をやめず

とはいえ、トランプ大統領のアメリカ・ファーストにもとづく北朝鮮政策が内政上の支持を得たとしても、国際社会からみれば大きな問題を抱えている。国際社会にとって最も大きな脅威となっているのが、正恩がシンガポールサミットで「朝鮮半島の完全な非核化」を約束したにもかかわらず、いまだに核ミサイル開発を続けていることである。

核開発に関してポンペオ国務長官は、シンガポールサミット後の二〇一八年七月、米上院外交委員会の公聴会で、北朝鮮は「核物質の生産を続けている」と証言した。北朝鮮は、使用済み核燃料再処理施設とウラン濃縮施設を寧辺に所有し、ウラン濃縮の秘密施設「カンソン」の存在も指摘されている。

米国の北朝鮮分析サイト「38ノース」は、同年一二月に商業用人工衛星が撮影した写真を分析した結果、寧辺のウラン濃縮施設は稼働している可能性があると伝えた。[20] 遠心分離器のあるウラン濃縮施設の屋根の雪が溶け、施設が稼働しているとみられるという。

米政府の情報機関を統括するコーツ国家情報長官も二〇一九年一月、米上院情報特別委員会の公聴会で「我々の最新の分析では、北朝鮮は大量破壊兵器の能力を維持しようとしており、核兵器とその製造能力を完全に放棄する可能性は低い」と語り、「我々は（北朝鮮が）完全な非核化と矛盾する活動を行っていることを把握している」と指摘した。

元米中央情報局（ＣＩＡ）上席分析官で、北朝鮮の大量破壊兵器や金正恩政権の内政・外交戦略を専門とするジュン・パク米ブルッキングス研究所上級研究員は、「我々が警戒すべきは、正恩の目標が核兵器の放棄にないことだ」と警告する。[21]「金一族は長年のパラノイア（妄想症）と恐怖により、韓国や米国に対してのみならず、軍事支援などを打ち切って経済制裁に同調した中国やロシアのことも信用していない。正恩は自分自身と核兵器を除いて、だれも信用しておらず、核開発を続けるだろう」

北朝鮮はハノイサミットが物別れに終わると、弾道ミサイルの発射を再開した。北朝鮮は二〇一九年五月以降、同年一一月までに一三回にわたって短距離弾道ミサイルや多連装ロケット砲を発射した。北朝鮮の弾道ミサイル発射は、飛距離を問わず、すべて明確な国連安保理決議違反にあたる。ところがトランプは「彼（正恩）はミサイル実験が好きだ。我々は短距離ミサイルを制限していない」[22]と発言。正恩が自分に対して口にした「ＩＣＢＭを発射しない」という約束を破らない限り、北朝鮮の弾道ミサイル発射を容認する姿勢を示し続けている。

トランプの方針を受けた米国政府の高官は、北朝鮮の弾道ミサイル発射があるたびに報道機関から問い合わせがあると、「報道は承知している。我々は引き続き状況を注視しており、同盟国と緊密に協議をしている」という紋切り型の声明を出し、国連安保理決議違反にあたる北朝鮮の弾道ミサイル発射を批判することがなくなった。

米政府当局者は「北朝鮮は今後もトランプと約束したＩＣＢＭ発射と核実験を除いて、短距離・中距離弾道ミサイルの発射を続けるだろう。日本列島越えの弾道ミサイルを再び発射する可能性もあるだろう」と語る。

アメリカ・ファーストの脆弱さ

トランプ大統領がＩＣＢＭ以外の弾道ミサイル発射を容認する姿勢を示していることで、北朝鮮に対する国際社会の包囲網は弱まっている。

国連安全保障理事会は二〇一九年一二月四日、北朝鮮の弾道ミサイル発射を受け、非公開で対応を協議したものの、安保理としての見解を示すことはできず、英、独、仏、ポーランド、ベルギー、エストニアという欧州六カ国だけが非難声明を出すにとどまった。

短距離・中距離弾道ミサイルの射程内にある日韓両国は「度重なる弾道ミサイルの発射は我が国のみならず国際社会に対する深刻な挑戦」（安倍晋三首相）などと北朝鮮を批判するが、トランプが率先して北朝鮮の弾道ミサイル発射を容認している以上、米国側のそうした姿勢に公然と不満を示すことはできない。北朝鮮はその隙間をついて弾道ミサイル発射を繰り返し、国際社会の分断を図っているといえる。北朝鮮問題をめぐり、米国がアメリカ・ファースト路線に固執している以上、国際社会の足並みはそろわず、北朝鮮だけが利益を得る構図になっている。

北朝鮮の非核化をめぐる米朝交渉が停滞する中、米国の外交安全保障の専門家の間では「（米朝交渉は）失敗する運命にある」（ボルトン前大統領補佐官）という見方が強まっている。[23]

しかし、ブルックス前在韓米軍司令官は「私はその見方に同意しない」と語る。[24]「今は二〇一七年当時の北朝鮮の瀬戸際外交と異なり、米朝当局者同士のコミュニケーションのチャンネルが存在する。正恩は対話の道を閉ざしていない」

ブルックスは正恩が一九年末、トランプと約束した核実験とＩＣＢＭ発射のモラトリアム（一時停止）に「縛られない」と宣言したことについても、「必ずしも核実験やＩＣＢＭ発射の再開を意味するわけではないと思う。『我々が再開しないのは、その手法を選べるけれども選んでいないからだ』という点を強調することにあると思う。今年は米大統領選を控え、現政権と交渉をするためには正恩には時間がない。米朝対話を前に進めるため、圧力をかけるのが狙いだろう」と語る。

ブルックスは「正恩の言動に過剰反応するべきではない。いまは軍事的にエスカレーションする状況ではない」と冷静に事態を評価しつつ、二〇一七年秋の米朝両国が陥った一触即発の状態に戻らぬように、いかに米朝間の対話路線を正常軌道に戻すかについて知恵を絞る必要がある、と指摘する。

「米朝の政治指導者レベルでお互いへの敬意を維持し続ける一方、米朝実務者協議が前に進むように北朝鮮に正しい圧力をかけることも必要だろう。北朝鮮が米側の提案に応じなければ、米韓合同軍事演習の再開も圧力となるだろう」

北朝鮮の核ミサイル開発は、いくらディールを得意だと自任するトランプが思いつきで正恩と直接会談を重ねても、簡単に解決できる問題ではない。弾道ミサイルへの対応にみられるように、日本も含めた関係各国の安全保障が複雑に絡み合っており、米国単独の交渉には限界がある。

トランプ政権の一連の北朝鮮政策で明らかになったのは、北朝鮮につけこまれているアメリカ・ファーストの脆弱さといえる。自国の利益を最優先に考えるトランプの基本姿勢が北朝鮮側に利用され、大量破壊兵器の放棄を迫る国際社会の連携を弱体化させる結果を招いている。しかも北朝鮮は、米朝交渉を続けている間は米国から実質上の「体制保証」を与えられているため、米国の軍事的な脅威におびえることなく、核ミサイル開発を継続しているのが実情だ。現在の米朝交渉の停滞は、北朝鮮が核保有国家として軍事的な優位性を得て、将来的に東アジアにおける強権国家として影響力を強めるチャンスを北朝鮮側に与えているのである。

1——ビンセント・ブルックスへのインタビュー取材。二〇二〇年一月四日。

2——The White House. "Remarks by President Trump Before a Briefing on the Opioid Crisis." 8 August 2017. <https://www.whitehouse.gov/briefings-statements/remarks-president-trump-briefing-opioid-crisis/>

3——The White House. "Remarks by President Trump to the 72nd Session of the United Nations General Assembly." 19 September 2017. <https://www.whitehouse.gov/briefings-statements/remarks-president-trump-72nd-session-united-nations-general-assembly/>

4——グレゴリー・ハリスへのインタビュー取材。二〇一七年一一月一三日。

5——ボブ・ウッドワード『ＦＥＡＲ　恐怖の男——トランプ政権の真実』伏見威蕃訳、日本経済新聞出版社、二〇一八年、一五五、二六七頁。

6——ビクター・チャへの取材。二〇一八年四月二〇日。

7——ビンセント・ブルックスへのインタビュー取材。二〇二〇年一月四日。

8——Zagurek Jr., Michael J. "A Hypothetical Nuclear Attack on Seoul and Tokyo: The Human Cost of War on the Korean Peninsula." *38 NORTH*. 4 October 2017. <https://www.38north.org/2017/10/mzagurek100417/>

9——Ｋ・Ａ・ナムクンへのインタビュー取材。二〇一八年四月三〇日。

10——The White House. "Joint Statement of President Donald J. Trump of the United States of America and Chairman Kim Jong Un of the Democratic People's Republic of Korea at the Singapore Summit." 12 June 2018. <https://www.whitehouse.gov/briefings-statements/joint-statement-president-donald-j-trump-united-states-america-chairman-kim-jong-un-democratic-peoples-republic-korea-singapore-summit/>

11——The White House. "Press Conference by President Trump." 12 June 2018. <https://www.whitehouse.gov/briefings-

statements/press-conference-president-trump/>
12—— The White House. “Remarks by President Trump Before Marine One Departure.” 9 August 2019. <https://www.whitehouse.gov/briefings-statements/remarks-president-trump-marine-one-departure-59/>
13—— Albert, Victoria. “Pompeo calls attack on U.S. Embassy in Baghdad ‘state-sponsored terror.’ ” *CBS NEWS*. 31 December 2019. <https://www.cbsnews.com/news/us-embassy-attack-baghdad-mike-pompeo-state-sponsored-terror-2019-12-31/>
14—— “President Trump Campaign Rally in Wheeling, West Virginia.” *C-SPAN*. 29 September 2018. <https://www.c-span.org/video/?451998-1/president-trump-campaigns-west-virginia-republican-senate-candidate-patrick-morrissey>
15—— The White House. “Remarks by President Trump in Press Conference | Osaka, Japan.” 29 June 2019. <https://www.whitehouse.gov/briefings-statements/remarks-president-trump-press-conference-osaka-japan/>
16—— The White House. “Remarks by President Trump, Chairman Kim Jong Un, and President Moon in Greeting at the Korean Demilitarized Zone.” 30 June 2019. <https://www.whitehouse.gov/briefings-statements/remarks-president-trump-chairman-kim-jong-un-president-moon-greeting-korean-demilitarized-zone/>
17——ジェリー・プレスコットのインタビュー取材。二〇一八年九月二二日。
18—— Sparks, Grace. “Americans are satisfied with Trump’s North Korea summit.” *CNN*. 19 June 2018. <https://www.cnn.com/2018/06/19/politics/north-korea-cnn-poll/index.html>
19—— Blanton, Dana. “Fox News Poll: Half of voters favor military action against North Korea.” *Fox News*. 21 February 2019. <https://www.foxnews.com/politics/fox-news-poll-half-of-voters-favor-military-action-against-north-korea>
20—— Pabian, Frank V. and Liu, Jack. “North Korea’s Yongbyon Nuclear Facilities: Well Maintained but Showing Limited Operations.” *38 NORTH*. 9 January 2019. <https://www.38north.org/2019/01/yongbyon010919/>
21——ジュン・パクへのインタビュー取材。二〇一八年九月一一日。
22—— The White House. “Remarks by President Trump Before Marine One Departure.” 23 August 2019. <https://www.whitehouse.gov/briefings-statements/remarks-president-trump-marine-one-departure-61/>
23—— Lippman, Daniel. “Bolton unloads on Trump’s foreign policy behind closed doors.” *POLITICO*. 18 September 2019. <https://www.politico.com/story/2019/09/18/bolton-trump-foreign-policy-1501932>
24——ビンセント・ブルックスへのインタビュー取材。二〇二〇年一月四日。

第六章

トゥキディデスの罠

――経済ナショナリストと米中「新冷戦」

「中国による死」

星条旗がデザインされて「雇用」と書かれたボールがころころと転がるうち、やがて中国国旗の赤色のボールへと変わり、毛沢東の写真が掲げられた真っ赤な天安門の中へと吸い込まれる。門をくぐったその先にあるのは、黒煙を噴き出す工場群だ。

悲壮な音楽とともに、スクリーンに字幕が映し出される。

「二〇〇一年、中国は世界貿易機関（WTO）に加盟すると、すぐに米国市場は違法な補助金を受けた輸入品であふれかえった。以来、五万七〇〇〇もの米国の工場が消え去り、二五〇〇万人以上の米国人がまともな仕事に就くことができなくなった。そして今、我々は三兆ドルを超える借金を世界最大の全体主義国家に負っているのである」

画面が切り替わると、星条旗のデザインがあしらわれた米国大陸があらわれる。すると、その米国大陸の上に「MADE IN CHINA（中国製）」と刻印されたサバイバルナイフが突き立てられ、血が滴り落ちる中、タイトル画面があらわれる。

「Death By China（中国による死）[1]」

このドキュメンタリー映画が制作されたのは、二〇一二年。おどろおどろしい冒頭のシーンとともに全体的にやや過剰ともいえる演出が目につくが、映画としてはグローバリズムによる米国国民の雇用喪失という真面目なテーマを扱ったものだ。この映画で、米国国民の雇用が失われるきっかけとして最も問題視されているのは、自由貿易を促進する国際機関であるWTOに中国が加盟したことだ。失業者、中小企業経営者、政治家、有識者らへのインタビューをもとに、次のようなストーリーが描かれている。

民主党のクリントン政権は二〇〇〇年、中国への最恵国待遇（MFN）を恒久化する法律を成立させ、中国のWTO加盟を認めた。一〇億人を超える中国の巨大市場が米国企業に解放されることは米国経済にもプラスに働き、中国を自由貿易体制に組み入れることで中国の民主化が進むことが期待された。しかし、その期待はいまや完全に裏切られた。米国の大企業は安い労働力を求めて中国に工場を移し、米国内の工場は次々と閉鎖された。米国国民の雇用が失われた代償として米国国民が手にしたのは、労働者の人権や環境規制を無視して安上がりに製造された大量の中国製品だった――。

映画では、米国国民の雇用喪失と中国との不均衡な貿易は密接な関係にあると位置づけられており、米国人の「雇用」と米国の「貿易赤字」は反比例の関係にある、と解説されている。映画の中に挿入されるイメージ図では、「雇用」という文字が書かれたボールが縮めば「貿易赤字」のボールが膨らみ、逆に「雇用」が膨らめば、「貿易赤字」が縮むという関係が描かれている。「最良の雇用創出計画は、中国との貿易改革にある。貿易赤字を出せば、経済成長にとってマイナスとなる。これは簡単な算数だ」

映画の後半で、「雇用」と「貿易赤字」の反比例の関係という理論を踏まえ、解決策を提案する白髪の人物が出てくる。この人物こそ、自身の著作をもとに映画を制作したピーター・ナバロ米カリフォルニア大アーバイン校教授である。現在はトランプ政権のもとで大統領補佐官（通商担当）という要職に就き、ホワイトハウス中枢で米国の対中政策に強い影響を与えている政権幹部の一人だ。

徹底した中国批判の映画

ナバロが大学に奉職していた時期に制作したこの映画で特徴的なのは、徹底した中国批判に貫かれているということである。

グローバリズムの影響による雇用喪失という問題について、リベラル派は企業利益の最大化ばかりを重視して海外に工場を移転させた多国籍企業の問題としてとらえる傾向にある。ナバロもその問題に多少は触れるものの、最大の元凶として問題視しているのは、自由貿易制度を悪用する中国政府の存在である。不当な為替操作による人民元安への誘導、それによる米国製品への事実上の高関税措置、知的財産の侵害、全体主義国家としての人権弾圧——。八年前の映画にもかかわらず、現在のトランプ政権が中国の問題として指摘するメニューがずらりと並ぶ。その対抗策として、ナバロは「中国製品を買うな」と訴える。

ナバロは二〇〇〇年代中盤から中国の経済的・軍事的な脅威を強く訴え、前述の「中国による死」をはじめ、「The Coming China Wars（邦題『チャイナ・ウォーズ——中国は世界に復讐する』）」

「Crouching Tiger（邦題『米中もし戦わば――戦争の地政学』）」など一連の著作を出している対中強硬派で知られた経済学者だった。ただし、ナバロはもともと中国問題の研究者ではなく、一三冊の著作のなかで五冊に「ロン・バーラ」という架空の専門家を登場させて引用するなど、その理論は経済学者や中国問題の専門家らの間では異端視されていた。

ナバロの政治への関心は強く、もともとは同性婚や環境保護、富裕層への高課税を支持する民主党員だった。中国問題に傾注する以前の一九九二年から二〇〇一年にかけてカリフォルニア州のサンディエゴ市長選などに挑戦し続け、これまでに計五回の選挙に出馬し、すべて落選したという経歴をもつ。

ナバロとトランプの結びつきは、二〇一一年にトランプがナバロの著作を好きだ、と話しているのを中国国営新華社通信の報道でナバロが知り、連絡を取ったのが始まりという。[2] トランプは一六年の大統領選に出馬するにあたり、ナバロをトランプ陣営の経済政策アドバイザーに迎える。トランプは一九八〇年代から「米国は他国に利用され続けてきた」と主張し続け、〇〇年代に入って急速に台頭する中国に対しても批判的なまなざしを向けていた。経済ナショナリストのトランプにとって、中国政府が貿易戦争を仕掛け、米国本土に爆撃機を飛ばして蹂躙するという、ナバロが自作の映画の中で描き出すイメージは、米国を被害者だと常に考えてきた自身の心象風景とぴったり重なり合っていたのだろう。

大統領選で勝利したトランプは二〇一六年一二月、ナバロをホワイトハウスに新たに設けた

「国家通商会議（NTC）」議長に任命する。産業貿易政策で大統領に助言する機関だ。

トランプの政権移行チームは声明で、「ナバロは、ワシントンで広く普及している『自由貿易』という正統派の信仰に挑戦するという活躍を続けてきた」と指摘。声明の中でトランプは「私は数年前に米国の貿易問題を書いたナバロの本の一冊を読んだが、彼の明確な主張と徹底した研究に感銘を受けた」と述べたうえで、「ナバロは米国の労働者たちがグローバリズムでどのように打撃を受けているかを正確に書物にあらわし、中産階級を復活させる道筋を描き出した」[3]とたたえた。

政権移行チームは、ホームページで一二分野の政策案を公表した。そのうちの一つが、ナバロの訴え続けてきた「貿易改革」だった。「アメリカ・ファーストではない貿易協定で米国民の職が失われた」と指摘し、「トランプ政権は数十年の政策を覆す」と宣言した。

「これは中国が始めた戦争なのだ」

政権発足当初、ナバロは決して順風満帆の道を歩んだわけではない。同じ対中強硬派のスティーブン・バノン大統領首席戦略官は政権内の確執から早々と更迭された。元海兵隊大将のジョン・ケリーがホワイトハウススタッフのトップ、大統領首席補佐官に就任すると、ナバロは傍流へと追いやられ、やがてNTCは廃止。ナバロは通商製造業政策局長という役職についたものの、ゲーリー・コーン国家経済会議（NEC）議長の組織下に置かれ、事実上の降格となった。コーンは自由貿易を促進する国際主義派であり、ナバロの唱える保護貿易政策にはことごとく反対していた。

しかし、トランプが二〇一八年三月、鉄鋼、アルミの輸入製品に対する高関税を決定したことで潮目が変わる。トランプは、ナバロら保護主義派の訴えてきた制裁関税案を採用する決断をしたのだ。これに反対したコーンは辞任に追い込まれ、逆にナバロは大統領補佐官（通商担当）に昇格し、復権を果たす。以来、対中貿易政策についてもホワイトハウスでの影響力を強めていくことになる。

トランプは、中国との未曾有の貿易戦争へと突き進む。二〇一八年三月に知的財産の侵害を理由に中国を制裁する大統領令に署名すると、七月には中国からの輸入品三四〇億ドル分へ追加関税「第一弾」を発動。さらに八月には「第二弾」一六〇億ドル分、九月には「第三弾」二〇〇〇億ドル分、翌一九年九月には「第四弾」一二〇〇億ドル分への追加関税を発動した。いずれも中国は報復関税で対抗し、世界経済の不透明感が一気に深まった。

トランプはのちに、WTOが中国を「途上国」として遇し続けているのは不公平だと批判したうえで、こう強調している。

「中国は長年にわたって米国からだまし取り続けてきた。（米国は）中国を相手に一年間で五〇〇〇億ドルもの貿易赤字を出している。だから私は彼らに関税を課したのだ」[4]

トランプが仕掛けた貿易戦争は二〇二〇年一月、中国が米国産の農産物などの輸入を拡大することを決めたことで、米中両政府が「第一段階の合意」に署名し、一時休戦となった。トランプは一一月の大統領選に向け、米国国民に成果を見せるためにこのタイミングでディールを成立させる必要があると判断したとみられる。ただし、中国の地方政府が地元企業へ補助金を供与する制度など、同国の国家主導経済の根幹にかかわる構造的な問題は棚上げとなったままであり、これらの問題を長年追及してきたナバロにとっては満足できる結果ではなかったといえる。

とはいえ、米中の貿易戦争をめぐる「第一段階の合意」はあくまで一時休戦に過ぎなかった。新型コロナウイルスの感染拡大が起きたことで、経済・軍事分野で対立を深めている両国関係は最悪となりつつある。

米ジョンズ・ホプキンス大学システム科学工学センターの集計によれば、新型コロナウイルスによる米国の死者数は二〇二〇年八月現在、一七万人を超え、世界最悪の記録を更新し続けている。

そんな中、トランプ政権は、米国国内での感染拡大の最大の責任は中国にある、と厳しく追及している。ポンペオ国務長官は、中国・武漢市で新型コロナが発生した最初期に「(中国は)すべての情報を共有しようとせず、この病気がいかに危険なものか隠蔽していた」[5]と非難。新型コロナは武漢市の海鮮市場から広まったとみられているが、トランプは武漢市の政府系研究所「中国科学院武漢ウイルス研究所」が新型コロナの発生源だった可能性を示唆し、中国に対して関税引き上げなどの報復措置をとる考えを示している。[6]それに反発する中国側は、「武漢市に持ち込んだのは米軍かもしれない」（中国外務省の趙立堅副報道局長）などと偽情報を流し、世界的な危機にもかかわらず両大国にはお互い協力して対応しようという気配はみられず、逆に批判のボルテージを上げる一方だ。

ナバロも、トランプ政権の新型コロナをめぐる政策形成に深くかかわっている。ナバロは政権内で楽観論の強かった一月下旬、大統領あてのメモを作成し、「米国で新型コロナが大流行する可能性」を言い当てていた。トランプは三月下旬、民間企業に物資の調達や増産を命じることができる国防生産法を担当する調整官にナバロを任命。トランプの信頼のもと、ナバロはホワイトハウスでの存在感をさらに強め、対中強硬策を後押ししている。

ナバロは四月二五日、米ＦＯＸニュースのインタビューで「『中国ウイルス』が直接的に死と破壊を引き起こし、間接的に我が国経済をシャットダウンさせている」と語ったのち、こう語気を強めた。

「これは戦争だ。中国が始めた戦争なのだ。中国はウイルスを生み出し、隠蔽していたのだ[7]」

「新冷戦」を印象づけたペンス演説

トランプ政権の対中強硬路線は、北朝鮮政策とは異なり、政権トップのトランプ大統領のリーダーシップだけに基づいているものではない。米国政府という国家としての確固たる意思をもった一貫性した政策といえる。

ワシントン市内で講演するペンス副大統領〔ワシントン、ランハム裕子撮影、2018年2月14日〕　朝日新聞社提供

トランプ政権の対中強硬姿勢を国内外に決定的に印象づけたのが、二〇一八年一〇月四日に保守系シンクタンク・ハドソン研究所で行われたペンス副大統領の演説である。[8]トランプ政権は、このペンス演説を政権としての対中政策と位置づけている。ペンス演説を要約すれば以下の通りである。

・前政権（胡錦濤政権）には、中国で経済的・政治的自由が広まるという希望があった。しかし、その希望は叶えられずについえてしまった。

・中国共産党は、不公平な貿易、為替操作、強制的な技術移転、知的財産の侵害を行っている。最悪なのが、中国の治安当局が米国の最新の軍事計画を含む科学技術を盗用する首謀者であることである。

・中国は西太平洋から米国を追い出そうとしている。中国艦船は尖閣諸島周辺をパトロールし、南シナ海の人工島では軍事拠点化を進めている。中国軍艦船は九月末、南シナ海で米駆逐艦から四五ヤード（約四一メートル）以内の距離まで接近するという向こう見ずな嫌がらせをした。

・中国は国内でキリスト教徒、仏教徒、イスラム教徒を弾圧している。中国・新疆ウイグル自治区では、一〇〇万人のウイグル族を収容所に入れ、二四時間体制で洗脳している。
・中国はアジア、アフリカ、欧州、南米諸国に対し、巨額のインフラを提供する代わりに対中債務を負わせる「借金漬け外交」を展開し、影響力の拡大を図っている。
・中国はアメリカ中間選挙に影響力を行使しようとしており、中国が米国の民主主義に干渉しているのは疑いようがない。中国の宣伝工作活動は、米国の企業、映画業界、シンクタンク、学識経験者、ジャーナリスト、公的機関職員に対して行われている。

ペンス演説の特徴は、米国にとっての中国の経済的・軍事的な脅威はもとより、中国国内の人権弾圧、途上国などに対する中国の対外戦略、米国内での宣伝工作活動など幅広い分野の問題を包括的に指摘している点にある。基本的には経済ナショナリストとして中国との経済問題に関心を集中させているトランプに比べ、ペンスの演説の方が米国のより強硬な姿勢をあらわしているということができる。

ペンスの演説後、ワシントンの外交・安保専門家の間では「新冷戦」という言葉が警戒心をもって語られるようになった。

実は、ペンスの演説には伏線がある。

一週間ほど前の九月二六日、トランプ大統領は国連安全保障理事会の会合で、「中国が一一月のアメリカ中間選挙に干渉しようとしている」と批判。中国による選挙干渉の目的について「彼らは我々に勝利してほしくない。なぜなら私が通商問題で中国と対決する初の大統領で、通商問題で勝利しつつあるからだ」と語った。[9] 会合後には、中国国営の英字紙チャイナ・デイリーの系列紙が米中の貿易戦争の影響で中国が農産品の輸入先を他国に切り替えることで、米国の生産者が損害を被るなどと伝える記事の写真をツイート。「中国は宣伝をニュースに見えるよう（農家が多いアイオワ州の）米紙デモイン・レジスターやほかの新聞に挟み込んでいる」と批判した。

ただし、トランプの主張した中国による選挙干渉は、ロシアによる二〇一六年大統領選への選挙干渉と異なり、あまりにも抽象的な内容だったため、その後「何の証拠があるのか」と逆に記者団から突っ込まれる事態となった。ペンス演説はこうしたトランプの演説に対する批判への反論という意味合いもあったとみられる。

中国外交・安全保障問題の専門家である米シンクタンク・戦略国際問題研究所（ＣＳＩＳ）のボニー・グレイサー上級顧問は、ペンス演説の内容について「政権としての対中政策の『青写真』を示したとは思わない。中国に関するあらゆる問題が網羅されていると思うが、解決策にはあまり言及されていない」と厳しい評価をしている。国連安保理におけるトランプ演説への批判を受け、政府内の各部署が把握する中国関連の問題を収集し、ホワイトハウスの国家安全保障会議（ＮＳＣ）がそれらをつなぎ合わせて発表したものだろう、という見方を示した。[10]

「大国間競争が戻ってきた」

グレイサーが指摘する通り、ペンス演説は実のところトランプ政権として新たな対中政策を示したものというより、米国の外交・安全保障の指針となる国家安全保障戦略（NSS）[11]で打ち出された対中政策を土台に組み立てられた政治的メッセージという性格の方が強い。元国務省高官は「ペンス演説は、NSSの問題意識に基づき、具体的な事実を語ったものであり、さほど驚くことはなかった」と語る。実際、ペンス演説では最初にNSSに言及し、「トランプ大統領はNSSの中で、中国に対して新しいアプローチをとることを明らかにした」と指摘している。

NSSはトランプ政権発足から約一年後の二〇一七年一二月に策定され、冒頭で「アメリカ・ファーストを実践することが米国政府の義務であり、国際社会における米国のリーダーシップの基本」だと定義づけた。これにより、トランプの唱えるアメリカ・ファーストが国家的な政策目標として米国政府全体で共有されたことになる。「米国民、米国土、米国流の生活を守る」という章では、国境に壁を築いて国境管理を強化し、厳格な移民制度を導入することが安全保障の中核だ、と位置づけている。

NSSで重要なのが、米国にとっての中国の新たな位置づけだ。中国をロシアとともに「競争国」と規定し、同盟国などと連携して対抗する姿勢を明確に打ち出した。また、中国とロシアを既存の国際秩序を転覆させることを狙う「修正主義勢力」と位置づけ、「（両国は）米国の価値と利益とは正反対の世界を形成することを望んでいる」と指摘。とくに中国については「インド太平洋地域から米国を追い出し、政府主導の経済体制を拡大させ、この地域を自国好みの体制に変えようとしている」と指摘している。

対中政策をめぐるNSSの大きな意義は、米国で長年続いてきた中国への「関与政策」の終結をうたったことにある。歴代の米政権は、一九七二年のニクソン訪中以来、第二次世界大戦後に米国が築きあげた国際経済体制に中国が参加することを歓迎してきた。中国は事実上の一党独裁の共産主義国家だが、経済の自由主義化が進むことで政治の民主化も進み、いずれは欧米諸国と同じように自由や人権などの価値を尊重する民主主義国家へと生まれ変わることが期待されたのである。

こうした中でNSSは、「(米国は)競争国に対して『関与政策』をとり、国際機関やグローバルな通商体制へと組み入れれば、彼らは善良な国家となり、信頼にたる友好国になるという想定のもとで政策がとられてきた。しかし、その政策は見直しが迫られている」と指摘。そのうえで「ほとんどの部分で、この前提は誤っていたことが判明したのである」と結論づけた。

NSSは、中国が周辺国の主権を脅かして勢力を広げ、権威主義体制を強化し、軍事力の拡大を図っていることに強い懸念を示したうえで、「前世紀の出来事として忘却されたのち、『大国間競争』が戻ってきた」と記した。米国の対中戦略は、長年の「関与政策」から「競争政策」へと転換することをここに明確に宣言したのである。

対中政策、交錯する二つの意思

米国の対中戦略の転換は、中国が習近平政権のもとで権威主義国家としての性格を強め、従来の国際秩序を変えようとする動きを強めるようになった時期と、対中強硬路線を強く志向するトランプ政権の発足が重なったところから生まれたといえる。

中国の著しい経済的・軍事的台頭に対する米国政府の懸念は、オバマ政権時代から始まっていた。二〇一二年一二月、米国家情報会議（NIC）が発表した二〇三〇年の世界情勢を予測する報告書「世界潮流（グローバル・トレンド）」は、二〇三〇年に入る前に中国の経済規模は米国を抜き去り、世界一になると予測した。[12] この報告書が出る一カ月前に発足した習近平政権は「中華民族の偉大な復興」を実現するという「中国の夢」を掲げ、海洋進出の野心を隠そうとしなかった。習は翌一三年六月、米カリフォルニア州を訪問してオバマ大統領と初めて会談した際、「太平洋は二つの大国にとって十分な空間がある」と発言した。中国はすでに南シナ海、東シナ海で海洋進出の動きを強めており、習の発言は西太平洋まで中国の影響力拡大を狙った「太平洋分割」構想として警戒された。米国内では、急速な軍拡を進める中国に対する脅威論が強まり、経済分野においても中国による知的財産の侵害などが大きな問題としてクローズアップされるようになる。NSSの策定は、米国の影響力が及ばないレベルまで中国の経済力・軍事力が強大化する前に、中国の競争力を削ぐことを狙った政策といえる。

「攻撃的現実主義（オフェンシヴ・リアリズム）」の理論で知られる国際政治学者のジョン・ミア

シャイマー米シカゴ大教授は、著書『大国政治の悲劇』で近未来の米中対立をこう予測した。

「あいにくだが、こうした関与政策が失敗するのは確実である。もし中国が世界経済のリーダーになれば、その経済力を軍事力に移行させ、北東アジアの支配に乗り出してくるのがほぼ確実だからだ。（中略）もちろん中国周辺の国々やアメリカが、中国の国力増大をこのまま黙って見過ごすわけがない。おそらく彼らは反中国の『バランシング同盟』（balancing coalition）を結成し、中国を封じ込めようとするだろう。その結果起こるのは、前代未聞の大国間戦争の到来を予感させるような、中国と反中連盟諸国の間の、安全保障・軍事面での激しい競争であろう。要するに、中国の国力が増加すれば、アメリカと中国は敵同士となる運命を避けられないのだ[13]」

ミアシャイマーの指摘は、NSSを策定した米国の国家意思を言い当てている側面がある。NSSでは中国などへの対抗を念頭に、「我々は米国のもつ政治的・経済的・軍事的な国力をすべて結集しなければいけない。米国の同盟国と友好国も、共通する脅威と対峙するため、彼らのもつ能力を提供して貢献しなければいけない」と強調している。

NSSの策定以降、米国は対中強硬策を次々と打ち出している。例えば、NSS策定後初の二〇一九会計年度の国防予算の枠組みを決める国防権限法では、米国の優先課題が「テロとの戦い」から、中国とロシアという「競争国」への対抗に移行したとみることができる。米国政府機関と取引のある企業に対し、中国情報通信機器大手の華為技術（ファーウェイ）などの機器やサービスを使うことを禁じたり、対米外国投資委員会（CFIUS）の権限を強化したりしたほか、

「環太平洋合同演習」（リムパック）への中国の参加を禁じるなど、対中強硬策がずらりと並んだ。東アジアの安全保障問題に詳しい米シンクタンク・ランド研究所のジェフリー・ホーナン研究員は「米国の対中戦略を描き出しているのがNSSだ。米国は今後もNSSに基づき、中国と競争する政策を強めていくだろう」と語る。[14]

ただし、政権トップのトランプは中国との貿易問題に強い関心をもっているものの、NSSが示したビジョンを完全に共有しているわけではない。NSSが発表されて間もない二〇一八年一月の一般教書演説で、トランプが最も時間を費やしたのは、中国とロシアとの大国間競争ではなく、北朝鮮情勢についての話だった。[15]

米国の対中政策には二つの意思があるといえる。経済ナショナリストとして中国に貿易戦争を仕掛けるトランプの意思と、大国間競争を仕掛ける国家意思である。この二つの意思は交錯する形で米国の対中政策として表にあらわれ、ときに両者の矛盾した考え方が浮き彫りになるのである。

「自由で開かれたインド太平洋」構想

「我々のインド太平洋構想では、友好国が敬意を払われつつ、安全と繁栄を見いだすものだ」

シャナハン米国防長官代行は二〇一九年六月一日、シンガポールでの「アジア安全保障会議（シャングリラ・ダイアローグ）」でこう強調し、米国防総省が策定した「インド太平洋戦略」を発表した。[16]

この戦略は、トランプ政権が提唱するアジア政策「自由で開かれたインド太平洋（FOIP）」構想を具体化したものだ。

FOIP構想はもともと、オバマ政権のアジアへの「リバランス政策」に代わる新政策として、トランプ大統領が二〇一七年一一月にベトナムで開かれたアジア太平洋経済協力会議（APEC）首脳会議で発表したものだ。トランプは「公平で平等」な市場の重要性を強調。中国を直接名指しすることはなかったが、「政府が進める産業計画と国営企業を使い、不当廉売や為替操作を行っている国がある。これ以上、貿易の慢性的な悪弊は容認できない」と批判した。そのうえで、「私は常にアメリカ・ファーストを優先する」と宣言し、「我々の手を縛り、主権を明け渡すような大きな協定に入ることはもはやない」と語り、政権発足と同時に離脱した環太平洋経済連携協定（TPP）のような多国間の貿易協定を結ぶことを否定した。[17]

トランプが最初に示したFOIPは、中国の巨大経済圏構想「一帯一路」への対抗を念頭に、アジアにおける米国の新たな貿易政策の基本方針という色合いが強かった。

その後、FOIP構想は、中国が南シナ海での軍事拠点化の動きを加速させる中、軍事戦略的な性格も強めていく。米国は二〇一八年五月には「環太平洋合同演習（リムパック）」への中国の招待を取り消し、米太平洋軍を「インド太平洋軍」に改称。南シナ海を米イージス艦などで航行する「航行の自由作戦」を積極的に展開した。

その後もＦＯＩＰ構想に基づき、ペンス副大統領がアジア各国のインフラ整備に六〇〇億ドルの支援を表明するなどしてきたが、ＦＯＩＰ構想には当初から「具体性の欠けたあいまいな構想」（元ホワイトハウス当局者）という評価がつきまとっていた。二〇一九年六月、シャナハン国防長官代行が打ち出した「インド太平洋戦略」はこれらの批判を意識していたとみられ、「国民への包括的な説明文書」（シュライバー国防次官補）と位置づけた。

インド太平洋戦略では、インド太平洋地域を「米国の未来にとって最も重要な地域」と定義している。ＮＳＳと同じく中国を「修正主義勢力」と位置づけ、「国際システムを毀損し、法秩序に基づく価値と原則をむしばむ」と非難した。一方、米国としては、新たに戦闘機一一〇機や駆逐艦一〇隻以上を購入する方針を示している。

シャナハンは演説後の質疑応答で「我々は以前も戦略を持っていたが、資源や資金を伴っていなかった」と述べ、今回は予算の裏付けがあると強調した。

インド太平洋戦略の最大の特徴は、同盟国・友好国とのネットワーク化を打ち出した点にある。同盟国である日本、韓国、オーストラリアなどとの同盟強化をうたい、続いてシンガポール、台湾などとの友好関係拡大も強調した。インドについても、「米印関係を深化させ、新たなパートナーシップを構築する」と明記。インドの安全保障政策に詳しい米シンクタンク・ハドソン研究所の長尾賢・客員研究員は「中国と境を接するインドは難しい立場にあり、インドがすぐ米国にとっての日本のような相手になると考えるのは行き過ぎだが、この政策を継続すれば米印関係は日米関係に近づくかもしれない」と語る。[18]

「ナマステ・トランプ」で米印関係強化も

トランプ政権が「自由で開かれたインド太平洋（FOIP）」構想において、同盟国である日本、オーストラリアと並んでとくに重視しているのが、このインドとの関係だ。

トランプ大統領は二〇二〇年二月、就任後初めてインドを訪問し、ニューデリーの迎賓館「ハイデラバード・ハウス」でモディ首相と会談した。両首脳は米印関係を「包括的戦略パートナーシップ」に格上げし、インドに対して米国が軍用ヘリコプターなど三〇億ドル超の防衛装備品を売却することでも合意した。

トランプは会談後の共同発表で「我々はFOIPをより確かなものにするため、対テロ作戦やサイバー、海洋安全保障の協力を拡大してきた」と述べ、「我々二カ国は、常に民主主義や自由、個人の権利、法の支配を共有して団結している」と強調。モディも、「米国の最新装備品によってインドの防衛力は高まってきた。インド軍と米軍との共同訓練も数多く行っている」と語った。[19]

インドとの連携を深める米国の念頭にあるのは、東南アジア諸国などにインフラ投資で影響力を強める中国の存在だ。南アジアが専門のヘリテージ財団のジェフ・スミス研究員は「両国は『一帯一路』への懸念を共有している。トランプ、モディ両政権はこの三年間で関係を深めてきた」と語る。[20]

トランプ、モディ両首脳の個人的な関係も深まっている。

トランプは、モディとのニューデリーでの正式な会談の前日、モディの出身地グジャラート州のアーメダバードにある世界最大級のクリケットスタジアムで、「ナマステ・トランプ」と銘打ったイベントにモディと参加した。

アーメダバードの市内はトランプの訪問に歓迎一色で、至る所にトランプ、モディ両首脳の写真をあしらった大看板が掲げられた。両首脳がスタジアムに入場すると、約一〇万人の観衆は立ち上がって「ナマステ・トランプ！」と歓声を上げた。トランプは大観衆を前に、「米印両国はともに我々の主権、安全保障、そしてインド太平洋の地域を守る」と訴えた。[21] トランプ、モディ両首脳は何度も抱き合い、二人の友情関係をアピールした。二〇一九年九月、両首脳は米国ヒューストンでも約五万人の在米インド人らが集まった「ハウディ・モディ」というイベントに一緒に参加しており、今回はそのインド版の集会といえた。

ただし、インドは米国の思惑とは裏腹に、なかなか一筋縄ではいかない相手である。インドは中国に対して強い警戒感を持っている一方で、同国とも首脳会談を重ねているうえ、ロシアとも軍事やエネルギー分野での協力を強化しており、全方位外交を展開。自国の利益を最大化する「戦略的自立性」を追求している。米国にはインドと二国間の貿易協定を結びたいという思惑もあるが、貿易問題では対立の方が目立つ。安全保障協力のあり方や貿易問題をめぐる米印両国の認識ギャップはいまだに大きいのが実情だ。

冷ややかなＡＳＥＡＮ諸国

米国防総省が「自由で開かれたインド太平洋（ＦＯＩＰ）」構想を具体化するために策定した「インド太平洋戦略」には課題も多い。

米シンクタンク、アメリカン・エンタープライズ研究所（ＡＥＩ）のザック・クーパー研究員は、①トランプ政権内におけるインド太平洋戦略の位置づけの不明確性、②東南アジア諸国のＦＯＩＰ構想に対する期待度の低さ――を課題に挙げる。[22]

①に関してはまず、インド太平洋戦略の策定機関が国防総省であり、ホワイトハウスではないという点が問題だと指摘する。トランプは貿易問題をめぐる多国間の枠組みを支持しない姿勢を明確に示しており、安全保障問題をめぐる多国間協力の枠組みづくりに同意しているのかはっきりしておらず、政権全体の戦略とはいえない。これに加え、今回の戦略は安全保障分野に特化している。本来であれば、「一帯一路」を掲げる中国の影響力を抑えるには、ホワイトハウスが主導し、安全保障と経済分野を組み合わせたＦＯＩＰ構想に関する戦略文書を策定する必要がある。

②に関しては、シンガポールの政府系研究機関ＩＳＥＡＳが二〇一八年一一月から一二月にかけて、東南アジア諸国連合（ＡＳＥＡＮ）各国の学識経験者約一〇〇〇人を対象とした調査が現実を示している。「ＦＯＩＰ構想は実行可能な地域秩序の選択肢を提示しているか」との問いに「イエス」と答えたのは、シンガポールの学識経験者ではわずか八・七％。大半が一〇～二〇％

台で、最高のラオスでも三一％だった。[23] 米国にとって中国に対抗するためにＡＳＥＡＮはぜひとも味方に引き入れたい陣営だが、クーパーは「米国は東南アジアで基盤を失いつつある。今回の戦略でもこの傾向を覆すまでには至っていないだろう」と語る。

アジアにおける中国の存在感の高まりを米国が抑えきれないのは、アメリカ・ファーストを掲げるトランプが大統領に就任した直後、ＴＰＰの離脱を決めた影響が大きいという見方もある。

米国の安全保障問題専門家らは、ＴＰＰの実現に強い期待感を持っていた。『地政学の逆襲』などの著書で知られる米ジャーナリストのロバート・カプランは「ＴＰＰは中国の『一帯一路』に対抗できる素晴らしいアイデアだったと思う。自由経済圏構想のもと、民主主義国で似た志を持つ国々が集まり、ゆるやかな軍事同盟とも言えた。ＴＰＰ離脱で米国はアジアでの構想を失ったのだ」と嘆く。[24]

トランプ政権が今回のインド太平洋戦略で、同盟国・友好国との連携強化を打ち出したことは評価されるものの、現実との深刻な矛盾も浮かび上がってくる。政権はトランプの主導のもと、中国のみならず、日本や欧州など同盟国に対しても貿易紛争を仕掛けているからだ。クーパーは「アジア太平洋地域の友人たちを米側の対中戦略に引き入れるのをますます難しくしている」と懸念を示す。

トランプ政権の訴えるアジア重視の本気度には、ＡＳＥＡＮ諸国から疑いのまなざしが向けられている。トップのトランプ大統領が二〇一七年の就任以来、三年連続で東アジアサミットを欠席しているからだ。

二〇一九年一一月、バンコク近郊で開催された東アジアサミットには、前年には出席したペンス副大統領も欠席し、閣僚でもないオブライエン大統領補佐官（国家安全保障担当）がトランプの代理として派遣された。東アジアサミットに米国は二〇一一年から参加しているが、アジアへの「リバランス政策」を掲げたオバマ大統領は、任期中に開催された全六回のうち、一回を除いて全て出席。欠席したのは「政府閉鎖」が発生した一三年だけだった。

二〇一九年一一月三日夜、ＡＳＥＡＮ首脳会議恒例の夕食会での各国首脳らの写真撮影会。議長国タイのプラユット首相を中心に中国の李克強首相や安倍晋三首相、インドのモディ首相らがにこやかな表情で中央に陣取る中、オブライエンにあてがわれた位置は最後列の端だった。[25]ＦＯＩＰ構想でアジア諸国をまとめあげようとする大国としての存在感は見られず、トランプ政権の多国間の枠組みを軽視する姿勢を改めて印象づける結果となった。

米国は東南アジアにおいて影響力を強化しているどころか、逆に低下している点がみられる。ドゥテルテ大統領のもとで中国との関係を深めているフィリピン政府は二〇二〇年二月、「訪問米軍に関する地位協定」（ＶＦＡ）を破棄すると米国政府に通知した。ＶＦＡが破棄された場合、フィリピンとの演習や地域を巡回する米軍の活動に支障が出て、南シナ海で海洋権益の拡大を続ける中国を牽制するための米国の戦略に狂いがでることが懸念された。

しかし、トランプには、フィリピン側に見直すように働きかける意思はみられない。「私は全く気にしない。我々は多くのお金を節約できる」と語り、むしろフィリピンとの演習がなくなれば、その分米軍の支出が減ることを歓迎する考えを示している。

フィリピンはその後、VFAの破棄をいったん保留する考えを米国側に伝えたが、破棄通知の撤回ではなく停止だとしており、両国間の火種はくすぶったままだ。

東南アジア諸国には、南シナ海での軍事拠点化や「借金漬け外交」など、中国に対する警戒感は強い。一方、自国益を最重視するアメリカ・ファーストを掲げるトランプ政権も信用できない。トランプ政権は中国に対して大国間競争を仕掛けているが、ASEAN諸国にとって米中対立の激化は地域を不安定にするだけで望むところではない。

ASEANは二〇一九年六月の首脳会議で、インド太平洋地域を「対抗ではなく協力と対話の場」と位置づけ、ASEANを中心に地域協力を進めていくことなどをうたった独自の「インド太平洋」構想を採択し、米国版のFOIP構想とは一線を画した。

台湾問題に口をつぐむトランプ

二〇一九年五月八日夕、米議会議事堂二階の「マンスフィールド・ルーム」。

シャンデリアがともる格調高い造りの室内では、台湾関係法の成立四〇周年を祝うレセプションが開かれ、共和、民主両党の議員ら約五〇人がワイングラスを片手に談笑していた。

「台湾当局と台湾国民を代表し、この部屋に集まった皆さんの圧倒的なご支援に感謝を申し上げたい」

会合を主催した台湾の在米大使館にあたる台北経済文化代表処（ＴＥＣＲＯ）の高碩泰《スタンリー・カオ》代表がこう語ると、一斉に拍手が送られた。

台湾関係法とは、米国が中国と国交を結んだ代わりに米台が断交した一九七九年、米国と台湾との実質的な外交関係を維持し、武器売却ができるように米国議会が制定した法律だ。米台間の友好を示すシンボルでもある。

「中国は台湾を孤立させようと動き続けている」「中国は台湾海峡の向こうから台湾を貪欲な目で見つめ、台湾をいじめ続けている」

台湾関係法の制定四〇周年を迎えた今回の式典で、あいさつに立った両党議員たちが口々に表明したのは、中国に対する厳しい非難だった。台湾に統一を迫る中国は、民進党の蔡英文《ツアインウエン》政権に外交圧力をかけ続けており、二〇一六年の蔡政権発足以来、台湾と断交した国は七カ国にのぼる。中国はこれらの国々にインフラ整備など巨額の支援を提示し、台湾との断交に導いたとみられる。一方、台湾と外交関係を維持する国は現在、わずか一五カ国となり、台湾は国際的な孤立の深まりに苦しんでいる。

野党民主党トップのナンシー・ペロシ下院議長もこの日の会合に駆けつけ、「（台湾とは）自由、民主主義、人権といった価値観を共有している」と強調し、民主党としても台湾を支援していく姿勢を強調した。

トランプのもとで分断政治が進むなか、台湾問題は共和、民主両党が超党派で一致協力できる数少ないテーマの一つだ。共和党は対中国を念頭においた安全保障問題、民主党は民主主義や人権問題という観点から台湾を支持する意見が圧倒的に多い。前日の七日に米下院は、台湾に対する米国の関与を再確認する決議を全会一致で採択した。

米国議会だけでなくトランプ政権も、「ブッシュ政権やオバマ政権など過去の政権と比べて、台湾への支援を格段に積極的に行っている」[26]（米シンクタンク「プロジェクト２０４９研究所」のイアン・イーストン研究員）という見方は強い。

二〇一八年三月、米台の高官の相互訪問を促進して関係を強化する台湾旅行法が成立。トランプ政権は一七年の発足以来、台湾への武器売却に力を入れており、一九年八月には台湾が最も強く求めていた新型のF16V戦闘機計六六機の売却を承認した。トランプ政権が台湾に武器や防衛関連のサービスを供与するのはこれで五回目。オバマ政権は八年間の任期中に三回しか供与しておらず、トランプ政権の積極性が際立つ。イーストンは「過去の政権は中国との関係に配慮して、台湾の存在を最小化し否定すらしていた。トランプ政権は重大な政策変更をした」と語る。

米シンクタンク・CSISのボニー・グレイサー上級顧問は、台湾との関係強化にトランプ政権が力を入れる理由について、「中国の台湾に対する政治・経済・軍事的圧力に対するリアクションとして行われている」と語る。[27] グレイサーは、中国の習近平政権が台湾の蔡政権への外交圧力を強めていた時期にトランプ政権が発足したことを指摘。ボルトン大統領補佐官（国家安全保障担当）、シュライバー国防次官補（インド太平洋安全保障担当）、ポッティンジャー国家安全保障会議（NSC）アジア上級部長ら対中強硬派が政権入りし、台湾に対する中国の外交圧力に対抗するために台湾支援を強化し始めた、とみている。

トランプ政権の高官が直接動いた事例もある。

米ホワイトハウスのアジア政策のトップ、ポッティンジャーは二〇一九年三月、台湾と外交関係を結ぶ太平洋の島国ソロモン諸島を訪れ、台湾外交部の徐斯倹・政務次長（外務次官）と会談した。駐パプアニューギニア米国大使館は、二人が一緒に収まった写真とともに「ポッティンジャーはソロモン諸島において同盟国・友好国と一緒に『自由で開かれたインド太平洋（FOIP）』のために取り組んでいる」とフェイスブックに投稿した。両氏が野外で視察している様子を写した写真を使ったのは、非公式な会談であることを強調し、中国を刺激しないようにする意図があるとみられるが、米台高官の会談は極めて異例といえる。

それでも中国の外交圧力をはね返すことはできていなかった。ソロモン諸島は半年後の九月、台湾と外交関係を断絶し、中国と国交を結ぶ方針を決めた。

一方、トランプ政権全体が台湾を支えるという考え方で一致しているかというと、そうとは言い切れない。最大の不安定要因は政権トップのトランプ大統領だ。

トランプは就任直前の二〇一六年一二月、台湾の蔡英文総統と電話会談を行った。米国の大統領や次期大統領が台湾総統と電話会談したことが公になるのは、米台断交後初めてのことだった。

トランプはその後、中国大陸と台湾がともに「中国」に属するという「一つの中国」原則に疑問を見せる発言を一時的にしていたが、中国の習近平国家主席との関係構築を重視し始めると、台湾問題については一切発言しなくなった。

グレイサーは「トランプは台湾に対する自分自身の考えを持っていないと思う。蔡との電話会談を行ったのも、選挙陣営のスタッフから『過去の大統領がやっていないことをやってみてはどうか』と言われたからだろう」と語る。

元国務省高官は「トランプにとってみれば、中国との貿易交渉の方が台湾問題よりもっと重大な問題だ。トランプは、台湾問題が中国との貿易交渉の邪魔にならないように意識している」と語る。

中国の人権問題に無関心

米連邦議会議事堂から三キロ離れたオフィスビルに、「キャンペーン・フォア・ウイグルズ」の事務所はある。中国・新疆ウイグル自治区のウイグル族らイスラム系住民の人権を擁護する米国の団体だ。

「日本の新聞がウイグル問題に関心をもってくれてうれしい」

笑顔で迎えてくれたのは、団体代表でウイグル系米国人の人権活動家、ルシャン・アッバス[28]。代表といっても、ウェブサイトの更新を含め、すべての業務を一人で行っている。最近構えたこの事務所も机を二つ置けば室内がいっぱいになる手狭さだ。

アッバスは文化大革命の最中の一九六七年、新疆ウイグル自治区ウルムチで生まれた。七九年の米中国交正常化後、ウイグル族に比較的寛容な政策が取られた八〇年代に地元新疆大学で民主化運動のリーダーとして活動し、八九年五月に大学院で勉強するため渡米。その三週間後、天安門事件が起きる。中国当局が漢族の若者らにまで銃撃して弾圧する映像に強いショックを受け、アッバスは米国に残る決意をする。

九〇年代に入り、新疆ウイグル自治区のウイグル族らに対して中国当局の弾圧が強まる中、アッバスは米国でウイグル系米国人の組織を設立したりするなど、中国国内のウイグル族の人権擁護運動に取り組んでいた。

二〇一九年九月、フルタイムの仕事を辞めて人権活動家としての仕事に専念するようになった。きっかけは、ウルムチに住む自身の姉が行方不明になったことだ。

二〇一八年九月、アッバスは米シンクタンク・ハドソン研究所で、ウイグル族への人権弾圧問題をめぐるシンポジウムのパネリストとして講演。[29] その六日後、姉と叔母の二人が現地の警察当局に拘束されたという。数カ月後、叔母は解放されたという情報を得たが、姉の行方はわからない。唯一の情報は一九年九月、「ハンナ」と名乗る人物がツィートした内容だ。姉のアパートを撮影したビデオクリップとともに「彼女はアパートにおらず、建物は封鎖されていた」と書かれていた。

米国務省は、中国当局は新疆ウイグル自治区内の収容所にウイグル族ら八〇万～二〇〇〇万人以上を拘束し、虐待や拷問、殺害を行っていると[30]指摘する。国連人種差別撤廃委員会は二〇一八年八月、不当に拘束されたウイグル族の解放を中国政府に勧告した。

アッバスは「私の姉はどこかの収容所に連れ去られているのだと思う。彼女は政府系の病院に勤務していた医師で、何ら政治的な思想をもたない人物だ。明らかに私の米国での活動に対する中国当局の報復措置だと思う」と語る。

姉だけではない。アッバスの周辺では夫の両親ら親族十数人も二〇一七年以来、連絡が取れなくなっている。

アッバスは、行方不明となった姉や親族を救おうと必死だ。

「彼らは、私たちが自分たちを助け出すために何かをやってくれていると信じている。日々何かをしなければ、私は夜眠ることもできない」

アッバスが期待するのは、米国による中国当局への圧力だ。全米各地の大学やシンクタンクを訪問してこの問題を訴えるかたわら、米国政府や議会関係者と頻繁に会合を重ねる。とくに力を入れてきたのは、新疆ウイグル自治区での人権弾圧に関わった中国政府高官らに制裁を科すことを求めるウイグル人権法案だ。議会内外で精力的にロビー活動を続け、空港の待合室で偶然見つけた下院議員に姉の写真を見せて法案の内容を説明し、賛成の約束を取りつけたこともある。この法律は超党派の賛成を得て二〇二〇年六月に成立した。

米国は香港問題とともにウイグル問題を、中国国内における重大な人権弾圧とみている。
米国政府は二〇一九年一〇月初旬、ウイグル族らに対する人権弾圧に関与した中国当局者らへのビザ発給を制限するとともに、監視カメラ世界最大手の杭州海康威視数字技術（ハイクビション）など計二八の中国企業・政府機関に対して輸出制限措置を取ると発表。同月下旬、ペンス副大統領は前年に続き二回目となるトランプ政権の対中政策演説で、「中国共産党は数百万人の少数民族のもつ宗教的・文化的な独自性を消去しようとしている」と非難した。[31]

他国の人権問題を米国が重視する根底には、自由や人権の尊重といった民主主義の理念を世界各国に広めることを目的とした米国の伝統的な「人権外交」という考え方がある。

オバマ政権で国務次官補（民主主義・人権・労働担当）を務めたマイケル・ポスナーによれば、もともとの始まりはベトナム戦争終結後の一九七〇年代、米国政府が外国政府に軍事・経済支援をする場合、その国の人権状況と結びつける人権外交関連法を米国議会がつくったことにある。その後、「人権外交」を掲げたカーター大統領が一九七七年に就任し、人権担当官を国務次官補に昇格させ、人権状況が問題視されたアルゼンチンなど南米八カ国について実際に軍事援助を停止した。

ポスナーは「人権外交の考え方は、政府が人権や法秩序を尊重して民主的に政権運営をすれば世界はより安定化し、逆に自国の人々の人権侵害をする国々は世界を不安定化させるというものだ」と語る。[32] 米国務省は一九七六年から毎年各国の人権状況を調査して議会に報告書を提出することが義務づけられ、近年の報告書では中国当局によるウイグル族への人権弾圧も指摘している。

ポスナーは米国政府のウイグル問題をめぐる取り組みを評価しつつも、トランプについては「歴代大統領とは異なり、人権問題を重視していないのは明らかだ」と厳しい見方を示す。トランプがウイグル族をはじめ、中国国内の人権問題について自ら言及することはほとんどない。逆に米国国内では不法移民排除に力を入れ、国連人権理事会を脱退し、サウジアラビア人記者ジャマル・カショギ殺害事件をめぐっても、サウジのムハンマド皇太子を批判する様子はない。ポスナーは「大統領は米国の重要な声だ。大統領が声を上げなければ、米国としてのメッセージは届かない」と危惧する。

香港問題についても、トランプは中国政府を批判することに消極的な姿勢が目立った。

香港での大規模デモは、刑事事件の容疑者を中国本土に引き渡すことを可能にする「逃亡犯条例」改正問題をきっかけに始まった。二〇一九年一一月、香港で警察隊とデモ隊の衝突が激化する中、米上院は香港の人権と自治を擁護するための「香港人権・民主主義法案」を全会一致で可決した。

この法案では、米国政府に対して、香港の「一国二制度」が機能しているかどうか毎年、検証することを義務づけた。機能していないと判断された場合、香港が受けている関税やビザなどの優遇措置が見直される可能性がある。中国政府は、外国からの投資の七割を香港経由で呼び込んでいるため、米議会内では、デモ隊鎮圧のために武力行使をちらつかせる中国政府を思いとどまらせるために最も有効な法律となる、との見方があった。米下院でもすでに同様の法案が可決されており、トランプが署名すれば法律は成立する状況となった。

しかし、トランプは「人道的な解決」を求めるものの、香港の抗議デモを「暴動」と呼ぶなど、必ずしも香港のデモ隊を支持しているわけではなかった。

トランプはFOXの番組で「我々は香港の人々を支持しなければいけないが、私は習近平国家主席も支持する。彼は私の友人で、素晴らしい人物だ」と発言した。「私は自由を支持するが、我々は貿易問題のディールをしている段階だ」とも述べ、進行中の米中通商協議への影響に配慮し、拒否権を発動して署名しない可能性を示唆した。[33] トランプは最終的に署名して法律は成立したが、署名と同時に声明を発表。「香港人権・民主主義法の一部規定は、外交政策を決定する大統領の権限に干渉する」と不満を表明し、「私の政権は大統領権限に沿ってそれぞれの規定を運用する」と宣言し、反発する中国政府に最大限配慮する姿勢を示した。[34]

中国、人権弾圧へと「逆コース」

ワシントンでは、習近平政権が権威主義国家として国内統治のあり方に自信をつけ、米国の忠告を聞かなくなっている、と憂慮する声が強まっている。

オバマ政権で国防次官補（アジア・太平洋担当）を務めたデビッド・シアーもその一人だ。シアーは、中国政府が武力で民主化運動を鎮圧した一九八九年の天安門事件を北京の米国大使館員として現地で経験した人物でもある。

シアーが一九八七年に大使館員として赴任したとき、中国では趙紫陽《チャオツーヤン》総書記のもと、経済のみならず政治についても大改革が近く行われるように思えたという。だからこそ「天安門事件は極めて衝撃的だった」と振り返る。[35]

シアーは当時、中国政治担当を務め、現地で盛り上がる民主化運動の情報収集にあたっていた。一九八九年五月四日に行われた、天安門広場での最大規模のデモなどにも参加し、虐殺が行われた六月四日未明の前日も、夜通し現地の広場にいたという。シアーは休息を取ろうと自宅に戻る途中、武装した兵士を満載したトラックの一群とすれ違った。

「少し後でわかったことだが、あれが虐殺の始まりだったわけだ」

シアーが天安門事件から得た教訓は、①中国共産党は自身の統治が脅かされると極めて残忍な行動をとる、②中国は政治指導者の交代時期に内部の権力闘争で非常に不安定化する、③中国で今後実行される政治経済改革はあくまでも「中国流」であり、我々西側とは異なるものだと認識しなければいけない——ということだった。

天安門事件は米国に強い衝撃を与えたという。ジョージ・H・W・ブッシュ大統領は即座に経済制裁を発動し、現在も一部制裁が残る。シアーは「戦車隊の前に男性が立ちふさがる写真など、あの当時を知る米国人はデモ隊が中国軍に虐殺されるシーンを忘れることはない」と語る。

天安門事件から三〇年が経ち、シアーは「中国共産党は中国社会が不安定化する新たなリスクを強く懸念している」と指摘する。中国では都市化が進み、中産階級が出現する中、環境問題や食の安全という問題が起き、「これらの諸課題は、経済成長だけで解決する問題ではない。中国の人々はもっと政治に目覚めつつある」と語る。

ところが中国共産党は民主化を進めるのではなく、人権弾圧をさらに強めるという「逆コース」をとっている、とシアーは懸念する。「中国社会では言論の自由がますます厳しく制限され、政府当局による監視が進み、ウイグル族らに対する強制収容所の問題も起きている」

シアーは「中国の人権状況を深く憂慮している。米国は中国との協議において、人権問題を必ずテーマとして維持し続けなければいけない。米国は同盟国・友好国にも、中国に対して人権問題を扱うように働きかけなければいけない」と訴える。ただ、中国の振る舞いを見たとき、「人権問題をめぐり、中国に対する米国のレバレッジが年々効かなくなりつつあるのも事実だ」と悲観的な見方ももつ。

「中国がさらに豊かになり、国際社会の中で政治的な影響力を増す中、中国共産党は我々の意見に耳を貸さなくなりつつあると思う」

孔子学院、続々閉鎖

米中が覇権を競い合う中、米国国内では中国のソフトパワーの自国への浸透を恐れる動きも起きている。

二〇一九年五月六日、米カリフォルニア大サンタバーバラ校（ＵＣＳＢ）。中国人講師の陳蒙がスライドで中国語の文章を示し、「発音しましょう」と呼びかけると、十人余りの学生が「私は旅券を持って大使館に行きました」と中国語で読み上げた。中国語初級の授業のひとこまだ。

陳の授業は孔子学院のプログラムの一環だ。孔子学院とは、中国教育省傘下の国家漢語国際推進領導グループ弁公室（漢弁）が世界各地の大学などと連携して運営する教育機関。中国語教育や中国との文化交流を行う。中国政府の国家プロジェクトとして二〇〇四年に開始。ホームページによると、一八年一二月末現在で一四七カ国・地域に計五四八校を開設。日本には一五校がある。

ＵＣＳＢも二〇一四年、孔子学院本部（北京）と合意し、同校に孔子学院を開設。本部から中国語教科書三〇〇〇冊と資金一五万ドルの提供を受けた。陳は中国から派遣され、給与は本部が負担する。

「私たちの大学は公立校であるため、財政は限られる。陳先生の存在にはとても助けられている」

ＵＣＳＢで孔子学院を担当する台湾系米国人のメイフェア・ヤン教授はこう語った[36]。ヤン教授によれば、東アジア学部所属の中国語講師は三人だけ。陳が年間五～六クラスを受け持つことで、より多くの学生に中国語の授業を提供できるようになったという。

米国内の孔子学院の設置は二〇〇五年三月のメリーランド大を皮切りに始まり、ＵＣＳＢを含めて世界最多の一二〇校近くにのぼった。ところが最近、米国内の孔子学院が続々と閉鎖するという異変が起きている。

全米学者協会（ＮＡＳ）の調べによれば、閉鎖数は二〇一四～一六年まで三校だったが、トランプ政権発足後の一七年は一年間で三校、一八年は八校、一九年は一七校と急増。二〇年は五月現在ですでに七校にのぼる。[37]背景には「中国は米国の知的財産を盗んでいる」という批判が高まり、孔子学院が「国家安全保障の脅威」とみなされるようになったことがある。

二〇一八年八月に成立した国防権限法では、米国防総省が資金を出す中国語講座の中で孔子学院関連は対象外にするという条項が盛り込まれた。この結果、孔子学院を閉鎖する大学が相次いだ。

こうした動きに、ヤン教授は「中国政府から『こう言え、ああ言え』と指示されたことは一度もない。トランプ政権には孔子学院が中国のイデオロギーを広めているという恐怖心があるが、それは誇張されたものだ」と反論した。

「非理性的な恐怖」と懸念する声も

「中国のスパイ活動ほど深刻な脅威はない。彼らは情報機関や国営企業、民間企業をはじめ、大学院生や研究者ら様々な人々を使って情報を盗んでいる」

米連邦捜査局（ＦＢＩ）のクリストファー・レイ長官が二〇一九年四月下旬、ワシントンでの講演でこう述べたうえで、「我々は孔子学院を懸念している」と強調した。[38] レイは一年ほど前の米上院公聴会でも、「我々は孔子学院を注視している。いくつかの事例は捜査段階にある」と語っていた。

米捜査当局が孔子学院を警戒する背景には、米国の大学で中国のスパイ活動に対する懸念が高まっていることがある。最先端技術の研究を盗まれることへの危惧もあり、マサチューセッツ工科大学は同年四月、中国情報通信大手の華為技術（ファーウェイ）と中興通訊（ＺＴＥ）との協力関係の打ち切りを決めた。

連邦議会では、孔子学院に対する圧力強化を求める声が超党派で広がっている。対中強硬派で知られる共和党の有力議員、マルコ・ルビオ上院議員（フロリダ州選出）は二〇一八年二月、同州内の大学四校に書簡を送り、孔子学院との契約打ち切りを求めた。[39] その後、全四校が閉鎖を発表した。

孔子学院が米国で急速に増え始めたのは、二〇〇八年の金融危機以降だ。中国語の授業を増やしたいが、資金難で対応できなかった大学にとって、孔子学院は「渡りに船」だった。

ところが、一四年六月、米国大学教授協会（ＡＡＵＰ）が「孔子学院は中国政府の一機関で、『学問の自由』を無視している」と批判する声明を発表。孔子学院本部を運営する漢弁が大学側と結ぶ合意文書のほとんどに非開示条項があり、「教員を管理することや授業内容の選択をすることが孔子学院側に許されている」と問題視した。そのうえで大学に対し、自主性と「学問の自由」が担保されない限り、契約を打ち切るよう求めた。[40] 同年九月、シカゴ大は米国で初めて孔子学院閉鎖を決めた。

一方、孔子学院排除の動きを戒めたり、排除の根拠を疑問視したりする声も出始めている。

政府機関を監視する米政府監査院（GAO）は二〇一九年二月、孔子学院を運営する米大学一〇校に聞き取り調査した報告書を公表。複数の大学の孔子学院で、チベット問題や南シナ海問題、宗教問題といった中国政府に批判的なテーマでイベントを開催し、大学側は「中国側から制限を受けたことはない」と回答していた。[41] これは、対中強硬派が根拠とする米上院常設調査小委員会の報告書でなされた、「孔子学院は台湾独立問題や天安門事件など物議を醸す議題は扱わない」という指摘と食い違っている。[42]

また、GAOの報告書によると、一〇校すべてが「孔子学院のカリキュラムは大学側の完全な支配下にある」と回答していた。これも、小委員会報告書の「中国政府は米国の孔子学院のほぼすべての分野を支配下におく」という記述と異なっている。

最初に孔子学院の問題点を指摘したAAUPからも、米国政界の圧力は「行き過ぎ」ていると懸念する声が上がっている。

AAUPの「学問の自由」委員会議長で、カリフォルニア州立大イーストベイ校名誉教授のヘンリー・ライクマンは「孔子学院の閉鎖は、我々が懸念する『学問の自由』の侵害が理由ではなく、中国のプロパガンダに対する非理性的な恐怖によるものだ。中国政府の見解に我々が賛同しようがしまいが、米国社会は中国に対するすべての見方にオープンであるべきだ」と語った。[43]

「熱戦」を防ぐシステムを

二〇一七年のトランプ政権発足以来、米国人の対中感情は悪化し続けている。

米世論調査機関ピュー・リサーチ・センターによれば、中国を「好ましくない」と答えた米国人の割合は、一七、一八年は四七％だったが、一九年は六〇％に跳ね上がり、二〇年は六六％とさらに増えた。〇五年の調査開始以来、最悪の数字であり、トランプ政権発足以来二〇ポイント近く上がったことになる。中国の国力や影響力を「大きな脅威」と感じる米国人も六二％にのぼった。同センターは「中国を原因とした雇用喪失や貿易赤字などの経済的要因が米国人にとり大きな懸念となっている。これに加え、中国の人権政策や環境汚染などの問題も米国人の懸念材料となっている」と指摘する。[44]

米ジャーナリストのロバート・カプランは「米中関係はこの数年間で悪化することが宿命づけられている」と語る。[45]

「習近平国家主席の下にある中国は、かつての米ソ冷戦のように、米国との間でイデオロギー上の対立を作り出し、西太平洋で軍事的にも対立している。米中の経済関係は米ソよりも絡まり合っているが、経済的な結びつきは弱まりつつあり、貿易戦争はその始まりだ。ゆえに現在の米中関係を『新冷戦』と言い表すのは合理的だと思う」

米中間の経済的な結びつきの強さこそが米ソ冷戦とは異なり、当時と同じ状況に陥ることを防ぐと見られてきたが、カプランは「米中間の政治的・軍事的な緊張の高まりから、中国国内の米企業は不安を感じている。彼らはすでに第三国へと製造業の拠点を移し始めている」と語り、「米中経済の分離（デカップリング）のプロセスは始まっている」と指摘する。

コロナ危機によって米中経済のデカップリングはさらに加速する可能性がある。

トランプ政権の外交・安全保障の指針である国家安全保障戦略（NSS）の主要な執筆者だったナディア・シャドロウ元大統領次席補佐官（国家安全保障担当）は二〇二〇年四月、もう一人の研究者とともに、「米国は中国から独立宣言するべきだ」というタイトルの論考を米メディアに寄稿した。「新型コロナウイルスのパンデミックで判明した最も恐るべき側面の一つが、米国はもはや自給自足できる国ではなく、ウイルスから身を守り戦うために必要な、基本的な製品を十分に生産できないということだ。N95マスクから人工呼吸器、医薬品まで、米国は中国に依存している」と強い懸念を表明。米国政府は安全保障政策の観点から、中国製品に頼るのではなく、自国で必要な製品を生産できる体制を整えていた米ソ冷戦時代のアプローチをとるべきだ、と主張した[46]。

米中対立が激化する中で深刻な問題となっているのは、「冷戦」が「熱戦」へと変わるのを防ぐ仕組みが用意されていないことだ。

米シンクタンクのアメリカン・エンタープライズ研究所（AEI）のザック・クーパー研究員

は、米中関係を「大国間競争」と位置づけたNSSの問題点について、「トランプ政権は中国と『競争する』と言うが、どのような目標をもって競争を続けるのか、どのような目標を達成すれば中国に勝利したことになるのか、明らかではないことだ」と指摘する。明確な目標がないままひたすら対中強硬策を続ければ、両国間の関係は悪化し続けるだけで、偶発的な軍事衝突の可能性も高まることになる。

米中の対立はすでに危険な領域に足を踏み入れつつあるという見方もある。

クリントン政権で国防次官補を務めたグレアム・アリソン米ハーバード大教授は、覇権国と新興国が覇権争いの末に不可避の戦争に突入するメカニズムを「トゥキディデスの罠」と名づけた。古代ギリシャ世界において新興国家アテネの台頭に、支配国家スパルタが脅威を覚えたことでペロポネソス戦争が起きた、と分析した歴史家トゥキディデスの名前からとった理論である。

アリソンは、米中両国もこの「トゥキディデスの罠」に陥りつつあるとみており、両国が全面戦争に至るシナリオとして、①南シナ海など海上での偶発的な衝突、②台湾の独立、③東シナ海の尖閣諸島をめぐる日中衝突など第三者の挑発、④北朝鮮の崩壊、⑤経済戦争から軍事戦争へ——の五つを挙げている。[47]

コロナ危機に直面するトランプ政権では、ピーター・ナバロ大統領補佐官（通商担当）やポンペオ国務長官ら政権幹部が中国批判のボルテージを上げている。トランプも一一月の大統領選を見据え、中国を敵視する発言を繰り返すことで対中強硬姿勢を好む自身の支持者たちを鼓舞している側面がある。

トランプは記者会見で、「もし『スリーピー・ジョー（ジョー・バイデン前副大統領）』が（大統領選で）勝てば、中国が我々の国を乗っ取るだろう」と前置きすると、こう強調した。

「何年も前に『二〇一九年までに中国は米国を追い抜くだろう』と私は聞いていた。しかし、たった一つ問題が起きた。トランプが一六年に選挙で勝ったのだ。これで大きく事態が変わった。我々が大きく飛躍し、中国は最悪の年を過ごしたのだ[48]」

アメリカ・ファーストを唱える経済ナショナリストであるトランプにとって、米中関係は「ウィンウィン（両者が勝つ）」の関係ではなく、あくまでも「ゼロサムゲーム（誰かが勝てば、誰かが負ける）」であり、中国側と妥協するのはなかなか難しい。ただし、米中対立でもっと厄介なのが、仮にトランプが貿易戦争を政治的な都合によってどこかの時点でやめたとしても、米国の国家意思として始まった大国間競争は、今後も続いていく構造にあるということだ。

ロバート・カプランは「今後一〇～二〇年を見据えた米中双方の外交政策の目標は、新冷戦が『熱戦』になるのを防ぐことにある。両国軍は互いに話し合い、衝突防止のルールを定める必要がある。米ソ間では核兵器に関するさまざまな条約がつくられ、両首脳間のホットラインも設けられた。いまこそ米中は、両国の競争関係についてルールを設けるべきだろう」と提言する。

米中両国の対立が、近い将来全面的な軍事衝突に発展する可能性が高いと予想する専門家は今のところ、まだ少数派だ。しかし、両国はすでに相手国の総領事館の閉鎖を命じる報復合戦まで始めている。両国は、冷静な話し合いができる段階においてこそ、「トゥキディデスの罠」を回避するための具体的な道筋を描き出す必要がある。

米中関係が刻一刻と険悪化し続けるなか、両国が「熱戦」を防ぐ手立てを講じることができるかどうかは、日本の命運をも大きく左右することになる。

1——DeathByChina. “Death By China: How America Lost Its Manufacturing Base (Official Version).” <https://www.youtube.com/watch?v=mMlnjXtnIXI>

2——Davidson, Adam. “Trump's Muse on U.S. Trade with China.” *THE NEW YORKER*. 12 October 2016. <https://www.newyorker.com/business/currency/trumps-muse-on-u-s-trade-with-china>

3——The American Presidency Project. “Press Release - President-Elect Donald J. Trump Appoints Dr. Peter Navarro to Head the White House National Trade Council.” 21 December 2016. <https://www.presidency.ucsb.edu/documents/press-release-president-elect-donald-j-trump-appoints-dr-peter-navarro-head-the-white>

4——The White House. “Remarks by President Trump, Vice President Pence, and Members of the Coronavirus Task Force in Press Briefing.” 10 April 2020. <https://www.whitehouse.gov/briefings-statements/remarks-president-trump-vice-president-pence-members-coronavirus-task-force-press-briefing-24/>

5——The U.S. Department of State. “Secretary Michael R. Pompeo at a Press Availability.” 22 April 2020. <https://www.state.gov/secretary-michael-r-pompeo-remarks-to-the-press-at-a-press-availability/>

6——The White House. “Remarks by President Trump on Protecting America's Seniors.” 30 April 2020. <https://www.whitehouse.gov/briefings-statements/remarks-president-trump-protecting-americas-seniors/>

7——“Peter Navarro on recharging Paycheck Protection Program, plans to reopen US economy.” *FOX NEWS*. 25 April 2020. <https://video.foxnews.com/v/6152051597001#sp=show-clips>

8——The White House. “Remarks by Vice President Pence on the Administration's Policy Toward China.” 4 October 2018.

<https://www.whitehouse.gov/briefings-statements/remarks-vice-president-pence-administrations-policy-toward-china/>

9——The White House. "Remarks by President Trump at the United Nations Security Council Briefing on Counterproliferation | New York, NY." 26 September 2018. <https://www.whitehouse.gov/briefings-statements/remarks-president-trump-united-nations-security-council-briefing-counterproliferation-new-york-ny/>

10——ボニー・グレイサーへのインタビュー取材。二〇一九年四月二九日。

11——The White House. "National Security Strategy of the United States of America." December 2017. <https://www.whitehouse.gov/wp-content/uploads/2017/12/NSS-Final-12-18-2017-0905.pdf>

12——The National Intelligence Council. "Global Trends 2030: Alternative Worlds." December 2012. <https://www.dni.gov/files/documents/GlobalTrends_2030.pdf>

13——ジョン・A・ミアシャイマー『完全版　大国政治の悲劇』奥山真司訳、五月書房新社、二〇一七年、三四一三五頁。

14——ジェフリー・ホーナンへのインタビュー取材。二〇一八年八月一三日。

15——The White House. "President Donald J. Trump's State of the Union Address." 30 January 2018. <https://www.whitehouse.gov/briefings-statements/president-donald-j-trumps-state-union-address/>

16——The Department of Defense. "Indo-Pacific Strategy Report." 1 June 2019. <https://media.defense.gov/2019/Jul/01/2002152311/-1/-1/1/DEPARTMENT-OF-DEFENSE-INDO-PACIFIC-STRATEGY-REPORT-2019.PDF>

17——The White House. "Remarks by President Trump at APEC CEO Summit | Da Nang, Vietnam." 10 November 2017. <https://www.whitehouse.gov/briefings-statements/remarks-president-trump-apec-ceo-summit-da-nang-vietnam/>

18——長尾賢へのインタビュー取材。二〇一九年六月一三日。

19——The White House. "Remarks by President Trump and Prime Minister Modi of India in Joint Press Statement." 25 February 2020. <https://www.whitehouse.gov/briefings-statements/remarks-president-trump-prime-minister-modi-india-joint-press-statement-2/>

20——ジェフ・スミスへの取材。二〇二〇年二月一九日。

21——The White House. "Remarks by President Trump at a Namaste Trump Rally." 24 February 2020. <https://www.whitehouse.gov/briefings-statements/remarks-president-trump-namaste-trump-rally/>

22——ザック・クーパーへのインタビュー取材。二〇一九年六月一〇日。

23——ISEAS-Yusof Ishak Institute. "The State of Southeast Asia: 2019 Survey Report." 29 January 2019. <https://www.iseas.edu.sg/wp-content/uploads/2019/01/TheStateofSEASurveyReport_2019.pdf>

24——ロバート・カプランへのインタビュー取材。二〇一九年五月一四日。

25——"Southeast Asian Regional Leaders Chan-Ocha, Modi, Abe and Widodo Attend Gala Dinner." *VOA News.* 3 November 2019. <https://www.youtube.com/watch?v=mizqJc3zVmA>

26——イアン・イーストンへのインタビュー取材。二〇一九年五月一四日。

27——ボニー・グレイサーへのインタビュー取材。二〇一九年四月二九日。

28——ルシャン・アッバスへのインタビュー取材。二〇一九年一一月七日。

29——Hudson Institute. "China's 'War on Terrorism' and the Xinjiang Emergency." 5 September 2018. <https://www.hudson.org/events/1591-china-s-war-on-terrorism-and-the-xinjiang-emergency92018>

30——The U.S. Department of State. "2018 Country Reports on Human Rights Practices." <https://www.state.gov/reports/2018-country-reports-on-human-rights-practices/>

31——The White House. "Remarks by Vice President Pence at the Frederic V. Malek Memorial Lecture." 24 October 2019. <https://www.whitehouse.gov/briefings-statements/remarks-vice-president-pence-frederic-v-malek-memorial-lecture/>

32——マイケル・ポスナーへのインタビュー取材。二〇一九年一一月一四日。

33——"Trump calls into 'Fox & Friends' amid impeachment probe, upcoming FISA report." *Fox News.* 22 November 2019. <https://www.youtube.com/watch?v=WNqKhRcpktU>

34——The White House. "Statement by the President." 27 November 2019. <https://www.whitehouse.gov/briefings-statements/statement-by-the-president-30/>

35——デビッド・シアーへのインタビュー取材。二〇一九年五月一〇日。

36——メイフェア・ヤンへのインタビュー取材。二〇一九年五月六日。

37——Peterson, Rachelle. "Confucius Institutes in the US that Are Closing." *National Association of Scholars.* May 2020. <https://www.nas.org/storage/app/media/Reports/Outsourced%20to%20China/confucius-institutes-that-closed-updated-may-1-2020.pdf>

38——Council on Foreign Relations. "A Conversation With Christopher Wray." 26 April 2019. <https://www.cfr.org/event/

conversation-christopher-wray-0?utm_medium=social_owned&utm_term=conversation-christopher-wray&utm_content=042519&utm_campaign=event&utm_source=tw>

39——U.S. Senator Marco Rubio (R-FL). "Rubio Warns of Beijing's Growing Influence, Urges Florida Schools to Terminate Confucius Institute Agreements." 5 February 2018. <https://www.rubio.senate.gov/public/index.cfm/2018/2/rubio-warns-of-beijing-s-growing-influence-urges-florida-schools-to-terminate-confucius-institute-agreements>

40——American Association of University Professors (AAUP). "On Partnerships with Foreign Governments: The Case of Confucius Institutes." June 2014. <https://www.aaup.org/file/Confucius_Institutes_0.pdf >

41——United States Government Accountability Office. "Agreements Establishing Confucius Institutes at U.S. Universities Are Similar, but Institute Operations Vary." February 2019. <https://www.gao.gov/assets/700/696859.pdf>

42——United States Senate PERMANENT SUBCOMMITTEE ON INVESTIGATIONS. "CHINA'S IMPACT ON THE U.S. EDUCATION SYSTEM." <https://www.hsgac.senate.gov/imo/media/doc/PSI%20Report%20China's%20Impact%20on%20the%20US%20Education%20System.pdf>

43——ヘンリー・ライクマンへのインタビュー取材。二〇一九年二月一九日。

44——Devlin, Kat, Silver, Laura and Huang, Christine. "U.S. Views of China Increasingly Negative Amid Coronavirus Outbreak." *Pew Research Center.* 21 April 2020. <https://www.pewresearch.org/global/2020/04/21/u-s-views-of-china-increasingly-negative-amid-coronavirus-outbreak/>

45——ロバート・カプランへのインタビュー取材。二〇一九年五月一四日。

46——Schadlow, Nadia and Vinci, Anthony. "Time for the US to declare independence from China." *Washington Examiner.* 5 April 2020. <https://www.washingtonexaminer.com/opinion/time-for-the-us-to-declare-independence-from-china>

47——グレアム・アリソン『米中戦争前夜　新旧大国を衝突させる歴史の法則と回避のシナリオ』藤原朝子訳、ダイヤモンド社、二〇一七年、二二八―二四八頁。

48——The White House. "Remarks by President Trump and Members of the Coronavirus Task Force in Press Briefing." 18 April 2020. <https://www.whitehouse.gov/briefings-statements/remarks-president-trump-members-coronavirus-task-force-press-briefing-2/>

第七章

ドナルド・シンゾウ——蜜月関係の実像

「米国攻撃時にソニーのテレビを見ているだけ」

会場を埋め尽くす大観衆を前に、米大統領選の共和党候補、トランプはいつものように饒舌だった。

二〇一六年八月五日、アイオワ州デモインでの選挙集会。トランプは北大西洋条約機構（NATO）を「時代遅れ」と批判し始めると、今度は「我々は日本、韓国、ドイツ、サウジアラビアやほかの国を守っているが、彼らはカネを払っていない」と声を張り上げ、さらには「日本叩き」へとボルテージを上げた。

「最近、軍の将軍の一人が私のところに来て、こう言ってきた。『トランプさんは知らないでしょうが、日本は米軍駐留経費負担の五〇％を支払っているのです』と。だから私はこう言い返してやった。『どうして彼らは一〇〇％を支払わないのだ？』と」

聴衆は喜び、歓声の声が上がる。

「ヒラリー・クリントンのような人間が交渉の席に着けば、『我々は決して同盟国を見捨てない』と言うだろう。その言葉は美しいと思う。しかし、我々はこう言わなければいけない。『我々は君たちを決して見捨てない。しかし、君たちは我々にもっとカネを払わなければいけない』と」

拍手喝采を受けながら、トランプは言葉を続ける。

「日本は北朝鮮から自国を守るのは難しいだろう。我々は日本との間で条約を結んでいるが、もし日本が攻撃されれば、我々は米国のもてる力を使わなければいけない。しかし、もし米国が攻撃されれば、日本は何もしなくていいのだ。彼らは家にいてソニーのテレビを見ていればいいのだ[1]」

聴衆から一斉に不満の声が上がった。

トランプの対日観は、一九八七年に米紙ニューヨーク・タイムズなどに公開書簡を出したときから何も変わっていなかった。トランプは公開書簡の中で、バブル経済で好景気にわき、米国から経済的な脅威とみられた日本を名指しで非難し、「米国が日本などの国々を同盟国として防衛しているわけだから、彼らにその費用を払わせろ」と主張していた[2]。

複数の日本政府関係者によれば、日本の首相官邸の首相執務室では、二〇一六年一一月の大統領選の投開票日前、安倍のもとで複数回にわたって選挙分析が行われ、クリントン、トランプのどちらが勝利しても、安倍がその勝利者と就任前に会談するというシナリオが練られていたという。会談日程は、一一月中旬にペルーで行われるアジア太平洋経済協力会議（ＡＰＥＣ）首脳会議の機会を利用して米国を訪問することが検討された。ただし、ここで問題が浮上する。クリントンとの会談は何ら問題ないが、トランプは選挙期間中に、移民排斥や女性蔑視などの過激な言動を繰り返していたため、就任前の会談に対して政権内に慎重論があったという。トランプと会談するかどうかの判断は安倍に一任され、最終的に安倍が「思い切りのいい判断」（日本政府関係者）をして、トランプとの会談を決めたという。大統領選の大勢が判明すると、佐々江賢一郎・駐米大使が、トランプの娘婿ジャレッド・クシュナー（現大統領上級顧問）にすぐさま電話し、ニューヨークのトランプ・タワーにおける安倍、トランプの会談がセットされた。

安倍が政権内の慎重論を抑えてトランプとの会談に踏み切った背景には、トランプのデモイン演説に見られるように、トランプが選挙期間中に、在日米軍の駐留経費を日本が増やさなければ米軍撤退もありうる、などと過激な日本批判を繰り返していたことがあった。トランプが三〇年近く前の古びた対日観をもったまま就任すれば、日米同盟を根底からひっくり返しかねないという怖さがあった。安倍ら日本側としてはトランプとなるべく早く接触することで個人的に親密な関係を築き、「強固な日米同盟」という現代の概念を、政治の素人であるトランプの頭の中にすり込もうという狙いがあったとみられる。

一方、トランプにとっても、外国の首脳がわざわざニューヨークの自宅まで来て会談するのは好都合だった。外国首脳の多くはトランプとの会談に二の足を踏み、トランプ・タワーの目の前でもトランプの大統領就任に反対するデモが起きていた。そんな中、同盟国・日本の首相が真っ先に会談を申し込んできたことに、「トランプ陣営の人々は日本側の申し出に非常に感謝した」（日本政府関係者）という。トランプ陣営としては、安倍との会談によって、トランプの大統領選当選の正当性を内外に示すことができ、トランプの権威づけにプラスに働くという思惑があった。

安倍は二〇一六年一一月一七日、外国首脳としては初めてトランプ次期大統領と会談した。トランプの趣味がゴルフであることからゴルフクラブを贈呈し、トランプは返礼としてゴルフシャツなどのゴルフグッズを安倍に贈った。トランプは安倍の訪問を大いに喜び、このニューヨーク会談をきっかけに安倍とトランプの蜜月と言われる関係が始まった。

安倍、トランプの個人的な関係をめぐっては、安倍が一方的にトランプにお世辞を言うのではなく、トランプも安倍を気に入っているのは間違いないようだ。トランプが安倍の名前に言及する際には、「マイ・フレンド」とつけ加えることが多い。

知日派の重鎮、リチャード・アーミテージ元国務副長官は、安倍のトランプの扱い方について「だれよりも上手だ」と語り、「日本の友人」から聞いた話としてこんなエピソードを披露した。[3]

「トランプがかなりバカなことを言ったとき、安倍は静かに上品に（トランプの間違いを）訂正するそうだ。例えば、トランプが『日本はもっと（米軍駐留経費負担を）支払わなければいけない。そうしなければ、我々は横須賀から米艦船を撤収させるかもしれない』と言ったとき、安倍は『それは米国の判断です。しかし、サンディエゴに米艦船を駐留させれば、その経費は横須賀に駐留させるよりも四倍は必要になりますよ』というふうに。安倍はトランプに挑戦的なものの言い方はせずに、トランプの言うデータが正しいかどうかを確認させるという方法をとっているそうだ」

トランプの自尊心が極めて強いことを安倍は意識しており、首脳外交の場ではトランプのメンツをつぶして怒らせないように細心の注意を払った言葉遣いをしていることがわかる。

「おだて外交」の加速

ところが、トランプ大統領は安倍首相とニューヨークで会談した後も、「米国は同盟国に利用されてきた」という「米国犠牲論」の考えを変えることはなかった。就任直後、環太平洋経済連携協定（ＴＰＰ）からの離脱を表明し、日本政府内にあった「トランプは就任すればＴＰＰ離脱を再考するのでは」という淡い期待を打ち砕いた。二〇一七年七月にペンタゴンで行われたブリーフの席上では、居並ぶ政権幹部を前に「日本、ドイツ、韓国……。米国の同盟国はこのテーブルにいるだれよりもコストがかかる！」と強調した。

米国は、「裕福な国」である同盟国に対してもっとお金を支払うように要求しなければいけない――。トランプの長年の持論が、大統領に就任したことでいよいよ実行に移されることになったわけである。

トランプは最初のターゲットを韓国に定め、米韓自由貿易協定（ＦＴＡ）を「ひどい取引だ」と破棄をちらつかせて再交渉に持ち込んで新たなＦＴＡについて大筋合意すると、日本に対しても本腰を入れて二国間貿易協定を結ぶように迫り始めた。トランプ政権は二〇一八年五月、米通商拡大法二三二条に基づく輸入自動車への高関税措置の検討を表明して日本政府を揺さぶり、両政府は同年九月に貿易協定の交渉入りで合意した。

トランプが日韓や欧州諸国の同盟国に対して強気の姿勢で貿易赤字削減を迫るのは、同盟国に

トランプ米大統領（右）との首脳会談に臨む安倍晋三首相〔2018年11月30日、ブエノスアイレス〕　朝日新聞社提供

は米国のもつ安全保障のレバレッジ（テコの原理）が効いているという力関係をよく理解しているからとみられる。同盟国は米国の軍事力に依存しているため、米国との間で貿易紛争が起きた場合でも、構造的には米国よりも弱い立場にある。

日米間の貿易問題が本格化してくると、安倍のトランプに対するお世辞が表舞台でも目立ち始める。

「先般の中間選挙における『歴史的な勝利』に対してお祝いを申し上げたい」

二〇一八年一一月三〇日、ブエノスアイレスで行われた日米首脳会談の冒頭、安倍が米中間選挙の結果をこうたたえると、トランプは何度もうなずいた。[4]

安倍のこの「歴史的な勝利」発言をめぐり、ワシントンの政治関係者の間では波紋が広がった。中間選挙で上院は与党共和党がかろうじて過半数を保ったものの、下院では野党民主党が過半数を奪還し、政権与党にとっては議会運営が難しくなる「ねじれ議会」が出現することになっていたからだ。中間選挙の結果は、とても安倍の言う「歴史的な勝利」などではなかった。

ワシントンの政治関係者の間では、安倍の認識を疑うツイートが飛び交い、オバマ政権の元大統領上級顧問のデビッド・アクセルロッドはツイッターで「安倍は中間選挙に関してきちんとした説明を受けていないか、トランプの精神構造についてきちんとした説明を受けたかのどちらかだ」と皮肉った。

さらに二カ月余りたった後、北朝鮮問題をめぐって、安倍がトランプをノーベル平和賞候補として推薦したことが明らかになると、安倍のおだて方は冗談では済まされなくなる。

トランプによれば、ノーベル賞関係者に送ったという五ページにわたる「最も素晴らしい書簡」（トランプ）のコピーを、安倍から受け取ったという。安倍は「日本を代表し、敬意を込めてあなたを推薦した。私は、あなたにノーベル平和賞が授賞されるようにお願いしている」と伝え、トランプは「ありがとう」と応じたという。

トランプは安倍の推薦理由について、「日本の領土を飛び越えるようなミサイルが発射されていたが、いまは突如として日本人は安心を実感しているからだ」と推し量った。「オバマ大統領は受賞した」とも述べ、受賞に期待している心情を垣間見せた。

トランプは、史上初の米朝首脳会談であるシンガポールサミットを実現させたことで、ノーベル平和賞の受賞を狙っていたふしがある。シンガポールサミット前の二〇一八年四月、韓国の文在寅大統領が「トランプはノーベル平和賞を受けるべきだ」と発言。トランプは当時、米国内の集会で支持者たちから「ノーベル賞！」と連呼され、まんざらでもない表情を浮かべていた。

しかし、ワシントンの外交安全保障専門家の間では、シンガポールサミット後も北朝鮮の非核化協議は遅々として進んでいないうえ、北朝鮮は核ミサイル開発を続けており、トランプ主導の米朝交渉はむしろ失敗しつつあるという見方が強かった。にもかかわらず、安倍がトランプをノーベル平和賞に推薦するとは「本当ならひどい話だ」（元国務省当局者）などと困惑の声が広がった。

日米貿易交渉が行われているさなかの二〇一九年五月、安倍はトランプに対して最大級のプレゼントを贈った。新天皇の即位後、外国要人としては初めて新天皇と会見する国賓として招待したのである。

トランプによれば、安倍から招待された当初、「行けるかどうかわからない」と述べ、米プロフットボールNFLの王者を決める「スーパーボウル」を例に挙げ、「スーパーボウルと比べれば、日本人にとってどれくらい大きなイベントなのか？」と尋ねたという。すると、安倍は「だいたい一〇〇倍くらい大きい」と答え、トランプは「そうだったら、行くことにする」と応じたという。[6]

トランプは、国賓として訪日して新天皇に会見したほか、宮中晩餐会に臨み、安倍とともに大相撲観戦やゴルフも楽しんだ。トランプは日本滞在中、日米貿易交渉の妥結時期については、日本側の要請に応じて七月の参院選以降とする考えを示し、安倍に配慮する姿勢を見せた。

日米安保見直しで揺さぶり

安倍のこうしたトランプへの対応に、元米国家情報評議会（ＮＩＣ）顧問のマシュー・バローズは「安倍は、トランプがお世辞を言われると喜ぶ指導者であることを理解していると思う」と述べ、「今の日米関係にたくさんの重要な課題が山積しているからこそ、私は安倍に同情する」と語った。[7]

ただし、バローズは、安倍とトランプのケミストリー（相性）は合っているとみているものの、トランプがＴＰＰを離脱したり、日欧などに自動車関税の引き上げをちらつかせたりしている状況を見るにつけ、「安倍のお世辞が成功しているとはいえず、トランプに対して安倍が影響力のある人物だとは思わない」とも語る。

バローズは「トランプが最も重視しているのは、二〇二〇年の米大統領選で再選することだ」と指摘する。

「トランプが再選するためには、自らの支持者たちを奮い立たせ、投票に行ってもらわねばならない。とくにトランプにとっては、勝てる見込みのないニューヨークやカリフォルニアではなく、ラストベルトなどがある中西部が勝負どころとなっている。トランプの支持者たちは『米国は外国に搾取され続けた』と信じている。トランプは支持者たちを喜ばすため、日本に対しても攻撃的なトーンをさらに強めるだろう」

バローズの予想通り、トランプは新天皇と会見した二〇一九年五月の訪日後、日本に対してさらなる揺さぶりをかけてくる。

トランプは六月二九日、G20サミット閉幕後に大阪市内で開いた記者会見で、日米安全保障条約について「不公平な条約だ」と強い不満を表明した[8]。

日米安保条約は第五条で日本が攻撃を受けた場合、米国に日本防衛義務を課す一方、第六条で日本が米軍に基地や施設を提供する義務を定めている。

トランプは会見で、「不公平な条約だと、過去六カ月間、安倍首相に伝えてきた」「我々は変える必要があると安倍首相に伝えた」と強調した。

トランプは大統領就任前にも、日米安保条約について不満を表明してきた。しかし、現職の米国大統領となって公式の場で不満を表明し、さらには内容の変更にまで踏み込んだとなれば話は別だ。日米安保条約は日米同盟の根幹である。日本政府側は、過去の首脳会議などでトランプから安保条約見直しを求められたことは「なかった」（菅義偉官房長官）と火消しに追われた。

ただし、トランプは本気で条約破棄まで考えているわけではないとみられる。このタイミングで日米安保に疑義を呈したのは、安全保障問題を貿易問題に絡めて日本に圧力をかけ、自国に有利なディールを引き出すためだった。米国と同盟国との力関係の差を利用したトランプ流の圧力のかけ方といえる。

それから三カ月後の九月二五日、日米両首脳はニューヨークで新たな日米貿易協定に最終合意し、共同声明に署名した。

安倍は日米貿易協定を「両国にとってウィンウィンの合意」と評価したが、日本側が押し込まれた印象をぬぐえない結果となった。米国側は、牛肉や豚肉など米国産農産物への関税をＴＰＰ加盟国並みに引き下げることに成功する一方、日本側が求めた自動車関連の関税削減は「さらなる交渉による関税撤廃」という表現にとどまり、先送りされた。

トランプは安倍との首脳会談の冒頭で、記者団を前に満面の笑みを浮かべた。日本との貿易協定の署名式にはカウボーイハットをかぶった米国の農業団体関係者たちを招待していた。

「たくさんのお金が君たちのもとに入ってくる。何か言いたいことはあるかい？」「ほかにだれか言いたい人はいるかな？」――。

トランプは隣に座る安倍を尻目に、米国の農業団体関係者ら一人ひとりに発言を促し、そのたびに農業団体関係者らは直立不動の姿勢で「感謝しております」とトランプを称賛した。[9] トランプの振る舞いには、大統領選を見据え、農業団体関係者から直接感謝される姿を印象づけることで、農家の支持をさらに固めようという思惑が透けて見えた。

F35「爆買い」

「ドナルド・シンゾウ」関係で目立つのが、日本が米国から武器を大量に購入しているという事実である。とくに最新鋭ステルス戦闘機Ｆ35については当初、四二機の導入計画だったのが、二〇一八年一二月に一〇五機の追加調達を閣議了解し、一四七機体制とすることを決めた。取得費に維持費などを加えると総額六・七兆円のコストが見込まれている。

二〇一九年一〇月一〇日、朝日新聞は、米ロッキード・マーチン社から、Ｆ35の生産拠点であるテキサス州フォートワースの工場の取材を許可された。工場内は機密情報の塊であるため、事前にセキュリティークリアランスを得るのに三〇日間を要し、工場内の写真撮影ポイントは一カ所に限定されたうえ、撮影写真も機密情報が写り込んでいないかチェックを受けるという徹底ぶりだった。

工場に入ると、巨大な空間に圧倒される。工場内の端から端まで約一マイル（一・六キロ）。そこには、最終組み立て段階のＦ35がずらりと並ぶ。ゴルフカートの行き交う工場内で作業員たちは忙しく動き回り、活気に満ちていた。

工場内をゴルフカートに乗って移動すると、機体の前には米国、韓国、ノルウェー、オーストラリアなど納入先を示す各国の旗が記載されたパネルが置かれていた。Ｆ35は計三三五九機が製造される予定で、日本を含め一三カ国で導入されることになっている。日本が導入する一四七機は、米国に次いで二番目に多い機数となっている。

日本の国旗のパネルがあったのは翼の部品のところだ。日本では三菱重工業小牧南工場（愛知県）がＦ35の最終組み立て・検査工場となっているため、これらの部品は同工場へ輸送され、そ

ロッキード・マーチン社の格納庫内のF35戦闘機〔テキサス州フォートワース、ランハム裕子撮影、2019年10月10日〕　朝日新聞社提供

こで組み立てられるという。

「とても簡単に離陸でき、飛行することができる。私はジョークで『私のおばあちゃんだって操縦できる』と言っているんだ」

　工場に併設された滑走路のそばで、F35のテスト操縦士、ロバート・ウォレスは笑顔を見せた。[10]米空軍で二〇年以上、F15などの操縦経験をもつベテランだ。

　F35はレーダーに映りにくく、敵に気づかれにくいステルス性に優れた「第五世代」と呼ばれる戦闘機だ。コンピュータによる情報統合で、操縦士のかぶる専用ヘルメットには機体を透かして周囲三六〇度を見渡すことができるディスプレーも装備。ウォレスはF35を「空飛ぶアンテナ」と評し、「戦闘空間を探知しながら飛行し、収集したすべての電子データは、操縦士の前のディスプレーに情報として表示される」と語る。さらにデータリンクのシステムで、仲間が操縦する機体の情報も共有できるという。ウォレスによれば、操縦士にとって空中戦で最も重要なのは戦闘空間の正確な把握であり、「戦闘空間をいち早く把握し、的確な判断を下して行動した方が敵に勝つ」。ゆえにF35は「革命的な戦闘機だ」と評価する。

ただ、米国内でF35のメリットばかりが語られているわけではない。

まず、問題となっているのはコストだ。米政府機関を監視する政府監査院（GAO）の防衛能力マネジメント部門の責任者、ダイアナ・マウアーによると、米国が導入する予定の合計約二五〇〇機だけで、開発から生産、維持、廃棄に至るライフサイクルコストは総額一兆ドル（一〇九兆円）超と見積もられている。とくに高いのは維持費で、全体の約七割を占めるという。[11]

ロッキード・マーチン社もコスト高を意識している。同社のジョエル・マローン部長は「生産機数が上がることで、コストは下がる」と強調した。[12] しかし、GAOによれば、年間五〇〜六〇機だった生産機数が約一三〇機まで増加したことは別の問題につながっているという。

飛行機は安全性の確保のため、スペア部品を事前にそろえる必要がある。だが、GAOが二〇一九年四月に公表した報告書によると、F35は生産機数を増やしたことで、スペア部品の生産が追いついていない。この結果、一八年五〜一一月は、必要な飛行時間のうち約三割が実際には飛行できなかった。[13]

スペア部品の供給は即応態勢にかかわる。GAOのマウアーは「大きな問題だ。日本などでも同様の問題が起きる恐れがある」と警告する。

ＧＡＯは安全性をめぐっても、重大な危険を及ぼす恐れのある「カテゴリー1」の欠陥が一七件あったと指摘した。[14] マローンは「我々は欠陥を把握しており、問題修復のために取り組んでいる」と語った。

武器のトップセールス

日本がＦ35を「爆買い」した背景にあるのは、米国が抱える貿易赤字解消のために「バイ・アメリカン（米国製品を買おう）」を迫るトランプ大統領のトップセールスだ。

Ｆ35を一〇五機追加調達することを決めた閣議了解の約二〇日前の日米首脳会談では、トランプが安倍首相に「日本はＦ35など我々の戦闘機を大量購入しつつあり、とても感謝している」と述べたのち、こうつけ加えるのを忘れなかった。

「我々の抱える対日貿易赤字は極めて巨額だ。我々は極めて早い段階で（貿易赤字の）バランスが取れることを期待している[15]」

日本のある外務防衛当局者は、「日本側がＦ35の追加購入というカードを切ったのは、日米貿易交渉で米側から攻められているという事情があり、トランプを喜ばすという目的があった」と振り返る。つまり、純粋に安全保障上の必要性から言えば、日本政府側が二〇一八年一二月の時点で「一〇五機」をまとめて購入することを決める必要はなかったというわけだ。

「F35をどれくらい購入するかはあくまで交渉ごとであるわけだから、最初から『一〇五機を買います』とすべてのカードを出してしまうのではなく、例えば『三〇機を買います』『四〇機を買います』という具合に時期をずらして段階的に購入を決めるという選択もできた。F35のカードを早々と使い切ってしまったことで、米国は今後、新たな防衛装備品の購入など、さまざまな要求を日本側に突きつけてくるだろう」と懸念を示す。

トランプは日本以外にも、武器のトップセールスに力を入れる。二〇一九年六月にポーランドの大統領がホワイトハウスを訪れた際は、上空にF35を飛ばした。武器輸入国の最大手・サウジアラビアには人権問題をめぐって批判があるが、「彼らとビジネスをしたくないなんていう愚か者ではない」と意に介さない。

背景には、武器の輸出増が、米国での雇用増につながるという考えがある。軍事専門誌ディフェンス・ニュースによれば、ロッキード・マーチン社の二〇一八年の防衛関連収入は前年比五%増の五〇五億ドル（五兆五〇〇〇億円）だった。[16]

トランプには軍需産業への「貸し」が、大統領選での再選につながるという計算もあるようだ。大統領選の激戦州の一つ、ウィスコンシン州にあるロッキード・マーチン社の関連会社を二〇一九年七月に訪問した際は、「F35のための新たな仕事のおかげで、あなた方の会社の労働力は一五%増える」と演説した。[17]

米シンクタンク・国際政策センターの軍事アナリスト、ウィリアム・ハータングは「トランプは軍需産業を、再選戦略の政治的なツールとみなしている」と語る。

「武器を買うよう求められた外国政府は、その武器が自国の安全保障にとって本当に必要なのか、それとも政治的配慮で必要なのか、価格は妥当なのか、十分に吟味する必要があるだろう」[18]

「しのぎ」に徹した四年間

日米関係を長年研究してきた国際政治学者の土山實男《つちやまじつお》・青山学院大名誉教授は、日米両首脳の個人的な蜜月関係の事例として、一九八〇年代の中曽根康弘首相とレーガン大統領の「ロン・ヤス」関係、二〇〇〇年代の小泉純一郎首相とG・W・ブッシュ大統領の「小泉・ブッシュ」関係の二つを挙げる。[19]
「ロン・ヤス」関係について土山は、中曽根が米戦略防衛構想（SDI）への研究参加、防衛費の国民総生産（GNP）比一％突破に踏み切ったことを挙げ、「ソ連に対して米国がもう一度攻勢をかけようとしていた新冷戦時代、中曽根氏はレーガンの政治思想と外交姿勢に合わせようとした。（前任の）鈴木善幸氏のときにガタガタしていた日米関係を立て直し、日米同盟を通じて世界政治に貢献するという姿勢を見せた意味では成功だったと思う」と語る。また、「小泉・ブッシュ」関係については、「小泉氏はかつての湾岸戦争をめぐる海部政権の対応の失敗を意識していた。イラク戦争は戦略的には問題があったものの、日本は海上自衛隊をインド洋に送ったり、陸上自衛隊をイラクに送ったりしたことで、日米同盟にはプラスに働いた。小泉氏は九・一一後の米国のもつ不安や恐怖に寄り添うことで、日米関係を維持したわけだ。その意味では『小泉・ブッシュ』関係も成功だったと言えるだろう」と指摘する。

しかし、トランプと安倍の「ドナルド・シンゾウ」関係については、「何か大きな外交成果が得られたかというと、あまりないというのが私の印象だ」と語る。

土山は、安倍の実績として集団的自衛権行使の限定容認を挙げるが、「最大の問題は、安倍政権が集団的自衛権を行使できる日本にすることで一体何がしたいのか、という点が見えてこないことだ。集団的自衛権行使をめぐってどのような戦略を実際にもっているかと問われたとき、その中身は意外にガランとした感じがする。また、安倍政権が力を入れてきた『自由で開かれたインド太平洋（FOIP）』構想も、何のために何を作ろうとしているのか分かりにくい」と語る。

「安倍氏は政権が長い割に実績が少ない人だと思う。沖縄返還を実現させた佐藤栄作氏にしろ、日中国交正常化を実現させた田中角栄氏にしろ、『これにオレの政権は命をかけるのだ』という気構えがあったと思う。しかし、安倍氏の場合は、何に命をかけたのか、国民に訴えるものがないように見える」

小泉外交を外務次官として支えてきた竹内行夫《ゆきお》は、トランプが二〇一六年の大統領選に当選した当時、「これから四年間、トランプの自国第一主義のターゲットに日本がならないように、日本政府としてはとにかくしのぐしかないだろう」と考えたという。[20]

「ドナルド・シンゾウ」関係をめぐっても、「安倍氏のトランプ氏との付き合い方もしのぐことに徹してこられたと思う。その観点から見れば、就任前のニューヨーク会談から始まり、米国製武器を買うという点も、ある程度認める余地があるかなと思う」と指摘する。

ただし、竹内は同じ蜜月と言われても、「小泉・ブッシュ」関係と「ドナルド・シンゾウ」関係は「全然違うものだ」と語る。

「『小泉・ブッシュ』当時の米国は、世界のリーダーであり、国際秩序の守護神だった。冷戦後の世界に自由と民主主義の価値観を広めようという、一種過剰とも言えるほどのリーダーシップを持っていた。一方、小泉氏も、米国の国際的なリーダーシップを活用し、日米同盟をもとに米国と一緒にグローバルパートナーシップを組み、世界のために貢献しようという非常に強い意識があった」

「(安倍、トランプ両氏は)とても仲は良いと思う。トランプ氏は安倍氏のことが本当に好きだと思う。しかし、トランプ氏にはブッシュ政権当時とは異なり、世界のために国際的なリーダーシップを発揮する姿勢は見られない。一方、日本も自国に火の粉が降りかからぬように悪影響が及ばないように、しのぐことを目的に米国との関係を一生懸命つくっている。私がそばで見てきた小泉氏のような哲学があったうえでの日米関係とはいえない。それが私の言う『しのぐ』という意味だ」

竹内が懸念するのが、トランプの大統領選再選だ。「トランプ氏が再選すれば、今後の四年間はしのぐことでは済まないだろう」と語る。

トランプは二〇一九年一二月、北大西洋条約機構（NATO）首脳会合に出席するために訪れたロンドンで記者団に対し、安倍首相に米軍駐留経費負担の増額を迫ったことを明らかにしている。「友人のシンゾウには『君たちはもっと我々を助けないといけない。我々は多くのカネを払っているのだ。君たちは裕福な国だろ』と伝えた」と語った。詳細は明らかにしなかったが、「彼（安倍）は多くのことをするだろう」と期待感を示した。[21]

竹内は「トランプ氏は再選後、日本に対し、経済貿易面でさらなる要求を突きつけてくるだろう。四年間それに耐えられるかと言えば、耐えられないと思う。これに加え、武器購入をはじめ、米軍駐留経費負担も韓国と同じような交渉態度で要求を突きつけてくれば、それはもはやしのぐというレベルで何でも応じることはできなくなる。日本は米国に対し、日本と対立して競争するよりは、協力する方が米国の利益になるのだ、という点をあらゆる面を通じて働きかけていかなければならない」と語る。

前にも触れたが、ボルトン前大統領補佐官（国家安全保障担当）は回想録で、二〇一九年七月に訪日して谷内正太郎国家安全保障局長と会談した時、トランプが日本側に年間八〇億ドルの米軍駐留経費を負担するよう求めている、と伝えたことを明らかにしている。米側は現在の日本側の負担額を二五億ドルと算出しており、米側の新たな要求はこれの三・二倍にもなる。[22]

ボルトンはトランプの八〇億ドルの要求について、「重要な点は、同盟を政治や価値観に基づく関係ではなく、金銭関係に基づく取引としてとらえるトランプの手法が具現化されたということだ。私が伝えようとしたのは、日韓両国をはじめ、米軍基地のあるすべての地域に関して、(トランプの構想は)これまでの米国の同盟関係のとらえ方から根本的に変質しているということだった」と振り返る。[23]ボルトンは当時、東京やソウルの関係者に「トランプの構想を真剣に受け止めるべきだ。彼は極めて強くこれを信じている」と伝えたという。

ボルトンは「この構想に真剣に注意を払わなければ、同盟そのものが危険にさらされるというリスクがある。トランプが二期目でＮＡＴＯや二国間同盟から脱退するというリスクは本当にある」と強い懸念を示した。日本が大幅増額の要求に応じない場合にトランプが在日米軍を撤退させる可能性について問われると、こう語気を強めた。

「取るに足らない程度の話だとは思わない。それがトランプの考え方だと思う」

沖縄問題への関心が低いワシントン

二〇一九年一〇月、沖縄県の玉城デニー知事の姿が、首都ワシントンの連邦議会議事堂にあった。日本政府が進める米軍普天間飛行場(沖縄県宜野湾市)の名護市辺野古への移設の見直しを求め、連邦議員たちと会談するためだった。

玉城がこのタイミングで訪米したのは、米上下院が二〇二〇会計年度(一九年一〇月～二〇年九月)の国防予算の枠組みを定める国防権限法案について協議していたからだ。上下両院はそれぞれ独自の法案を作成しているが、上院案に米軍再編に絡む在沖海兵隊のグアムやハワイへの分散配置計画の再検証を米国防総省に求める「見直し」規定が含まれていた。玉城としては「見直し」規定が盛り込まれた国防権限法が成立することで、現行の辺野古への移設計画の見直しにつながることを期待していたわけである。

玉城は計一〇人の連邦議員と面会し、このうち四人は法案審議に直接関わる立場の議員だった。玉城は面会した議員たちに辺野古への移設計画をめぐり、「無謀な計画は見直すべきだ」と伝えたという。

しかし、その後の上下両院の調整の結果、法案から「見直し」規定は削除されて国防権限法は成立。玉城ら沖縄県側の期待はかなわなかった。

沖縄県側の思いとは裏腹に、辺野古移設に対するワシントンの関心は低い。

米国議会の一部で、「見直し」規定を国防権限法に盛り込むことが一時、検討された大きな理由は、米軍再編にかかるコストが想定以上に膨らんでいるという懸念があったためだ。しかし、米国議会にも米国政府にも、米軍再編計画の一部である辺野古移設について計画を見直そうという動きはほとんどない。米国側からすれば、辺野古への移設計画は日本政府との間で「唯一の選択肢」と何度も確認されている、すでに解決済みの問題だ。日本政府が責任をもって建設するべきだという立場をとっており、辺野古移設を推し進める安倍政権の取り組みを評価している。

安全保障問題を持ち出して日本をゆさぶるトランプにとっても、辺野古移設の建設コストは日本側が負担して進めているので、移設計画に「待った」をかける理由はなく、関心もない。「ドナルド・シンゾウ」関係において、辺野古移設工事に反対する沖縄県の民意に正面から向き合い、解決策を見いだそうという姿勢はみられない。

「県外移設」という迷走の呪縛

米国側には、普天間移設をめぐり「県外移設」を唱えた鳩山政権時代の迷走を繰り返したくないという本音がある。

オバマ政権で米国防総省東アジア政策上級顧問を務めたジェームズ・ショフは、「移設計画を見直すことになれば、やり直さなければならない複雑な問題が極めて多くあった。ほかの基地との関係性をはじめ、滑走路の長さといった基地機能の問題、隊員の家族が通う学校や医療施設、騒音対策などだ。米国側の関係者はうんざりし、先行きを懸念した」と当時を振り返る[24]。

ショフは「そもそも辺野古移設をめぐる米国政府の考えは、人口密集地にある普天間飛行場をできる限り早く移転させることから始まっていた」と指摘する。米国政府内では、再び普天間の移設先を探すことになれば、移設計画が遅れるという懸念が大きかったという。普天間移設はグアム移転をはじめ、米空母艦載機の厚木基地から岩国基地への移転も含めた米軍再編という大きな計画の一部であり、G・W・ブッシュ政権下で数年かけて決定したものだ。米国側は、「米軍再編計画を策定する際にあらゆる問題について熟慮したうえで結論を出した」（ショフ）と考えていたという。

ショフによれば、日米両政府は鳩山の「県外移設」の主張を受け、嘉手納統合案などかつて検討された案を再度検討した。北海道や東北への移転可能性も検討したが、結果的に当初の計画通り、辺野古が移転先に選ばれた。

ショフは「辺野古への移設は、最悪の事態を避けるために選ばれた案だと思う」と語る。「本質的には妥協とも言えるが、新しい基地を建設するのではなく、既存の基地を海側に拡張する工事であり、周辺住民への騒音の影響も、ほかの案に比べれば最も少ない。沖縄のほかの基地にも十分アクセスでき、九州などにもさほど遠くないという地理的な特性も考慮された」と語る。

ショフが最も懸念しているのは、辺野古への移設工事が進まず、普天間移設計画そのものが停滞し、普天間飛行場が固定化されてしまうことだ。「万が一、普天間で事故が起これば大変な問題になるし、普天間の老朽化した施設を改修する予算が投入されれば、新たな抗議運動を生み出すだろう」と危惧する。

実はショフは二〇一八年一一月、就任直後の玉城知事が訪米した際、玉城と会談している。ショフは「あなたが伝えたいと考えるシグナルは知事選で伝えられたと思う。県民投票を行えば、逆にあなたはその結果に縛られ、政治家として今後取り得る選択肢を狭めることになると思う」と懸念を示し、「普天間移設をできるだけ早く前に進めることで、米軍基地の縮小という次のステップに取り組むべきだ」と伝えたという。

「辺野古基地建設、愚かな計画」

普天間飛行場の辺野古への移設問題で常に議論になるのが、そもそも駐留する在沖海兵隊が本当に日本の安全保障にとって必要なのか、在沖海兵隊の存在に戦略的な意義はあるのか、という問題である。

ショフは「日本を取り巻く安全保障環境を考えたとき、在沖海兵隊は戦略的に極めて重要な存在だ。海兵隊が優れているのは、柔軟性をもち、あらゆる事態に即応できる能力にたけている。朝鮮半島有事に対応できるうえ、平時には中国の抑止力として機能している」と語る。将来的には在沖海兵隊の数を減らして自衛隊の部隊と置き換えるべきだと考えているが、現在は中国が南シナ海や東シナ海で軍事的な攻勢を強めているさなかであり、「日米同盟のシンボルでもある海兵隊を撤収させるにはあまりにもタイミングが悪すぎる」と語る。

一方、ワシントンでは少数派であるものの、ショフの意見とは異なり、在沖海兵隊の戦略的な意義は薄いとして、辺野古の基地は不要だと考える元政府高官もいる。

G・W・ブッシュ政権のもとでパウエル国務長官の首席補佐官を務めたローレンス・ウィルカーソン。「終わりなき戦争を終わらせる」という政策目標を掲げたシンクタンク「クインシー研究所（QI=Quincy Institute）」の研究員にも名を連ねている。

ウィルカーソンによれば、米海兵隊本部は一九九〇年代前半、東西冷戦の終結を受け、国内外すべての海兵隊基地や構成をどうするか見直し作業をしたことがあるという。ウィルカーソンは当時、海兵隊大学のディレクターを務めており、この検証作業に関わったという。[25]

海兵隊の見直し作業では、在沖海兵隊も検証対象となったという。ウィルカーソンによれば、部隊の実弾射撃訓練や飛行訓練、爆弾投下訓練をする地域として沖縄の適合性を調べたところ、運用は「極めて難しい」と判断された。また、朝鮮半島有事の作戦計画「五〇二七」をはじめ、対中国、対東南アジアへの展開を含めて在沖海兵隊の戦略的な役割を調べたところ、在沖海兵隊は戦力規模が小さすぎて、「太平洋地域に前方展開させる戦略的価値はない」との結論に至ったという。

ただし、コスト面から調べたところ、海兵隊を当時の移転候補先だった米国本土のカリフォルニアに移転させるよりも、沖縄に駐留継続させる方がそのコストは五〇～六〇％安くなることがわかったという。日本側が駐留経費の負担をしているためだった。また、在沖海兵隊移転による海兵隊への政治的な影響についても分析され、「海兵隊を米国本土に移転すれば、米国政府がそれを理由に海兵隊全体の規模を縮小させる可能性が高い」という予測がでた。その結果、海兵隊本部は当面、海兵隊を沖縄に駐留させることを決めたという。

ウィルカーソンは「海兵隊が現在も沖縄駐留を継続しているもともとの判断をたどれば、日米の安全保障とは何も関係がない。沖縄駐留を継続した方が必要経費を節約できるし、何より海兵隊という組織の政治的な立ち位置を守ることができるという分析だった」と打ち明ける。

元米陸軍大佐でもあるウィルカーソンはこれまで何度もアジア太平洋地域における米軍の机上

演習にかかわってきたが、在沖海兵隊は台湾有事であれ、南シナ海有事であれ、米軍の大きな戦闘力にはならないという。「米中戦争がもしあるとすれば、空と海における戦闘だ。米国は海兵隊員を中国本土に上陸させるような愚かな作戦はしない」と言い切る。

ウィルカーソンは「中国に対する抑止力として戦略的に重要なのは、米国が日本防衛に確実に『コミットメント（関与）』しているというシグナルを明確に送ることだ」と指摘する。

「海兵隊員を沖縄に置くよりも、米国本土から核搭載可能なB2戦略爆撃機を日本周辺で飛行させる方が効果がある。いざとなれば米国は、日本のために中国に対して大きなダメージを与える――。その意思をはっきりと示すことができるからだ」

ウィルカーソンはまた、辺野古基地の戦略性も疑問視する。

「日本政府は辺野古沿岸部を埋め立てて建設しているが、軍事基地を沿岸部に建設する時代ではない。気候変動による海面上昇で自然災害を受けるリスクが高まっており、六〇～七〇年後には巨額の建設費が無駄になってしまうおそれがある」と指摘する。

ウィルカーソンによれば、マーシャル諸島のクエゼリン環礁にあるロナルド・レーガン弾道ミサイル防衛試験場は近い将来、水没のリスクにさらされると報告されている。原子力空母が寄港する重要な港であるバージニア州ノーフォークの海軍造船所は、近年は急激な海面上昇による高潮などの大きな被害を受け、三〇年後には使えなくなる可能性が出ているという。

さらにウィルカーソンは「辺野古の基地は、中国など外部からの攻撃に脆弱すぎるという問題がある」とも指摘する。「二、三発の精密誘導弾の攻撃を受ければ、滑走路は跡形もなく消え去るだろう。戦略的な観点で言えば、辺野古の基地建設は愚かな計画だ。もし私が安倍晋三首相の立場にあれば、今の計画に固執して沖縄の人々と敵対する手法はとらないだろう」と述べ、こう強調した。

「日本政府にとって必要なのは、こうした変化に適応することだ。米国政府もまた、変化に適応する必要がある」

中距離ミサイル日本配備の可能性

経済的・軍事的な台頭が著しい中国と、その中国を抑え込もうと大国間競争を仕掛ける米国。両大国の狭間に位置する日本にとって、米中のパワーゲームをにらみつつ、米国の同盟国として中国とどのような距離感でつき合っていくかが最も大きな外交課題の一つと言っていいだろう。

竹内行夫元外務次官は、過去の日中関係を振り返ったとき、二〇〇一年の中国の世界貿易機関（WTO）加盟をどの国よりも懸命に支援したのは日本だった、と語る。

「中国が経済的に発展して近代化が進めば、個人の自由など政治的自由も促進されるだろうという期待感があった。しかし、中国は我々が期待するような道を進まなかった。とくに習近平体制になってからは逆の方向に向かっている」

中国は習近平国家主席のもとで国内の人権弾圧政策などを進め、権威主義国家としての性格をますます強めている。日本がいくら中国との間で隣国同士としての良好な外交関係を築くことができたとしても、民主主義国家の基軸をなす自由や人権の尊重といった価値観を中国とは共有していないという事実が変わることはない。

竹内は「日本にとって中国とは、経済的な相互依存によって相互利益の関係があると思う。しかし、香港政策や国内での人権弾圧をみたとき、どう考えても中国的な統治のあり方に日本はくみしえない。日本が中国と一緒になって国際秩序をつくろうという同盟のパートナーになれないことは確実だ」と語り、日本にとって米国の存在が中国に置き換わることは将来的にもありえない、という考えを示す。

とはいえ、日本政府内には、トランプ政権が中国に仕掛けている大国間競争に安易に同調することに警戒する向きもある。

ある日本政府関係者は「米国はこれまで『テロとの戦い』を掲げ、中東地域に目を向け、『米国の敵はここにいる』と言ってきた。しかし、今度は『中国との戦い』だと目標設定を変えた。だが、日本は中国とは隣国同士で距離的に近く、これまでの歴史的な関係もあり、米国のように簡単に、目標設定の変更という次元で日中関係を語ることはできない。日本が米国の『大国間競争』に追随すれば、日本の経済・安全保障だけでなく、あらゆる分野で深刻な影響が出る恐れがあるだろう」と語る。

米中対立の激化は、日本の安全保障に大きな影響を与えている。とくに大きな影響が出るとみられているのが、米国が中距離ミサイルを日本国内に配備する可能性だ。

トランプ大統領は二〇一八年一〇月、冷戦時代に米国と旧ソ連が結んだ中距離核戦力（ＩＮＦ）全廃条約を破棄する方針を表明した。米国側は近年、ロシアが条約で禁止された兵器の開発を行って条約を破っていると不満を募らせるとともに、条約に加わっていない中国が自由に開発を続けていることを問題視していた。

米国はＩＮＦから離脱したことで、条約で禁止されていた地上配備型中距離ミサイルの開発を進めている。米国政権内で具体的に検討されているのが、中国が増強する中距離ミサイルに対抗して、核を搭載していない地上配備型中距離ミサイルをアジア太平洋地域に配備する計画だ。候補地には地理的に中国に近い日本の在日米軍基地も含まれる。ただし、実際に中距離ミサイルが在日米軍基地に配備されれば、日本は米中衝突の最前線になりかねない。

安全保障問題に詳しい米ランド研究所のジェフリー・ホーナン研究員は、仮に日本に中距離ミサイルが配備された場合、中国やロシア、北朝鮮への抑止力として機能するという見方を示す一方で、「日本から発射されたミサイルは一五～二〇分以内で（相手国に）着弾するため、日本は即座に狙われる標的となる。米国と中国などとの間で偶発的衝突が起きれば、日本も巻き込まれることになる」と指摘する。[26]

「日本はこれまで米国が世界各地の紛争にかかわる際、横須賀から米空母が派遣されるなど、目立たない形で関与してきた。しかし、今度は日本国内から中距離ミサイルが直接発射されるわけで、中国などはこれに対抗手段を講じる可能性がある」

ホーナンは、日本政府としてはこうしたリスクを踏まえたうえで米国側の提案を受け入れるかどうか慎重に判断するべきだ、と提案する。

「米国が中距離ミサイルを日本に配備することで、『果たして日本の安全保障は強化されるのか、それとも弱体化するのか』という疑問が出てくるだろう。日本の政策決定者たちはこうした問題について注意深く検証する必要がある」

対中観をめぐる日米間ギャップ

日米両国は、安全保障上の共通の脅威として中国を認識しているものの、両国の対中観を詳しく見ると、米国は中国に対して対決姿勢を強めているのに対し、日本は協調を探るなどのギャップも見られる。

例えば、米国と同じ名称の「自由で開かれたインド太平洋（ＦＯＩＰ）」構想にも違いがある。日本版ＦＯＩＰ構想はもともと、安倍晋三首相が二〇一六年八月、ケニア・ナイロビで開かれた第六回アフリカ開発会議（ＴＩＣＡＤ６）で発表し、アジアとアフリカを結ぶという意味合いを込めて「インド太平洋」という名称を使った経緯がある。日本版ＦＯＩＰ構想では、米国が抜けた後のＴＰＰ11といった多国間の自由貿易を重視して保護貿易主義に対抗する考えがあり、トランプ政権の方向性とは異なる側面もある。

また、中国との関係改善に動く日本は二〇一八年一一月に、もともとの名称だったFOIP「戦略」から「構想」へと名称を変えた。「戦略」は安全保障用語であり、軍事的な対立を想起させるため、「構想」に変えたとみられる。米国版のFOIP構想が日本、米国、オーストラリア、インドといった枠組みを使って中国と対抗するという軍事戦略的な性格を強めているのとは対照的だ。

米国政府当局者によれば、二〇二〇年四月に予定されていた、中国の習近平国家主席の国賓としての訪日について、日本政府当局者からは「今まで『マイナス』の関係だった日中関係を『ゼロ』に戻すためだ。日本は中国に対して米国と同じ歩調をとるが、地政学的に米国と同じ態度はとれないという点を理解してほしい」という説明を受けていたという。

チャイナ・リスクとチャイナ・オポチュニティ

日米両国が同盟国同士として対中観のギャップを乗り越え、中国に対応していく一つのカギとなるのが、「チャイナ・リスクとチャイナ・オポチュニティ」というキーワードだ。

神谷《かみや》万丈《またけ》・防衛大総合安全保障研究科教授は、二〇一七年から日本国際フォーラムと米カーネギー国際平和財団の共同研究プロジェクト「チャイナ・リスクとチャイナ・オポチュニティ」の共同代表を務めている。日米の対中観について神谷は、「日米は同盟国として政策をすりあわせ、基本的な対中観は一致している。ただし、中国が与える『リスク』と『オポチュニティ（機会）』

をめぐって認識の違いもあり、放置すれば政策連携に齟齬が生じる恐れがある」と語る。[27]

米国の対中観について、「米国主導のリベラルな世界と、中国主導の権威主義的世界のどちらが好ましいのか、という体制間競争の視点が強まっている。ファーウェイ問題の根底にも、最先端技術の優位性が中国に移れば中国的な世界が広がる、という危機感がある。リベラルな世界を守るには、中国の提供する機会を犠牲にしてもリスクへの対応が必要だとの考え方もある」と分析。一方、日本の対中観については「尖閣問題などに見られる、中国の安全保障リスクの高まりに早くから警戒感を示してきた。ただし、体制間競争の意識はあまりない。地理的に中国に近いため、日中関係が決定的に悪くなると困る。これが日米の認識ギャップにつながる」と語る。

神谷が懸念するのは、中国に対して現在の米国が「リスク一辺倒」であることだ。「中国との体制間競争に勝つには、中国が世界各国に提示している機会を、米国は理解する必要がある」と語る。「東南アジア諸国連合（ＡＳＥＡＮ）の国々は、中国の台頭がもたらす経済上の機会を歓迎している。そこには『債務のわな』のようなリスクが潜んでいる。だが、彼らは発展のためにインフラ整備のお金を必要としている。リベラルな世界が良いと日米欧がいくら主張しても、便利さと豊かさを手に入れたい彼らに対して説得力は不十分だ」

神谷は「中国のリスクには対抗しなければならない」と語ると同時に、こう提案する。

「日米は第三国に対して、中国が与える機会の代替案を示す必要もある。中国が与える機会をすべて取り除くことは不可能なので、中国との協調という視点も必要だ。総合的に見て、中国にどこで対抗するか、どこで協調するのかを構想する必要がある」

「さまざまな国にヘッジをかける」

日本が二〇一二年に尖閣諸島を国有化して以来、尖閣諸島周辺の領海に中国公船が頻繁に侵入を繰り返し、日本は中国から力による現状変更という挑戦を受け続けている。日本は当初、国防費を飛躍的に増やして海洋進出を強める中国を強く警戒し、米国に「中国脅威論」を説き続けたが、米国は日本の訴えになかなか耳を傾けようとしなかった。当時を知る日本の外務防衛当局者は、「六、七年くらい前までは、日本の安全保障関係者の方が対中観は厳しかった。しかし、今はすっかり米国と日本の対中観は逆転してしまった」と米国の豹変ぶりに驚きをみせる。

しかし、その米国を率いているのが、米国の利益を最優先に考えるアメリカ・ファーストを信条とするトランプ大統領である。最も関心のある貿易問題で、米国にとって利益のあるディールだと考えれば、トランプは同盟国の都合などおかまいなしに、中国側といきなり手を結ぶ可能性も否定できない。

かつて米国では、反共主義者のニクソン大統領が一九七一年に突然、歴代大統領としては初の訪中計画を発表し、戦後の中国に対する敵視政策を大転換させたことがある。ある日本政府関係者は、日本にとって苦い記憶となった「ニクソン・ショック」を踏まえ、「今の米国の対中強硬姿勢を本物だと信じたい。しかし、今後、トランプが態度を豹変させることは絶対にないと言い切れない怖さがある」と語る。

北東アジアという厳しい安全保障環境のもと、日本が中国やロシアといった強権国家と渡り合ってパワーバランスを維持できているのは、強固な日米同盟が背後にあるからで、その事実は否定できない。日本は、日米同盟を基軸とする外交安全保障政策を取る以外に選択肢を見つけることができないのが現実なのである。

しかし、日米関係に詳しい日本政府の外務防衛当局幹部は、コロナ禍のさなかに国際的なリーダー役を放棄し、同盟国を含めた他国とのあつれきばかりを生むトランプ政権の対応に言及し、「米国は国際社会の中でだんだんと孤独な存在になりつつあると思う。米国と緊密な関係をもっているのは価値あることだが、それが昔と同じくらい価値があるかといえば違うだろう」と語る。「米国がかつてのように世界で唯一のポーラー（極）であった時、日本は超大国の米国とだけ仲良くすればよかった。しかし、世界はいま多極化しつつあり、この国とだけ仲良く付き合えば大丈夫ということはない。日本はもちろんこれからも米国とうまくやっていかなければいけないが、米国との関係だけを考えていれば済むわけではない。日本は日米同盟を基軸としつつも、さまざまな国にヘッジをかけながらやっていくしかないだろう」

1――― "Donald Trump & Mike Pence In Des Moines 8/5/16 FULL SPEECH." *LesGrossman News.* 5 August 2016. <https://www.youtube.com/watch?v=LegMeHaPGno>

2——Ben-Meir, Ilan. "That Time Trump Spent Nearly $100,000 On An Ad Criticizing U.S. Foreign Policy In 1987." BuzzFeed News. 10 July 2015. <https://www.buzzfeednews.com/article/ilanbenmeir/that-time-trump-spent-nearly-100000-on-an-ad-criticizing-us>

3——リチャード・アーミテージへのインタビュー取材。二〇一九年一〇月二二日。

4——The White House. "Remarks by President Trump and Prime Minister Abe of Japan Before Bilateral Meeting." November 30 2018. <https://www.whitehouse.gov/briefings-statements/remarks-president-trump-prime-minister-abe-japan-bilateral-meeting-4/>

5——The White House. "Remarks by President Trump on the National Security and Humanitarian Crisis on our Southern Border." 15 February 2019. <https://www.whitehouse.gov/briefings-statements/remarks-president-trump-national-security-humanitarian-crisis-southern-border/>

6——The White House. "Remarks by President Trump and Prime Minister Abe of Japan Before Bilateral Meeting." 26 April 2019. <https://www.whitehouse.gov/briefings-statements/remarks-president-trump-prime-minister-abe-japan-bilateral-meeting-5/>

7——マシュー・バローズへのインタビュー取材。二〇一九年五月二二日。

8——The White House. "Remarks by President Trump in Press Conference | Osaka, Japan." 29 June 2019. <https://www.whitehouse.gov/briefings-statements/remarks-president-trump-press-conference-osaka-japan/>

9——The White House. "Remarks by President Trump and Prime Minister Abe of Japan Before Bilateral Meeting | New York, NY." 25 September 2019. <https://www.whitehouse.gov/briefings-statements/remarks-president-trump-prime-minister-abe-japan-bilateral-meeting-new-york-ny-2/>

10——ロバート・ウォレスへのインタビュー取材。二〇一九年一〇月一〇日。

11——ダイアナ・マウアーへのインタビュー取材。二〇一九年一〇月一八日。

12——ジョエル・マローンへのインタビュー取材。二〇一九年一〇月一〇日。

13——United States Government Accountability Office. "F-35 AIRCRAFT SUSTAINMENT DOD Needs to Address Substantial Supply Chain Challenges." April 2019. <https://www.gao.gov/assets/700/698693.pdf>

14——United States Government Accountability Office. "F-35 JOINT STRIKE FIGHTER Action Needed to Improve Reliability and Prepare for Modernization Efforts." April 2019. <https://www.gao.gov/assets/700/698748.pdf>

15——The White House. "Remarks by President Trump and Prime Minister Abe of Japan Before Bilateral Meeting." 30 November

2018. <https://www.whitehouse.gov/briefings-statements/remarks-president-trump-prime-minister-abe-japan-bilateral-meeting-4/>

16 ——"Top 100 for 2019." *Defense News.* <https://people.defensenews.com/top-100/>

17 ——The White House. "Remarks by President Trump on Supporting the Passage of the U.S-Mexico-Canada Agreement | Milwaukee, WI." 12 July 2019. <https://www.whitehouse.gov/briefings-statements/remarks-president-trump-supporting-passage-u-s-mexico-canada-agreement-milwaukee-wi/>

18 ——ウィリアム・ハータングへのインタビュー取材。二〇一九年一〇月一八日。

19 ——土山實男へのインタビュー取材。二〇二〇年五月一二日。

20 ——竹内行夫へのインタビュー取材。二〇二〇年五月一二日。

21 ——The White House. "Remarks by President Trump and NATO Secretary General Stoltenberg After 1:1 Meeting | London, United Kingdom." 3 December 2019. <https://www.whitehouse.gov/briefings-statements/remarks-president-trump-nato-secretary-general-stoltenberg-11-meeting-london-united-kingdom/>

22 ——Bolton, John. *THE ROOM WHERE IT HAPPENED A White House Memoir* (New York: Simon & Schuster, 2020). p.356.

23 ——ジョン・ボルトンへのインタビュー取材。二〇二〇年六月三〇日。

24 ——ジェームズ・ショフへのインタビュー取材。二〇一九年二月五日。

25 ——ローレンス・ウィルカーソンへのインタビュー取材。二〇一九年一月一五日。

26 ——ジェフリー・ホーナンへのインタビュー取材。二〇一九年一月二九日。

27 ——神谷万丈へのインタビュー取材。二〇一九年一一月九日。

第八章

国際的リーダー役を放棄した「戦時大統領」

過小評価したコロナリスク

二〇二〇年五月二四日、トランプ大統領を乗せた大統領専用車と警護車両の長い車列がワシントン近郊・バージニア州の「トランプ・ナショナル・ゴルフ・クラブ」に向かっていた。

車列の通り過ぎた沿道には、こんなサインボードを掲げる人たちがいた。

「あなたは、一〇万人が亡くなっていることが分かっているのか？」

トランプの新型コロナ対応をめぐる「失政」批判は強まっている。

米国内の死者数は五月二七日で一〇万人を超え、その後も世界最悪の数字を更新し続け、八月現在で一七万人超にのぼる。死者数において米国社会の記憶に生々しいのは、一〇年以上にわたるベトナム戦争で六万人近くの米軍兵士が亡くなったことだ。しかし、これを短期間で大きく上回る死者が出たことに、米国社会は強い衝撃を受けている。五月下旬の米ＡＢＣニュースの世論調査によれば、トランプの新型コロナ対応を「評価しない」と答えた人は六〇％にのぼり、新型コロナ感染が米国で急速に拡大した三月中旬以降の調査で最も高い割合となった。[1]

米コロンビア大の研究チームは五月二〇日、連邦政府が推奨する「ソーシャル・ディスタンシング」（他人との一・八メートルの距離）の措置を一週間早く取っていれば、死者数が現在よりも三万六〇〇〇人少なく抑えることができた、という推計を発表した。[2]トランプ政権の対応の遅れが被害拡大を招いたことを示唆する科学的なデータを突きつけられた格好となった。

翌二一日、トランプはこれに激しく反発。記者団に対し、「私はだれが考えるよりも早く中国からの入国禁止を決めた」と強調。「コロンビア大はとてもリベラルな機関だ。これは政治的な策略だ」などと主張した。[3]

しかし、トランプが当初、新型コロナの米国内での感染拡大を過小評価し続けたという事実が消えることはない。

トランプのもとには二〇二〇年一月の段階で、米情報機関をはじめ、国防総省や国務省などあらゆる政府機関から米国内での感染拡大のリスクについて警告が届いていた。対中強硬派のピーター・ナバロ大統領補佐官（通商担当）も一月下旬、パンデミックで五〇万人の米国人が死亡する可能性がある、という大統領あてのメモを作成。しかし、トランプはこれら政府内の警告に真摯に向き合おうとしなかった。

トランプが繰り返したのは、感染拡大の過小評価だった。「理論上は四月までに少し暖かくなれば、ウイルスは奇跡的に消えるようだ」と根拠のない楽観論を振りまき、「（新型コロナ問題は）民主党のでっち上げだ」という陰謀論も展開した。一方、新型コロナへの中国の対応については、「中国国内は素晴らしく統制が取れている。習近平主席の主導する作戦は大成功するだろう」などと繰り返し称賛し続けた。

政府内で度重なる警告を受けたトランプは、感染拡大の兆しを察知しつつも、一一月の米大統領選の再選に向けて、最大の強みである好調な米国経済に影響を与えるような対策は取りたくないという判断が働いていた可能性がある。

三月中旬以降、米国内で急速に死者数が増えても、楽観的な態度を変えなかった。死者数が一万六〇〇〇人を超えた四月一〇日の記者会見では、「死者数が六万人になることは信じがたい」と述べるとともに、「死者数は一〇万人を大幅に下回る方向に向かっている」と強調した。[4]

トランプの予測は当たらず、その後も死者数は急増し続けた。すると今度は、経済活動の早期再開に前のめりの姿勢を見せ始めた。大統領選に向けて少しでも早く経済の「V字」回復を実現させたいという思惑が垣間見えた。

米国国内では新型コロナの感染拡大を防ぐため、ほとんどの州で自宅待機命令が出されている中、トランプは四月一七日、州知事が民主党であるミネソタ、ミシガン、バージニア三州の名前を挙げ、「解放せよ（LIBERARTE）」と大文字でツイート。トランプ自身も連邦政府トップとして米国国民に外出自粛を要請している立場であるにもかかわらず、自宅待機命令に反対して街頭に繰り出している銃規制反対派ら右派の抗議活動を後押ししたのである。大統領自らが各州の自宅待機命令に反対して抗議活動をあおれば、社会的混乱が引き起こされる恐れがある。ワシントン州のインスリー知事（民主党）はトランプの言動について、「違法で危険だ。『州を解放せよ』と人々に呼びかけるのは暴力行為にもつながりかねない」と強い懸念を示した。

トランプが民主党知事たちとの間に対立を作り出すのは、大統領選の再選に向けて各地で民主党批判を盛り上げ、トランプ支持者たちを固める狙いがあった。また、米疾病対策センター（C

DC）が感染防止のために推奨するマスク着用をトランプが頑なに拒んだのも、マスク着用に反対する支持者たちに同調している姿勢を示すためだった。しかし、トランプが自身の支持者への受けを狙ったメッセージを発することで、米国市民全体は、専門家集団であるCDCの指示に従うべきか、それとも大統領であるトランプを見習うべきか迷いが生じ、マスク着用をめぐっても米国社会は混乱を続けることになった。

トランプは米国の感染者数、死者数がともに世界最悪の記録を出し続ける現実を覆い隠すように、自画自賛を繰り返した。

例えばトランプは、死者数が八万人を超えた五月一一日の記者会見で、「我々の検査システムは世界中のどの国と比べても最も進んでいる」「我々は韓国、英国、フランスなど他国よりも多くの検査をしている」と主張し、「我々が極めて早く行動したことで数十万人の命を救った」と強調した。中国系米国人の記者が「あなたは検査態勢が他の国より優れていると繰り返しているが、それに何の意味があるのか？　米国人が毎日、亡くなっているのに、なぜあなたにとっては世界との競争なのか」と質問すると、トランプは「世界中で人は死んでいる。私ではなく、中国に聞け」と語気を荒げ、会見を打ち切った。[5]

アメリカ・ファーストで国境防衛

自身への風当たりが強まる中、トランプ大統領が最も力を入れているのが、当初は称賛していたはずの中国に対し、自らの「失政」の責任を転嫁させることだ。

トランプは二〇二〇年五月二九日、米ホワイトハウスのローズ・ガーデンで記者会見を開き、米国がWHOから脱退することを正式に表明した。[6]

トランプは、中国が「武漢ウイルス」（トランプ）の感染拡大を隠蔽したことで「世界中に病気が広がってパンデミックを引き起こし、一〇万人以上の米国人の命、そして世界中で一〇〇万人以上の命が失われた」と非難した。WHOについては「米国が年間四億五〇〇〇万ドルを拠出する一方、中国はたったの四〇〇〇万ドルしか拠出していないにもかかわらず、中国が完全にWHOを支配している」と批判し、「我々はWHOとの関係を終了させる」と語った。

米国は最大の資金拠出国であり、その金額はWHOの年間予算の約一五％を占める。米国の脱退は、WHOにとって大きな打撃だ。

WHOの新型コロナ対応に対して、米国内では保守派を中心に「中国寄りだ」という不満が強い。WHOの「国際的に懸念される公衆衛生上の緊急事態」宣言が一月末にずれこんだのは、テドロス・アダノム事務局長が中国の対応を称賛し続けるなど、中国の意向に配慮して、対応が後手に回ったからだ、という批判がある。トランプの今回の離脱表明は、こうした保守派の不満を踏まえたものでもある。

トランプが繰り返しWHOを批判するのは、自身が一月末に中国からの入国制限を打ち出した際にWHOが異論を唱えたことも要因だ。米国内で新型コロナをめぐる対応を批判されているトランプからすれば、中国からの入国制限に早い段階で踏み切ったことは自身の大きな実績となっている。トランプは「私は中国を極めて早い段階で切り離した。もし中国を切り離さなければ、我々はもっと大きなトラブルに巻き込まれていただろう」と胸を張る。[7]

確かにトランプの、中国からの入国制限の決断は早かった。中国側は「過剰反応」と批判したが、他国も米国にならって中国からの入国制限を行っており、感染の拡大を国境で防ぐ水際対策としては一定の効果があったという見方がある。さらにトランプは三月一一日、「私は米国人の健康を第一に考えている」と訴え、欧州の大半の国からの入国制限を表明。同月二一日にはカナダ、メキシコとの国境を事実上、閉鎖した。

米ラトガース大のロス・ベイカー教授（米国政治）は、トランプの一連の入国制限について「アメリカ・ファーストと密接な関係がある」と語る。[8]

ベイカーがとくに注目するのは、トランプが「戦時大統領」を名乗り、新型コロナウイルスを「中国ウイルス」「武漢ウイルス」と表現していることだ。

ベイカーは、「トランプには根本的に米国が外国によって汚されることへの強い危機感がある」と語る。中国・武漢市を発生源とした新型コロナウイルスにとどまらず、南米からの不法移民も含め、トランプはこうした「外国から侵入した敵」から米国を守らなければいけないという考えが強いという。一九九〇年代からアメリカ・ファーストを訴え続けてきた保守派の重鎮パット・ブキャナンによれば、アメリカ・ファーストの核心は、米国民を守るための国境防衛の強化にある。新型コロナ対応をめぐるトランプの言動にもこの考え方が見てとれる。

「米国不在」で存在感を高める中国

ただし、トランプ政権の新型コロナ対応は、自国防衛を最重視しているため、「内向き志向」になっている。トランプは四月三日、新型コロナウイルスの感染者治療に必要な「N95」と呼ばれる医療用高機能マスクなどの輸出を停止するように求める大統領令に署名した。「我々にはこれらの物資を国内ですぐに使うために必要なのだ」と強調し、他国から「必要不可欠な物資の貿易取引を阻害することは誤りだ」（カナダのトルドー首相）と批判されても意に介する様子はなかった。

ポンペオ国務長官もトランプと平仄を合わせて、「武漢ウイルス」という呼称を使い続けている。新型コロナ対策をめぐって三月下旬に開かれた主要七カ国（G7）外相会議では共同声明を出すことが検討されたが、ポンペオが「武漢ウイルス」という呼称を使うことにこだわったため、合意することができなかった。

これまでパンデミックが起きた際、米国の歴代政権は国際社会でリーダーシップを発揮しようとしてきた。二〇一四年に西アフリカでエボラ出血熱が流行した際、オバマ大統領は国際社会が一致して感染国の支援や感染予防措置を行う必要性を訴え、アフリカの約五〇カ国の首脳らを招待した国際会議を米国内で開催。感染国支援のため、米軍部隊三〇〇〇人を現地に派遣している。

オバマは二〇一四年九月、アトランタの米疾病対策センター（CDC）を訪問した際、次のような演説を行っている。[10]

「現実はこの（エボラ出血熱の）流行状況は良くなるどころか悪くなる一方だ。しかし、国際社会には今、数え切れない人々の命を救うチャンスがまだある。国際社会は今こそ行動する責任がある。米国はもっと行動する意思がある。我々はこの取り組みにリーダーシップを発揮し続けていくつもりだ」

今回のコロナ危機をめぐるトランプの対応には、国際社会でリーダーシップを発揮しようとする姿勢がみられないどころか、むしろ国際的なリーダー役を放棄しているのが実態である。米国は二〇二〇年のG7議長国だが、コロナ対策を話し合うG7首脳による緊急テレビ会議を提案したのはトランプではなく、フランスのマクロン大統領だった。

新型コロナの感染拡大によって世界最悪の感染者数、死者数を出し続けているという国家的な危機に直面し、米国は自国防衛を優先せざるをえないという事情もある。しかし、トランプの言動には、同じように困難に直面する他国に配慮する姿勢はみられない。トランプは記者会見で米国による医療製品の輸出禁止について問われると、「我々はNATOに虐げられてきた。我々はEUにとても不公平に扱われてきた」[11]と、いつもの米国犠牲論を展開してみせた。

米外交専門誌「フォーリン・アフェアーズ」のダニエル・カーツフェラン編集長は「トランプ政権は過去三年間にわたって、国際的な機関に対する協力を無視し、その品位を落としめてきた部分がある。今起きていることはこの三年間、我々が米国の外交をめぐって目にしてきた変化や混乱と一致しているものだ」と指摘する。[12] 米国のＷＨＯ離脱でコロナ危機をめぐる途上国への医療支援が滞れば、米国は国際社会のリーダー役を果たすどころか、「身勝手な行動をした」という非難を浴び、国際社会から孤立しかねない。

こうした米国のリーダーシップ不在を横目に、国際社会で存在感を高めようとしているのが中国だ。

中国は、コロナ危機の対応に自信を深めているようにみえる。民主主義国家とは異なる強権的な手法で、新型コロナの感染源となった武漢市を完全封鎖。三月一〇日に武漢市を視察した習近平国家主席は、「ウイルス拡散の勢いは基本的に抑え込んだ」と表明した。中国は新型コロナの感染拡大が続く他国への支援に乗り出し、マスクや防護服など医療物資の支援を行った。

中国による支援のあり方については、「借金漬け外交」という批判があるように、国際社会では警戒する声が強い。しかし、コロナ危機をめぐる医療支援の規模は際立っている。Ｇ７加盟国の中で唯一、中国の巨大経済圏構想「一帯一路」に参加するイタリアには物資のみならず医師団も派遣し、手厚い支援を施した。カーツフェランは「中国は明らかに今回の危機を、『米国不在』を浮き彫りにする機会だととらえており、米国と対照的な姿勢を示すために支援を申し出ている」と語る。米国のＷＨＯ離脱に関しても、米国不在の代わりに中国がＷＨＯへの財政支援を積極化させ、結果的にはＷＨＯが「中国寄り」の姿勢を強め、中国が国際的な発言力をさらに強める可能性がある。

世界恐慌時の大統領

新型コロナの直撃によって、トランプ大統領にとって最大の強みである好調な米国経済がダメージを受け、再選に向けての戦略は大きく狂うことになった。各種世論調査ではトランプの支持率は四割を切り、一期で終わったカーター元大統領とジョージ・H・W・ブッシュ元大統領の同時期とほぼ同じ支持率となっている。

米国の大統領史に詳しい歴史学者のダグラス・ブリンクリー米ライス大教授は、トランプは一九二九年の世界大恐慌における共和党のハーバート・C・フーバー大統領に似ている、と指摘する[13]。

「ウォール街で株価が大暴落したとき、フーバーは極めて悪い事態になるということを否定したかった。『事態はすぐに良くなる。株価も上がる。銀行も倒産しない』と楽観的な見通しを示していた。その結果、フーバーは史上最低の大統領の一人という評価を受けることになった」

一九三二年の大統領選で、フーバーは民主党候補のフランクリン・D・ルーズベルトに敗北し、一期で終わる。ブリンクリーは「ルーズベルトはフーバーの失敗から明らかに恩恵を受けた。『フーバーは大恐慌時に何もしなかった』と批判し、就任後にニューディール政策を始めたわけだ」と語る。

ブリンクリーは、トランプが今回の大統領選で敗北してフーバーと同じように一期で終われば、「ウクライナ疑惑」をめぐる弾劾訴追、コロナ危機対応の失敗、人種差別的言動、度重なるウソなど、「米国史上最悪の大統領」という烙印を押されることになるだろう、と予想する。

一方、大統領選に再選すれば、いずれ任期中には新型コロナのワクチンも開発されるなどして、トランプに対する評価は変わってくるという。

「トランプはこう言うだろう。『私はパンデミックのさなか、『戦時大統領』だった。私の指導力のおかげで米国は最後にすべての状況が好転した。私に対する民主党の弾劾訴追もすべてでっち上げだった』と」

コロナ禍のもとで行われる一一月の大統領選をめぐっては、トランプが将来、コロナ危機を克服したと胸を張ることになるのか、それとも失敗者として記憶されることになるのか、その歴史的な評価も問われることになる。

1——Karson, Kendall and Scanlan, Quinn. "Black Americans and Latinos nearly 3 times as likely to know someone who died of COVID-19: POLL." *ABC NEWS*. 22 May 2020. <https://abcnews.go.com/Politics/black-americans-latinos-times-died-covid-19-poll/story?id=70794789>

2——Pei, Sen, Kandula, Sasikiran and Shaman, Jeffrey. "Differential Effects of Intervention Timing on COVID-19 Spread in the United States." *Department of Environmental Health Sciences, Mailman School of Public Health, Columbia University* <https://www.medrxiv.org/content/10.1101/2020.05.15.20103655v2.full.pdf>

3——The White House. "Remarks by President Trump Before Marine One Departure." 21 May 2020. <https://www.whitehouse.

gov/briefings-statements/remarks-president-trump-marine-one-departure-92/>

4——The White House. "Remarks by President Trump, Vice President Pence, and Members of the Coronavirus Task Force in Press Briefing." 10 April 2020. <https://www.whitehouse.gov/briefings-statements/remarks-president-trump-vice-president-pence-members-coronavirus-task-force-press-briefing-24/>

5——The White House. "Remarks by President Trump in a Press Briefing on COVID-19 Testing." 11 May 2020. <https://www.whitehouse.gov/briefings-statements/remarks-president-trump-press-briefing-covid-19-testing/>

6——The White House. "Remarks by President Trump on Actions Against China." 29 May 2020. <https://www.whitehouse.gov/briefings-statements/remarks-president-trump-actions-china/>

7——The White House. "Remarks by President Trump, Vice President Pence, and Members of the Coronavirus Task Force in Press Briefing." 2 April 2020. <https://www.whitehouse.gov/briefings-statements/remarks-president-trump-vice-president-pence-members-coronavirus-task-force-press-briefing-17/>

8——ロス・ベイカーへのインタビュー取材。二〇二〇年三月二六日。

9——The White House. "Remarks by President Trump, Vice President Pence, and Members of the Coronavirus Task Force in Press Briefing." 3 April 2020. <https://www.whitehouse.gov/briefings-statements/remarks-president-trump-vice-president-pence-members-coronavirus-task-force-press-briefing-18/>

10——The White House. "Remarks by the President on the Ebola Outbreak." 16 September 2014. <https://obamawhitehouse.archives.gov/the-press-office/2014/09/16/remarks-president-ebola-outbreak>

11——The White House. "Remarks by President Trump, Vice President Pence, and Members of the Coronavirus Task Force in Press Briefing." 25 March 2020. <https://www.whitehouse.gov/briefings-statements/remarks-president-trump-vice-president-pence-members-coronavirus-task-force-press-briefing-11/>

12——ダニエル・カーツフェランへのインタビュー取材。二〇二〇年四月一四日。

13——ダグラス・ブリンクリーへのインタビュー取材。二〇二〇年四月一〇日。

エピローグ——アメリカ・ファーストは終わらない

最高権力者が仕掛ける文化戦争

二〇二〇年六月二〇日、コロナ禍のさなか、米国南部オクラホマ州タルサの多目的屋内アリーナ「BOKセンター」で、トランプ大統領の大規模選挙集会が開かれた。トランプが選挙集会を開いたのは、米国内で新型コロナウイルスの感染が深刻化した三月上旬以来、約三カ月ぶりだった。

参加者のほとんどが白人で、マスクを着けておらず、星条旗を振り回したり、談笑したりとお祭り騒ぎだ。赤い帽子をかぶった保険会社社員スティーブ・ローマイヤー（六八）と妻のリンダ（六三）は、イリノイ州から一〇時間かけて運転してきたと笑った。リンダはコロナ禍のなかの集会参加を娘から叱られたと明かし、「とても心配されたので、マスクと手袋を着けることを約束した」と話した。ミネアポリス事件をきっかけに全米各地で広がる人種差別抗議デモについて二人に聞くと顔を曇らせた。

「デモの参加者たちは『Black Lives Matter（黒人の命も大事）』と言うけど、みんなの命が大事だ。彼らは店を燃やしたり略奪したりしているからね」

トランプ支持者は、被害者意識と攻撃性を併せ持つ。白人優位からマイノリティー優位の社会に変わるという恐怖感。社会の多様化を後押しする民主党やメディアへの嫌悪感。そんな彼らが応援するのがトランプだ。

前章でも述べたように、新型コロナウイルスの直撃で、好調な経済を強みとしてきたトランプの大統領選再選戦略は破綻した。しかもコロナ対応の遅れなどが批判され、「人々の関心を変える必要が出てきた」（元トランプ政権高官）。そんなさなかにミネアポリス事件が起き、全米各地で人種差別抗議デモが広がった。

トランプが新たな選挙戦略として力を入れ始めたのが、リベラル的な価値観と戦う「文化戦争（カルチャー・ウォー）」だ。人種差別抗議では警察側に立ち、「法と秩序」を訴える。マスクを着けなかったのは、トランプ支持者と重なる右派が「個人の自由」から着用に反対するからだ。

もともと米国で文化戦争が提唱されたのは、冷戦終結直後のことだ。保守派は反共主義思想が効力を失ったことで、自分たちの新たな敵として、妊娠中絶や銃規制、同性婚などのリベラル的な価値観に照準を合わせた。保守派重鎮のパット・ブキャナンは一九九二年の共和党全国大会で、「宗教戦争がこの国では起きている。それが『文化戦争』だ。我が国にとって冷戦と同じくらい重要になるだろう」と呼びかけた。[1]

トランプは二〇二〇年七月八日、政治専門サイト「リアル・クリア・ポリティクス」のインタビューで「我々は文化戦争のさなかにある」と強調した。[2]

トランプは、ミネアポリス事件をきっかけに広がる人種差別抗議デモと対決する姿勢を強め、抗議デモのスローガン「Black Lives Matter」を「ヘイトのシンボル」などとツイート。七月三日のサウスダコタ州の景勝地・ラシュモア山での演説では、自らの対決姿勢について「極左」を相手にした文化戦争だ、という認識を初めて示した。

トランプは、南北戦争の時の南部連合将軍像やコロンブス像の撤去・破壊が全米各地で進んでいることを念頭に、「(極左は)我々の国家遺産であるすべての像やシンボルを引き倒そうとしている。我々は黙っていない」と発言。[3]翌四日の首都ワシントンで行われた独立記念日の式典での演説では、米国の英雄たちはナチス、ファシズム、共産主義との戦争に勝利したと言及し、「我々はいま、極左との戦いに勝利しつつある」と踏み込んだ。[4]国内の米国人同士の思想的対立を、外国との戦争と同列に論じたことに衝撃が走った。

トランプの文化戦争の狙いについて、人種問題に取り組む「デモクラシー・イン・カラー」創設者のスティーブ・フィリップスは「人種の多様化を恐れる白人有権者の心理を利用した選挙戦略」とみる。[5]米国では二〇二〇年現在、白人(ヒスパニック系を除く)の人口は全体の五九・七%と過半数を占める。しかし、今後はヒスパニック系を筆頭にアフリカ系やアジア系の人口が増え、二〇四五年には白人の人口割合は五〇%を切ることが予想されている。[6]フィリップスはこうした米国の人種をめぐる人口割合の変化を踏まえ、「この国は白人国家として建設され、白人たちが何世紀にもわたってそれを守ろうとしてきた歴史がある。トランプは、非白人勢力によってこの国の白人文化が脅かされるという恐怖をあおっている」と語る。

最高権力者が仕掛ける文化戦争が、米国社会の分断を深める。

白人至上主義者のスローガンである「ホワイト・パワー（白人の力）」と白人男性が叫ぶ動画にトランプは「素晴らしい人たち、ありがとう」とコメントをつけてツイッターに投稿。世論調査で民主党候補のバイデン前副大統領に差を広げられつつある中で、人種差別的な言葉を使ってでも自分への支持を固め、熱狂による勝利を目指している。

米国大統領は国家的危機が起きたとき、本来ならば、米国国民の団結を訴える立場にある。コロナ危機、人種差別抗議デモという二つの国家的危機のさなか、いくら大統領選再選のためとはいえ、米国社会の分断をあおるのは「禁じ手」だ。しかし、トランプがだれにもじゃまされずに過激な言動を繰り広げているのは、政権内で独裁的な地位を確立しているからだ。象徴的なのはこの本の冒頭でも触れた、自身の写真撮影のため、ホワイトハウス前の抗議デモ隊を催涙ガスで強制排除した六月一日の事件である。政権内でトランプをいさめる者はだれもおらず、世論の反発を予想できなかった。

トランプが権力基盤を固めた要因の一つに、頻繁な更迭人事がある。マティス国防長官やボルトン大統領補佐官（国家安全保障担当）らブレーキ役はいなくなり、周囲はバー司法長官やポンペオ国務長官らイエスマンばかりとなった。

米国の政治制度は権力の暴走を防ぐため、行政・議会・司法の間でチェック・アンド・バランス（抑制と均衡）が働く仕組みをもつ。ところが、共和党内でのトランプ支持率は九割を超え、共和党議員は選挙時にトランプから復讐されるのを恐れて動けない。「ウクライナ疑惑」では、トランプがウクライナ大統領に対してバイデン親子への捜査を働きかけたことは明らかだったが、共和党が多数を占める上院は弾劾裁判で「権力乱用」を認めなかった。さらにトランプは、政府内で独立して権力を監視する役目の監察官を相次いで解任した。

司法の独立も脅かされている。

バー司法長官が率いる司法省は二〇二〇年五月、トランプの「ロシア疑惑」の捜査をめぐる偽証罪で公判中のフリン元大統領補佐官への訴追を放棄すると連邦地裁に申し立てた。被告がいったん罪を認めたにもかかわらずだ。「ロシア疑惑はでっち上げ」というトランプの主張を追認する狙いとみられる。さらに七月には、同じ「ロシア疑惑」の捜査をめぐる偽証罪などで実刑が確定していた腹心のロジャー・ストーン元選挙顧問について、トランプは大統領権限を行使してその刑を免除した。

歴代大統領でここまで権力を乱用した例はないと言われる。いくら米国の政治制度でも、デマゴーグ（大衆扇動指導者）型の人物が大統領になると、暴走を止めるのは難しい。

問題は外交にも波及する。六月にワシントン郊外でＧ７サミットを開くと言ったかと思えば撤回し、今度は9月以降に延期したG7に、メンバー国に相談せずにロシアや韓国を招待すると発表。トランプはG7開催で経済活動の早期再開を後押ししようとしたが断念せざるを得ず、代わりに大統領選前に世界各国の首脳に囲まれた自身の姿をアピールする考えに変わったとみられる。ワシントンの外交筋によれば、国務省も寝耳に水だったという。G7開催は結局、ドイツなど欧州各国が米国訪問に難色を示し、大統領選後に延期されることになった。

トランプのコロナ対応は、他国への医療用マスク輸出禁止を決めるなど自国の守りを最重視するうえ、世界保健機関（WHO）を「中国寄り」と批判して脱退を表明した。国際的な指導力を発揮するどころか、逆に孤立的な傾向が目につく。

トランプは同盟国たたきにも躊躇しなかった。日韓への米軍駐留経費負担の大幅増額要求に加え、ドイツの国防費が不十分だとして在独米軍の削減を表明した。

トランプはアメリカ・ファーストのスローガンのもと、環太平洋経済連携協定（TPP）離脱を皮切りに、地球温暖化対策のパリ協定、イラン核合意、中距離核戦力（INF）全廃条約などからの離脱・破棄を次々に決めた。

アメリカ・ファーストは、米国の利益を最重視する考え方だ。しかし、ボルトン前大統領補佐官は「いかなる大統領も、日本の首相も含めて、政治を考慮して安全保障や内政について決断する。それこそ民主主義の一部だ。トランプが違うのは、自身の再選が他のすべてに優先していることだ。戦略的信条や、我々が通常考える政策的な視点があるわけではなく、すべてはドナルド・トランプのためだ」と語る。[7] 大統領選が近づくにつれ、アメリカ・ファーストはトランプ・ファーストの性格を強めていったのだ。

戦後国際秩序を自らの手で壊す

超大国トップの米国大統領が国際社会に与える影響は大きい。トランプがこの四年間にわたってアメリカ・ファーストを追求したことで、国際社会には三つの影響を与えたといえる。

一つ目は、トランプは「国家は自国の利益だけを追求するべきだ」というモデルを率先して示し、自国第一主義の考え方を国際社会に広めたことだ。トランプは二〇一九年九月の国連総会一般討論演説で、「賢い指導者はいつも自国民と自国の利益を最優先に考える。未来はグローバリストのものではなく、愛国者のものだ」と呼びかけた。[8]

トランプの訴えるアメリカ・ファーストの影響は、各国に見られる。新型コロナの対応をめぐって各国では国境封鎖など自国の防衛に比重が置かれた。世界的危機であるにもかかわらず、各国のワクチン開発は自国優先で進められ、国際協調による解決策を探る動きは低調だった。「ブラジルのトランプ」とも呼ばれるボルソナーロ大統領も誕生し、自国のナショナリズムをあおり続けている。日本外交も「トランプ化」しているという見方がある。米国外交研究の第一人者であるウォルター・ラッセル・ミードは、日本が韓国との歴史問題を背景に、対韓輸出規制措置を取ったことについて、「貿易に政治を絡ませる日本の決断は、国家戦略の劇的なシフトを意味する。（日本は）トランプ流としか言いようがない方法で自国の強みを最大化しようとしている」と指摘した。[9] 各国が国際協調よりもトランプの提唱する自国第一主義を追求し始めれば、国際協調に基づくリベラルな戦後秩序はおのずと崩壊の危機に直面することになる。

二つ目は、米国に対する信頼感の低下である。米国は第二次世界大戦後、国際協調を基調とした外交を展開してきた。単独行動主義に踏み切るケースもあったが、その際も同盟国・友好国との連携を重視し、米国の行動が米国のみならず国際社会にとってもプラスに働くという「ウィンウィン」の関係を常に示そうとしてきた。しかし、トランプが国際社会に示したのは、「自国さえ良ければよい」というむき出しの国家の姿だった。インド太平洋地域をめぐって米中が周辺諸国への影響力を競う中、東南アジア諸国が米国を全面的に信頼できなかったのはまさにこの点にある。トランプが引退したのち、米国が再び国際協調路線に転じても、米国に対する各国の不信感が払拭されるまで時間を要するだろう。

三つ目は、トランプ政権下の米国が国際社会のリーダー役を事実上放棄しつつある今、中国が「米国不在」の間隙を突き、国際的な影響力を強めつつあるという点である。コロナ禍では感染拡大が続く他国の支援に乗り出し、マスクや防護服を支援。欧米諸国に衝撃を与えたのは、Ｇ７の中で唯一、中国の巨大経済圏構想「一帯一路」に参加するイタリアに対し、物資のみならず医師団も派遣し、手厚い支援を施したことだ。また、米国がコロナ禍や人種差別抗議デモといった内政問題で混乱しているうちに、中国は香港での反体制的な言動を取り締まる「香港国家安全維持法」を成立させてしまった。

勢いづくのは、中国だけではない。米国の覇権を嫌ってきたほかの権威主義国家も同様である。二〇二〇年三月二五日、中国、ロシア、イラン、北朝鮮、キューバ、ベネズエラ、シリア、ニカラグアの八カ国は連名で、「違法かつ強制的、独断的な経済圧力を、完全かつ直ちに解除するように要請する」という書簡を国連事務総長あてに提出し、米国と欧州諸国が科した経済制裁を解除するよう国連が働きかけることを求めた[10]。

戦後七五年が経ち、アメリカ・ファーストという新たな孤立主義政策を掲げたトランプのもと、かつて自国の国際主義派が主導して作り上げた戦後国際秩序を、米国は自ら壊し始めている。

ただし、留意すべきは、これはトランプ一人の意思で始まった問題ではないということだ。トランプを生み出した米国社会の民意が、国際社会に対するこれまでの米国の関与のあり方を変えつつあるのだ。

国際主義と孤立主義の相克

米国の外交は、孤立主義と国際主義という二つの潮流が激しくぶつかり合うことで形成されてきた。一七七六年に悲願の独立を果たした初代大統領ワシントンら建国の父たちは、欧州諸国の争いに巻き込まれることなく、新国家・米国の国力増強を図ろうと考えた。太平洋と大西洋に囲まれた米国大陸には豊かな資源があり、孤立主義的な外交路線が適していたのである。それを明確に示したのが、第五代大統領モンローによる一八二三年の「モンロー宣言」である。米国は欧州諸国の国内政治に干渉しない代わりに、欧州諸国は西半球に干渉するべきではないと表明したのである。

この米国の孤立主義が完全に破られたのが、国際主義派の第二八代大統領ウィルソンのもとでの一九一七年の第一次世界大戦への参戦である。米国は英仏とともにドイツと戦って勝利を収めたが、一一万人を超える犠牲者が出た。米国の「自由と民主主義」を世界に広めるという理念をもつウィルソンは、世界平和を維持するために国際連盟の創設を提案するが、米上院で否決される。国際連盟は米国をメンバーに欠いたまま発足することになった。

米国では一九三〇年代に孤立主義の風潮が強まった。三九年にドイツがポーランドを侵攻したのを皮切りに欧州大戦が始まると、これへの参戦に強く反対したのが、冒険飛行士チャールズ・リンドバーグら「アメリカ・ファースト委員会」だった。しかし、第三二代大統領フランクリン・D・ルーズベルトのもとで、一九四一年の真珠湾攻撃をきっかけに第二次世界大戦に参戦。米国は再び国際主義路線へと舵を切り、ルーズベルトの理念を引き継いだ第三三代大統領トルーマンのもとで米国主導のリベラルな国際秩序づくりが進められていくことになった。

東西冷戦終結後、米国内では孤立主義への回帰を模索する動きも一部でみられた。一九九〇年代からアメリカ・ファーストを唱えてきた伝統保守主義者（ペイリオコン）の代表格、パット・ブキャナンもその一人である。ブキャナンは他国への軍事介入に反対し、世界貿易機関（WT

〇）などからの離脱を主張した。しかし米国が選んだのは、ライバルのソ連が崩壊した後、唯一の超大国として世界のリーダーであり続けるという「一極体制」だった。九〇年にイラクがクウェートに侵攻すると、米国は多国籍軍をまとめ上げて湾岸戦争を戦った。二〇〇一年に同時多発テロが起きると、アフガニスタン戦争やイラク戦争など一連の対テロ戦争に踏み切り、米国の「自由と民主主義」の理念を世界各国に広めるという過剰なまでの国際的なリーダーシップを発揮しようとした。

しかし、その代償は大きかった。

イラク戦争は二〇一一年一二月に正式に終結宣言が出されたが、〇一年から始まったアフガニスタン戦争は二〇年二月、米国と反政府勢力タリバーンとの間でアフガニスタンの駐留米軍を段階的に撤退させることで合意した。しかしこれは、ベトナム戦争を超える「史上最長」の戦争となった。一連の対テロ戦争における米軍兵士の死者数は七〇一四人にのぼり[11]、米国政府は海外での軍事作戦などに計六・四兆ドルを支出した[12]。米国社会は二〇年近く続いている一連の戦争で人的・経済的に大きな犠牲を払って疲弊し、米国がリーダーシップを発揮して国際紛争の解決に積極的に関与していくという国際主義派の考え方に懐疑的になっていった。

トランプが大統領選に当選した二〇一六年に行われた世論調査機関ピュー・リサーチ・センターの調査によれば、「米国は自国の問題に対処すべきであり、他国の問題は他国自身に任せるべきだ」と答えた人は五七％にのぼり、「他国を助けるべきだ」と答えた人は三七％にとどまった。

さらに、次の大統領について「内政」と「外交」のどちらに集中する方が重要かを尋ねたところ、七〇%が「内政」と答え、「外交」と答えたのは一七%に過ぎなかった。トランプの前任であるオバマが初当選した〇八年大統領選と同じ年に実施された調査では、「内政」と答えた人は六〇%で、八年間で一〇ポイント増えたことになる。[13]

前出のブキャナンは、一九九二、九六、二〇〇〇年と大統領選に挑戦し続けてきたが、敗北に終わった。米国社会にとって当時、アメリカ・ファーストは異端の主張だった。しかし、それから四半世紀近くが経ち、唯一の超大国・米国の国際的な関与がかつてないほど膨張した結果、トランプの掲げるアメリカ・ファーストは多くの米国国民が支持する考え方となったのである。

米国の国際的な関与を減らそうという「内向き」志向は、トランプ以外の政治家にも見てとれる。G・W・ブッシュ大統領が始めた対テロ戦争の後始末を託されたオバマ大統領は「米国は世界の警察官ではない」と繰り返した。二〇一六年大統領選で、国際主義派のクリントン元国務長官は、自由貿易を嫌う世論に押され、オバマ政権が進めたTPPについて「現在も反対だが、選挙後も大統領になっても反対する」と明言した。[14] もちろんクリントンが大統領に選出されていれば、現在のように極端なアメリカ・ファーストを主張することはなかっただろう。しかし、同時に、クリントンの訴えの中に、自国第一のトーンが含まれていた可能性は否定できない。米国大統領は米国社会の多数の民意の体現者でもあるからだ。

二〇二〇年一一月の米大統領選は、国際社会の命運をも左右する。

トランプが再選することで、米国はアメリカ・ファーストをさらに推し進め、新たな孤立主義の道を突き進んでいくのか。それとも民主党候補のバイデン前副大統領が勝利することで、国際協調路線へと復帰するのか。

バイデンは国際機関や同盟国との関係を重視している。大統領就任後、トランプが脱退を表明したWHOをはじめ、パリ協定やイラン核合意にも復帰する考えを示している。

ただし、バイデンが大統領になったからといって、米国が再びかつてのような過剰ともいえる強力な国際的リーダーシップを取り戻すことはもはやない。米国国民は、「米国大統領は『外交』よりも『内政』に集中するべきだ」という考えを強めており、その民意をトランプなりの強烈な個性で体現してみせたのがアメリカ・ファーストなのである。

バイデンもこの米国民の民意を背負う立場にある。選挙公約では、アフガニスタンからの米軍撤退についてトランプと同様に賛成の立場を取っており、一期目の任期中に戦闘部隊を撤退させ、対テロ作戦の部隊だけを現地に残す考えを示している。米国の武力行使のあり方についても抑制的な考え方を示し、米国が武力行使する場合は「目標が明確かつ達成可能であり、米国民に十分に説明され、必要な議会の同意が得られているときに限る」と強調している。[15] また、経済政策では、米国内の産業保護に力を入れる方針だ。仮にバイデンが大統領に選ばれれば、同氏の掲げる国際協調路線のもと、自国の内政問題により集中できるように、超大国としてこれまで負担してきた責任を各国で担うよう求める傾向がさらに強まることが予想される。どちらが次の大統領になろうと、米国の「一極体制」という時代は終わりを迎えつつあるのだ。
米国はいま、九・一一をきっかけに膨張し続けた国際的な役割を縮小し、自国益をより重視する長期的な傾向に入っている。アメリカ・ファーストは終わらない。トランプがいなくなっても、それは姿を変えて国際社会に影響を与え続けていくことになるだろう。

1——"Pat Buchanan 1992 Republican Convention Address. *C-SPAN*." 17 August 1992. <https://www.c-span.org/video/?31255-1/pat-buchanan-1992-republican-convention-address>

2——Wegmann, Philip. "In Interview, Trump Vows to Counter the Left's 'Culture War.'" *RealClear Politics*. 08 July 2020. <https://www.realclearpolitics.com/articles/2020/07/08/in_interview_trump_vows_to_counter_the_lefts_culture_war_143653.html>

3——The White House. "Remarks by President Trump at South Dakota's 2020 Mount Rushmore Fireworks Celebration | Keystone, South Dakota." 3 July 2020. <https://www.whitehouse.gov/briefings-statements/remarks-president-trump-south-dakotas-2020-mount-rushmore-fireworks-celebration-keystone-south-dakota/>

4——The White House. "Remarks by President Trump at the 2020 Salute to America." 4 July 2020. <https://www.whitehouse.gov/briefings-statements/remarks-president-trump-2020-salute-america/>

5——スティーブ・フィリップス氏へのインタビュー取材。二〇二〇年七月一〇日。

6——Poston, Dudley. "3 ways that the U.S. population will change over the next decade." *PBS NEWS HOUR*. 2 January 2020. <https://www.pbs.org/newshour/nation/3-ways-that-the-u-s-population-will-change-over-the-next-decade>

7——ジョン・ボルトンへのインタビュー取材。二〇二〇年六月三〇日。

8——The White House. "Remarks by President Trump to the 74th Session of the United Nations General Assembly." 24 September 2019. <https://www.whitehouse.gov/briefings-statements/remarks-president-trump-74th-session-united-nations-general-assembly/>

9—— Mead, Walter Russell. "Trump Goes to Japan, and Japan to Him." *The Wall Street Journal.* 1 July 2019. <https://www.wsj.com/articles/trump-goes-to-japan-and-japan-to-him-11562020774>

10—— The Iran Primer. "Eight Countries Urge U.N. to Help on Sanctions." 27 March 2020. <https://iranprimer.usip.org/blog/2020/mar/27/eight-countries-urge-un-help-sanctions>

11—— Crawford, Neta C. and Lutz, Catherine. "Human Cost of Post-9/11 Wars: Direct War Deaths in Major War Zones, Afghanistan and Pakistan (October 2001 – October 2019); Iraq (March 2003 – October 2019); Syria (September 2014-October 2019); Yemen (October 2002-October 2019); and Other." *COST OF WAR*. 13 November 2019. <https://watson.brown.edu/costsofwar/files/cow/imce/papers/2019/Direct%20War%20Deaths%20COW%20Estimate%20November%2013%202019%20FINAL.pdf>

12—— "Summary of War Spending, in Billions of Current Dollars FY2001-FY2020." *COST OF WAR*. 13 November 2019. <https://watson.brown.edu/costsofwar/figures/2019/budgetary-costs-post-911-wars-through-fy2020-64-trillion>

13—— "Public Uncertain, Divided Over America's Place in the World." *Pew Research Center*. 5 May 2016. <https://www.pewresearch.org/wp-content/uploads/sites/4/2016/05/05-05-2016-Foreign-policy-APW-release.pdf>

14—— "Clinton Vows To Oppose Trans-Pacific Partnership As Candidate And As President." *WBUR*. 11 August 2016. <https://www.wbur.org/hereandnow/2016/08/11/clinton-economic-speech-analysis>

15—— "Joseph R. Biden Jr." *The New York Times*. <https://www.nytimes.com/interactive/2020/us/politics/joe-biden-foreign-policy.html>

あとがき

　この本は、朝日新聞の言論サイト「論座」において二〇二〇年三月〜六月に連載した「アメリカ・ファーストートランプの外交安保」（全三四回）を大幅に加筆・修正したものである。トランプ米大統領の訴えるアメリカ・ファーストの四年間を検証する目的で始めたが、連載中に新型コロナウイルスの米国内における急速な感染拡大、そしてミネアポリス事件をきっかけとした人種差別への抗議デモが全米各地で起き、それに伴ってトランプ氏のアメリカ・ファーストが先鋭化し、米国社会の分断がさらに深まっていくのを図らずも目撃することになった。

　大統領選が近づくにつれ、トランプ氏の権力乱用は加速している。トランプ氏はかねてから民主党首長の抗議デモへの対応を「弱腰」だと批判し「街頭を制圧せよ」と要求していたが、七月、抗議活動が長期化しているオレゴン州ポートランドに連邦政府の治安部隊を送り込んだ。所属組織名を隠した迷彩服姿の治安部隊要員の派遣に地元政府は強く反発し、同州の司法長官は憲法違反だとして差し止めを求めて連邦地裁に提訴した。デモ隊も治安部隊の催涙ガスやゴム弾に対抗してヘルメットやゴーグルを着けて抗議運動を激化させ、人数も膨らんだ。ポートランドの現場で取材すると、デモ参加者の一人、黒人女性のジュリアン・ジャクソンさん（三五）は、「トランプ大統領は沈静化させるどころか、事態を何十倍も悪化させた」と憤った。それでもトランプ氏は「暴力犯罪を抑えるため」という名目のもと、ポートランドのほかにも、シカゴやニューメキシコ州アルバカーキなどいずれも民主党首長の都市に連邦治安部隊を派遣する考えを示した。「民主党対共和党」「リベラル対保守」「左派対右派」――。トランプ政権下の米国は南北戦争以来、最も二極化していると言われる。一一月の大統領選でトランプ氏が勝利すれば、米国社会の分断はさらに深まるだろう。一方、トランプ氏が敗北したとしても、熱烈なトランプ支持者たちは残る。米国社会は当面の間、二極化による対立のために混乱が続き、新しい米国大統領は米国社会の分断を修復するために多くの政治エネルギーを内政に割かざるを得ないだろう。

朝日新聞の言論サイト「論座」における連載では、連載の機会を与えていただいた論座編集長の吉田貴文氏、政治部の先輩であり論座編集部で私の編集を担当し激励していただいた鮫島浩氏、毎回素晴らしい写真を提供していただいたアメリカ総局フォトグラファーのランハム裕子氏に感謝申し上げたい。また、アメリカ総局長の沢村亙氏と国際報道部長の稲田信司氏のお二人には多大なるご尽力によって存分に取材できる環境を整えていただいた。国際報道部次長の奥寺淳氏（現広州・香港支局長）、春日芳晃氏、中井大助氏、二外編集長の村上太輝夫氏（現オピニオン編集部解説面編集長）には日々の取材・執筆で的確なご助言をいただいた。編集委員の三浦俊章氏にもお世話になった。赴任前に三浦氏との会話で生まれた「現在の米国社会の民意はどこから来てどこへ向かおうとしているのか」という命題に、この本によって自分なりの一つの答えを出したつもりである。

今回の出版については、筑摩書房編集局・筑摩選書編集長の石島裕之氏に深く感謝を申し上げたい。石島氏と一緒に仕事をさせていただくのは、共著『この国を揺るがす男――安倍晋三とは何者か』以来二回目となる。石島氏の貴重なアドバイスと眼光紙背に徹したチェックがあったからこそこの本を出版することができた。そして、いつも私の原稿の最初の読者であり、的確な助言をくれる妻にも感謝の念を伝えたい。

最後に、取材に協力していただいた方々に心よりお礼を申し上げたい。オンザレコードで取材に応じていただいた方々は、注釈で名前を記させていただいたが、現役の政府高官や当局者ら匿名を条件に取材に応じていただいた方々も大勢いる。改めて取材に協力していただいたすべての方々に深く感謝したい。

大統領選まで間もなく二カ月となる。米国はもとより世界の行方を左右する大統領選の結果はどうなるのか。現場で引き続き注視したい。

二〇二〇年八月二三日

園田 耕司

園田耕司 そのだ・こうじ

朝日新聞ワシントン特派員。一九七六年、宮崎県生まれ。二〇〇〇年、早稲田大学第一文学部卒、朝日新聞入社。福井、長野総局、西部報道センター（北九州）を経て、二〇〇七年、政治部。首相官邸、自民党、民主党、防衛省、外務省を担当。二〇一八年から現職。元ハーバード大学日米関係プログラム客員研究員。共著に『安倍政権の裏の顔――「攻防　集団的自衛権」ドキュメント』（講談社）、『この国を揺るがす男――安倍晋三とは何者か』（筑摩書房）がある。

筑摩選書 0196

独裁《どくさい》と孤立《こりつ》 トランプのアメリカ・ファースト

二〇二〇年九月一五日　初版第一刷発行

著　者　園田耕司《そのだこうじ》

発行者　喜入冬子

発行所　株式会社筑摩書房
東京都台東区蔵前二-五-三　郵便番号　一一一-八七五五
電話番号　〇三-五六八七-二六〇一（代表）

装幀者　神田昇和

印刷 製本　中央精版印刷株式会社

ISBN978-4-480-01716-1 C0331

筑摩選書
0132

イスラームの論理

中田 考

神や預言者とは何か。スンナ派とシーア派はどこが違うか。ハラール認証、偶像崇拝の否定、カリフ制、原理主義……。イスラームの第一人者が、深奥を解説する。

筑摩選書
0133

憲法9条とわれらが日本
未来世代へ手渡す

大澤真幸 編著

憲法九条を徹底して考え、戦後日本を鋭く問う。社会学者の編著者が、強靭な思索者たる井上達夫、加藤典洋、中島岳志の諸氏とともに、「これから」を提言する!

筑摩選書
0134

戦略的思考の虚妄
なぜ従属国家から抜け出せないのか

東谷 暁

戦略論がいくら売れようと、戦略的思考は身につかず、政府の外交力も向上していない。その理由を示し、戦略論の基本を説く。真の実力を養うための必読の書!

筑摩選書
0135

ドキュメント 北方領土問題の内幕
クレムリン・東京・ワシントン

若宮啓文

外交は武器なき戦いである。米ソの暗闘と国内での権力闘争を背景に、日本の国連加盟と抑留者の帰国を実現した日ソ交渉の全貌を、新資料を駆使して描く。

筑摩選書
0136

独仏「原発」二つの選択

篠田航一
宮川裕章

福島の原発事故以降、世界の原発政策は揺れている。激しい対立と軋轢、直面するジレンマ。国民の選択が極端に分かれたEUの隣国、ドイツとフランスの最新ルポ。

筑摩選書 0137

〈業〉とは何か
行為と道徳の仏教思想史

平岡 聡

仏教における「業思想」は、倫理思想であり行為の哲学でもある。初期仏教から大乗仏教まで、様々に変遷してきたこの思想の歴史と論理をスリリングに読み解く!

筑摩選書 0138

ローティ
連帯と自己超克の思想

冨田恭彦

プラグマティズムの最重要な哲学者リチャード・ローティ。彼の思想を哲学史の中で明快に一から読み解き、後半生の政治的発言にまで繋げて見せる決定版。

筑摩選書 0139

宣教師ザビエルと被差別民

沖浦和光

ザビエルの日本およびアジア各地での布教活動の跡をたどりながら、キリシタン渡来が被差別民にもたらしたものが何だったのかを解明する。

筑摩選書 0140

ソ連という実験
国家が管理する民主主義は可能か

松戸清裕

一党制でありながら、政権は民意を無視して政治を行うことはできなかった。国民との対話や社会との協働を模索しながらも失敗を繰り返したソ連の姿を描く。

筑摩選書 0141

「働く青年」と教養の戦後史
「人生雑誌」と読者のゆくえ

福間良明

経済的な理由で進学を断念し、仕事に就いた若者たち。知的世界への憧れと反発。孤独な彼ら彼女らを支え、結びつけた昭和の「人生雑誌」。その盛衰を描き出す!

筑摩選書
0142

徹底検証　日本の右傾化

塚田穂高 編著

日本会議、ヘイトスピーチ、改憲、草の根保守、「慰安婦報道」……。現代日本の「右傾化」を、ジャーナリストから研究者まで第一級の著者が多角的に検証！

筑摩選書
0143

アナキスト民俗学
尊皇の官僚・柳田国男

絓　秀実
木藤亮太

国民的知識人、柳田国男。その思想の底流にはクロポトキンのアナーキズムが流れ込んでいた！　尊皇の官僚にして民俗学の創始者・柳田国男の思想を徹底検証する！

筑摩選書
0144

アガサ・クリスティーの大英帝国
名作ミステリと「観光」の時代

東　秀紀

「ミステリの女王」アガサ・クリスティーはまた「観光の女王」でもあった。その生涯を「ミステリ」と「観光」を軸に追いながら大英帝国の二十世紀を描き出す。

筑摩選書
0145

楽しい縮小社会
「小さな日本」でいいじゃないか

森　まゆみ
松久　寛

少子化、先進国のマイナス成長、大変だ、タイヘンだ……？　持たない生活を実践してきた作家と、技術開発にしのぎを削ってきた研究者の意外な意見の一致とは！

筑摩選書
0146

帝国軍人の弁明
エリート軍人の自伝・回想録を読む

保阪正康

昭和陸軍の軍人たちは何を考え、どう行動し、それを後世にどう書き残したか。当事者自身の筆による自伝・回想・証言を、多面的に検証しながら読み解く試み。